# 중일

글로벌 파워의 향방

# 표류

# 중일 표류

글로벌 파워의 향방

모리 가즈코毛里和子 지음 | 이용빈 옮김

한울
아카데미

NICCHUHYORYU - GLOBAL POWER HA DOKOHE MUKAUKA -
by Kazuko Mori

Copyright ⓒ 2017 by Kazuko Mori
First published 2017 by Iwanami Shoten, Publishers, Tokyo
This Korean edition published 2023
by HanulMPlus Inc. , Paju-si
by arrangement with Iwanami Shoten, Publishers, Tokyo

# 머리말

　『중일 관계: 전후에서 신시대를 향해』가 이와나미 신서로 출간된 지도 10년이 흘러가고 있다. 『중일 관계』에서 21세기에는 중국과 일본이 '신시대'에 진입할 것이라고 예고했지만, 최근 11년간 양국 관계의 변화는 무서울 정도로, 매우 위태로운 '신시대'로 돌입해버린 느낌이 든다. 예고 자체는 맞았다고 할 수 있겠지만, 내실은 상정하지 못 했던 것들뿐이다. 중국이 이렇게 급속히 대국이 되어 힘을 과시할 것이라고는 예측할 수 없었으며, 일본의 '전후 레짐으로부터의 탈피'가 이렇게 빠르고 강력하게 추진된 것도 상정하지 못 한 일이었다. 이 상태로 나아가게 될 경우, 중국과 일본, 양국 관계는 새로운 '힘의 대치' 시대로 진입해버리게 된다. 중국과 일본 두 강대국이 커다란 망망대해를 표류하기 시작했다는 느낌이 강하게 든다.

　이 책은 위에 언급한 기존 저서의 대부분을 개정한 말하자면 '속편'이다. 다음의 두 가지를 목표로 하고 있다. 첫째, 기존 저서에서는 제2차 세계대전 이후 60년간의 중일 관계를 구조적으로 다시 파악하는 것을 목표로 했는데, 이 책의 제1장에서 제5장까지는 중일 간의 국교 정상화 이래 40여 년의 양국 관계를 묘사하면서 청일전쟁에서 시작된 양국의 대전환에 필적하는 새로운 변전(變轉)을 현재 맞이하고 있다고 판단하여, 주로 21세기에 들어선 이후부터의 중일 양국 관계(안타깝게도 대부분이 분쟁이지만)를 '현실주의'의 시각에서 다시 고찰하는 것이다.

둘째, 21세기 동아시아의 주역은 좋든 싫든 간에 글로벌 강대국으로 부상하고 있는 중국인데, 그러한 중국의 공세적·확장적 외교를 '독해하는 것'을 이 책의 제6장부터 마지막 장까지의 과제로 삼았다. 2010년부터 해양을 둘러싼 긴장이 계속되고 있다. 중국의 공세적인 외교, 특히 해양 전략이 두드러지고 있다. 한편 일본도 그것에 '힘으로 대항'하고자 하고 있다. 중일 간의 새로운 항쟁이 어떠한 형태를 취하게 될 것인가, 그것을 어떻게 완화시킬 것인가 등 동아시아는 어려운 상황에 직면해 있다고 할 수 있다.

이 책은 마지막 부분에서 세 가지를 제안하고 있다. ① 일본·미국·중국 및 동아시아의 다국 간 관계에서 중일 관계를 결정짓고 다시 파악하는 것, ② 힘에 의한 대항, 군사적 확장을 억지하기 위한 메커니즘의 구축, ③ 충돌로부터 외교를 통한 경쟁과 대화, 그리고 협력을 향해 국면이 바뀌게 되는 것을 간절히 바라면서 이 책을 집필했다.

# 차례

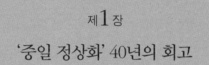

제1장

'중일 정상화' 40년의 회고

## 1. 정상화 이후의 40년은 무엇이었는가?

### 현대 중일 관계의 네 가지 단계

이 책에서는 현대 중일 관계를 국교가 정상화된 1972년부터를 기점으로 삼고 그 위에 주로 21세기의 중일 관계에 초점을 맞추어 서술한다. 정상화된 이후 40년간에 대해서 우선 한 차례 살펴보자.

필자는 1990년대 중반에 양국 관계에 중대한 첫 번째 구조 전환이 일어났다고 생각하고 있다. 두 번째가 2010년 무렵의 일이다. 중일 양국 관계의 큰 틀을 파악하기 위해서 우선 이 동안의 시기 구분을 해보도록 하겠다.

제1기(1970년대): 1972년 이래의 1970년대를 '전략적 우호 시기'라고 명명하고 국교 정상화는 문자 그대로 이상했던 전후 25년으로 구분했다. 예를 들어 이 정상화가 미중 간 '화해'의 한 가지 부산물에 불과했다고 해도 새로운 시대가 시작되었던 것은 사실이다. 쌍방 모두 '우호'를 의식적으로 말하며 일종의 열기로 뒤덮었다. 특히 중국 측에 대소, 대미 관계를 고려한 '전략적 판단'이 강했던 시기이다. 이 시기의 관계를 밑받침했던 것은 '매우 소수의 군국주의자와 희생되었던 일반 국민'을 나누는 '이분론(二分論)'이다.

제2기(1980~1990년대 중반): '허니문의 15년'이다. 중국의 지도자가 근대화로 180도 전략 전환을 이행하고 경제성장과 '보통국가'를 지향했던 것이 경제가 호조기에 있었던 일본과 중국의 장밋빛 15년을 가져왔다. 이 15년 동안 일본도 미국도 '안정된 중국', '강한 중국'을 환영하고 그것을 위해 손을 거들어주기도 했다. 오히라 마사요시(大平正芳) 정권이 시작한 정부개발원조(ODA) 지원은 바오산(寶山) 제철소의 건설 등을 통해서 30년 이상 계속되는 중국의 초고도 성장을 견인했다. '원조하는 국가, 원조 받는 국가' 양국 간의 구도를 중국 자신도 환영했다.

제3기(1990년대 중반~2010년): '구조 변동 시기'라고 부른다. 제1의 전환은 1990년대 중반에 왔다. 이 시기에 중국과 일본은 대조적인 길을 걷는다. 전후 50년이 지나면서 많은 일본인이 '전후는 끝났다'고 느꼈다. 정치가 오자와 이치로(小澤一郎)는 '보통국가'를 제창하고 헌법 9조 개정을 호소했다. 자유민주당의 일당 우위 체제(55년 체제)가 붕괴되었다. 그렇지만 중국에서는 경제성장과 사회적 개방의 진전을 통해 군국주의자와 일반 국민을 나누는 '이분론'이라는 대일 공식 이데올로기(이 책의 제2장 참조)에 공개적으로 불만이 나왔다. 중국에서 '전후가 시작되었던' 것이다. 한편 일본 경제가 퇴조하고 '잃어버린 20년'으로 진입했던 것과는 대조적으로 중국에서는 세계 역사상 전례가 없는 고도 성장기에 들어갔다. '타이완 해협(臺灣海峽) 위기'도 있어서 일본에서는 중국에 대한 경계심, 위협감이 생겨나 '우호' 분위기는 급격하게 감소되었다.

제4기(2010년~): 현재로 이어지고 있는 이 시기에 중국과 일본은 새로운 대항을 향해 나아가고 있다. 2005년 대규모의 반일 시위가 신시대를 향하는 발판이 되었다. 2010년에 센카쿠 열도(尖閣列島) / 댜오위다오(釣魚島) 해역에서 중국 어선이 일본의 해상보안청 소속 순시선과 충돌하는 사건 이후, 바다와 영토를 둘러싸고 대결하는 시대에 들어가 버렸다. '고유의 영토', '주권은 절대 불가침'이라고 쌍방이 각자의 주장을 계속해서 고수하는 한, 긴장이 완화될 가능성은 거의 없다. 현대 중일 관계에서는 2010년이 두 번째의 중대한 전환점이다.

1972년부터 양국을 연계하고 있는 원리는 무엇이었을까? 그것은 도의를 기초로 한 반(絆, 중국은 일본의 침략을 용서하고 일본은 침략을 계속 사죄한다)과 사람과 사람 간의 인격으로 서로 밑받침하는 관계[명재상 저우언라이(周恩來)와 대중 국교를 실현한 민완 다나카 가쿠에이(田中角榮)]였다.

문제는 그 이후 40년, 중일 관계를 연계하는 조직과 제도를 만들어내지 못했던 것이다. 그 때문에 관계는 불안정하고 취약하며 1990년대 중반 이래 양국 간의 구조 전환을 견뎌내지 못했다. 이른바 이것이 1970년대부터 40년 가깝게 계속되었던 '1972년 체제'라고 말할 수 있을 것이다. 이미 신시대에 들어선 지금, 1972년 체제를 대신하는 새로운 원리와 골격을 쌍방 간에 탐색해내고 구축하지 않으면 안 된다.

### 세 가지 차원의 이슈

그렇다면 이 40여 년 동안 중국과 일본 양국은 무엇을 둘러싸고 교섭하고 대항하며 대결해왔을까? 〈그림 1-1〉을 참조하면 좋겠다. 기초에 있는 것은 역사 문제다. 이 문제는 논리와 이익의 관점에서 처리할 수는 없다. 정(情)에 관계된 이슈이며, 공교육과 사회·문화를 통해서 국민의 정체성(identity)에 깊게 관련되는 것인 만큼, 애당초 민감하여 난처한 부분이다.

그다음은 파워를 둘러싼 문제다. 지역의 패권, 리더십을 둘러싼 항쟁과 경쟁에 해당하며 2005년 반일 시위에서 최대의 이슈였던 일본의 유엔(UN) 안보리 상임이사국 진입의 문제 등도 여기에 들어간다.

마지막으로는 구체적인 이익, 영토·영해, 자원을 둘러싼 분쟁 등이 있다. 지적재산권을 둘러싼 문제도 있으며 '고유의 영토'를 둘러싼 분쟁 등은 이 분야의 가장 확실한 이슈다.

현대 중일 양국 관계는 제3기 '구조 변동 시기'까지 이 세 가지 문제가 각각 개별적으로 분쟁화하는 사례가 많았다. 하지만 제4기에 진입한 이후부터는 세 가지 이슈가 상호 간에 결합되어 서로 깊게 관계를 맺고 뒤얽혀져 버리고 있다. 본래는 개별적인 이슈였던 것이 엉켜버린 채로 풀리지 않고 있다. 그것을 통감케 했던 것은 2012년 센카쿠 열도를 일본이 '국유'로 했을 때, 중국이 맹렬하게 반

그림 1-1_ 중일 간 이슈의 3층 구조

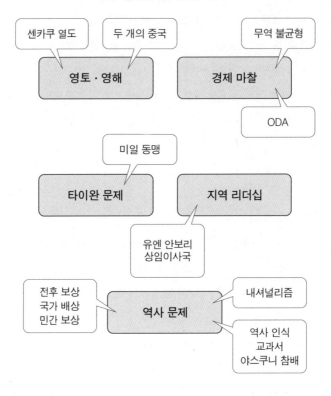

발하며 제시했던 '댜오위댜오 백서'다. 이 백서는 댜오위댜오가 청일전쟁에서 타이완 등과 함께 일본에 의해 '절취되었다'라고 논하며 애당초 1970년대가 되어 처음으로 이슈가 되었던 센카쿠 열도 문제를 굳이 19세기 시대로 다시 끌고 들어가 '역사화'했던 것이다. 그때 필자는 중일 관계는 세 가지의 이슈가 교착하는 새로운 관계로 '선을 넘어버렸다'라고 생각하게 되었다. 이 책의 제3장부터 제5장은 이 '선을 넘었던' 21세기에 들어선 이후부터의 양국 관계를 국면으로 나누어 분석하고 나아가 제6장 이하에서는 중일 관계를 둘러싼 조건, 즉 중국 외교 그 자체에 대해서 몇 가지의 단면으로 나누어 고찰해보도록 하겠다.

## 2. 중일 국교 정상화 교섭을 재고하다

### 왜 재고하는가?

21세기의 분석에 들어가기 전에, 우선 중일 국교 정상화 교섭에 대해서 되짚어보고자 한다. 이렇게 말하는 이유는 오늘날의 중일 관계를 고려할 때, 관계 악화의 원인 가운데 한 가지는 1972년 국교 정상화의 불완전성에 있을지도 모른다는 사고방식도 있을 수 있기 때문이다.

1990년대 후반부터 2000년대에 걸쳐 중일 관계를 둘러싼 상황은 두 가지 점에서 크게 변했다. 한 가지는 일본 측의 외교 문서가 다수 공개되었다. 그것에 의해 알 수 있게 된 점이 많다. 또 한 가지는 특히 2005년 이래의 중일 간의 격렬한 항쟁을 통해서 이제까지 금기시되었던 사고방식과 논점을 과감하게 제기할 수 있게 되었다는 점이다. 아니 제기하지 않으면 향후의 중일 관계를 만들어낼 수 없게 되고 있다.

이 장에서는 중일 국교 정상화의 프로세스 그 자체를 논술하는 것은 하지 않고[자세한 내용은 毛里和子(2006) 참조], 어디까지나 오늘날의 시점으로부터 중일 교섭을 재검토해보고자 한다.

우선 1972년의 교섭에서의 이슈가 무엇이었는지를 재고해보도록 하겠다. 주로 두 가지 사항이 있었다. 한 가지는 타이완 문제다. 중화인민공화국을 승인한다면 그럼 타이완을 어떻게 할 것인가 하는 문제다. 또 한 가지는 전쟁 상태를 어떻게 종결시킬 것인가 하는 문제였다. 1952년의 일화평화조약(日華平和條約)으로 타이완과 일본 간에 전쟁 상태는 종결되었지만, 대륙 중국과의 사이에서 전쟁 상태는 끝나지 않았기 때문이다.

### 중일 교섭에 임하는 일본 측의 목표

최초에 중일 국교 정상화 교섭이 행해졌던 5일간의 회담을 차례로 제시해보도록 하겠다(〈표 1-1〉 참조).

표 1-1_ 1972년 중일 교섭의 회담 순서

| 9월 25일 | 제1차 정상회담, 환영 연회 |
|---|---|
| 9월 26일 | 제1차 외교장관 회담, 제2차 정상회담, 제2차 외교장관 회담 |
| 9월 27일 | 제3차 정상회담, 마오쩌둥-다나카 가쿠에이 회담, 제3차 외교장관 회담 |
| 9월 28일 | 제4차 정상회담 |
| 9월 29일 | 공동성명 조인·발표 |

교섭은 1972년 9월 25일부터 29일까지 단지 5일 동안이지만, 내용은 대단히 밀도가 높은 것이었다. 여기에서 일본 측은 무엇을 목표로 했고 어떠한 예측과 노림수를 갖고 교섭에 임했을까? 새롭게 공개된 일본의 외교문서 등에 의해, 이 중일 교섭에서 어느 쪽이 무엇을 양보하고 무엇을 수중에 넣었는지, 그 상당 부분을 알 수 있게 되었다.

첫째, 일본 측의 노림수를 대표하는 것은 다나카 가쿠에이 총리의 결의다. 1983년의 인터뷰에서 그는 다음과 같이 술회한 바 있다.

중일 문제는 외교 문제라기보다 국내 문제다. 메이지 100년의 역사를 살펴보면, 그 어떤 내각에서도 최대의 난관이었다. 중일 문제가 국내 문제로서 커다란 암이 되고 있는 것은 일본에 있어서 좋은 일이 아니다. 중일 문제가 해결되면 국내의 혼란은 3분의 2가 없어지게 된다(柳田邦男, 1983).

그는 중일 관계와 일본 정치의 관계에 대해서 이렇게 판단했었다. 많은 일본인에게 있어서 중일 관계는 상당한 부분이 일본의 문제였다. 그러했던 만큼 난처했다.

둘째, 다카시마 마스로(高島益郎) 당시 일본 외무성 조약국장의 발언으로부터 결의를 알 수 있다. 그는 제1차 외교장관 회담(9월 26일)에서 "전쟁을 포함한 과거 중일 간의 비정상적인 관계의 청산에 관련된 문제는 이번의 대화와 그 결과인 공동성명에 의해 모두 처리하고 향후에 있을 수 있는 퇴행적인 일은 일절 남기지 않도록 하고 싶다"라고 말했다(石井明 外 編, 2003). 복잡한 전쟁 처리의 문제를 5일 동안에 후고지우(後顧之憂, 뒷걱정)가 없도록 모두 해치운다는 것이다. 다카시마의 결의는 그러한 한에 있어서 실현되었다.

그렇다면 당시 일본 측은 이 교섭을 어떻게 평가했을까? 호겐 신사쿠(法眼晋作) 외무성 차관의 미국 주일대사에 대한 교섭 성공 직후의 보고에서는 일본 정부가 훌륭하게 자기의 입장을 유지할 수 있었다고 평가하고 있다. 일본의 주장은 거의 통했다며 만족하고 있었으며, 일본 외무성의 주류는 그러한 견해였다.

### 중국 측의 조건

다음의 문제는 중일 교섭에서 두 가지의 주요 이슈가 구체적으로 어떻게 제안되고 어떻게 합의에 이르게 되었는가 하는 점이다.

제1단계의 제안은 1972년 5월 공명당(公明黨) 방중단과 저우언라이 총리 간에 이루어진 합의, 복교(復交, 외교 관계 회복) 3원칙이다[① 중국은 하나이며, 중화인민공화국은 중국 인민을 대표하는 유일한 합법 정부다. ② 타이완은 중국의 한 성(省)이며, 중국 영토의 불가분의 일부다. ③ 1952년의 일화조약*은 불법이며 폐기되지 않으면 안 된다]. 5월의 시점에서 저우언라이는 일본 측이 이것을 인정해주었으면 하고 생각했다.

그러나 7월 말이 되자, 이것에 그다지 구애받지 않아도 된다는 의사 표시를 다른 루트로 표명했다. 그것이 제2의 제안이며 1972년 7월 27일부터 29일까지 다케이리 요시카쓰(竹入義勝) 공명당 위원장의 방중 시에 저우언라이 총리와

---

* 1952년 8월 5일 정식으로 발효된 일본과 중화민국 사이에 체결된 조약을 지칭하며, 정식 명칭은 '일본국과 중화민국과의 사이의 평화 조약'이고 일명 '타이베이화약(台北和約)'이라고도 불린다. _옮긴이주

행한 3회의 회담에서 나왔던 8개 항목이다. 그 상세는 이른바 '다케이리 메모' 로서 알려지고 있다. 이때 저우언라이는 공동성명의 중국 측 원안을 제시하고 있다. 이것은 정리된 매우 가벼운 제안이었다.

저우언라이에게는 대일 교섭을 완성시킨다는 결의가 있었다. 요컨대 7월 말의 단계에서 이미 중국 측은 다음과 같은 점에서 대폭 일본에 양보했던 것이다. 첫째, 중국은 '미일 안보'와 1969년 닉슨·사토(佐藤) 회담에 대해 다루지 않기로 약속한다. 둘째, 전쟁의 배상 청구의 권리를 포기한다. 셋째, 1952년의 일화평화조약에 대해서도 중국 측은 의견이 있지만 공동성명 혹은 공동선언에서는 이것에 대해서 다루지 않는다. 이러한 양보를 듣고 일본 측은 매우 안도를 했고 다나카 총리는 8월 초에 방중을 결심했다.

가장 난관이었던 배상을 중국 측이 청구하지 않는다는 것이 명백해진 이후부터 일본 측의 최대 관심사는 두 가지로 압축되었다. 한 가지는 '저우언라이가 제안해온 복교 3원칙과 일화조약, 즉 타이완과의 관계를 어떻게 할 것인가'였다. 나머지 한 가지는 '샌프란시스코 체제와 중일 국교 정상화의 정합성을 어떻게 맞출 것인가' 하는 것이었다.

요컨대 샌프란시스코 체제와 마찰을 일으키지 않기 위한 궁리가 필요했다. 타이완, 즉 중화민국만을 중국의 정통 정부로 간주하는 '허구'의 대중 정책과 대륙 정부를 승인한다는 '실제'를 인정하는 1972년의 중일 정상화를 어떻게 정합시킬 것인가 하는 것이었다. 외교 당국도 자민당의 주류도 1972년의 교섭으로 1952년의 선택이 잘못되었다고 말할 수는 없다는 것이 가장 중요한 포인트였다.

### 교섭의 주고받기

외교의 프로세스는 어떠했을까? 즉, '복교 3원칙으로부터 7월 말의 8개 항목 제안과 3개 항목 묵약(黙約), 그리고 9월 29일 공동성명이라는 삼자 간에 어떠한 변화가 있는가'이다. 이것을 구체적으로 검증한다면 어느 쪽이 무엇을 양보했는지가 선명해진다. 다음의 세 가지 사항을 지적할 수 있다.

첫째, 1972년 9월의 교섭 직전에 저우언라이의 유연한 7월 새 제안으로 중국 측은 갖고 있던 대부분의 카드를 꺼냈고 이슈의 상당 부분에서 양보했다. 둘째, 중일 정상회담, 외교장관 회담의 본교섭에서 남았던 과제는 전쟁을 어떻게 하면, 즉 어떠한 표현에 의해 어떠한 시점에서 종결시킬 것인가, 또한 타이완을 어떠한 것으로서 일본이 인식하고 규정할 것인가 하는 문제다. 셋째, 중국 측은 타이완 문제의 최종 마무리, 즉 일본과 타이완 간의 정치적인 관계를 끊고 일본과 타이완 간의 조약을 폐기한다는 것을 최대이자 거의 유일한 목표로 설정하여 교섭에 임했다. 중국 측의 관점에서 논하자면, 일본이 "일본-타이완 조약은 무효다, 중국의 정통 정부는 중화인민공화국이라고 말하기만 한다면 성공"이라고 생각했었다.

그렇다면 공동성명에서는 어떻게 확정되었을까? 복교 3원칙에 대해서는 일본은 성명 전문(前文)에 '이해한다'라는 어구를 넣었다. 또한 성명 전문은 "중국 국민에게 중대한 손해를 입혔던 것에 대한 책임을 통감하며 깊게 반성한다"라는 표현이 이루어졌고, 사죄라는 말은 들어가지 않았다.

'전쟁 상태의 종결'을 둘러싸고는 분규가 일어났다. 다카시마 조약국장은 타이완과의 사이에서 전쟁 상태는 종결되었다고 보았는데, 저우언라이는 격노했다. 전문에 "전쟁 상태의 종결"이라는 문언은 포함되었지만, 애매한 표현이 되었다. 또한 제1항에 "비정상적인 상태"라는 말을 넣어 대체했다.

중국의 배상 청구권 문제에 대해서는 제5항에서 "중화인민공화국은 중일 양국 국민의 우호를 위해 일본국에 대한 전쟁 배상의 청구를 포기한다"라고 선언하게 되었다.

마지막으로 일화조약에 대해서 불법 혹은 파기 등이라는 것은 공동성명에 포함되지 않았고 사후 기자회견에서 오히라 마사요시 외상이 일화조약은 중일 국교 정상화와 동시에 "존재의 의의를 상실하고 종료된 것으로 인정된다"라고 논하며 마무리되었다.

어떻게 평가할 것인가?

1972년 교섭은 결국 어떻게 평가할 수 있을까? 중일 각각의 문제를 지적해보고자 한다.

첫째, 사전에 배상 문제와 미일 안보 문제는 해결되었기 때문에 일본의 외교 당국에 있어서는 타이완과의 관계가 최대의 문제였다. 하지만 이것으로 좋았던 것이었을까? 둘째, 전쟁책임의 문제, 배상의 문제가 있다. 필자는 1972년 교섭에서 최소한 다음과 같이 해두었어야 한다고 생각한다. 한 가지로 중국의 배상 청구 포기에 대한 사사(謝辭)를 공동성명에 포함시키는 것이 왜 가능하지 못했는가? 다나카 총리는 회담 도중에 감사의 말을 하고 있다. 왜 그것을 외교 문서에 넣어 남기지 않았을까? 또 한 가지로 배상을 대체하는 것이 될 수 있는 중국을 지원하는 일본의 신규 사업을 제대로 제기하는 것도 필요했다.

또한 중일 관계를 연구하고 있는 일본의 한 젊은 연구자는 중일 교섭에 대해 다음과 같이 지적한다. 배상 청구 포기는 전쟁에 대한 반성과 세트였지만, 이 중국 측의 사고방식은 중일 간에 공유되지 않았던 것 위에 "국교 정상화에 있어서의 배상 청구 포기는 일본의 거액의 재정 부담을 피하고 일본인의 중국에 대한 감정을 호전시킨 반면, 장기적으로 본다면 일본의 '전후 처리'를 애매한 형태로 만들고 중일 양국의 역사 인식에 왜곡을 초래한 결과가 되었다고 할 수 있다"(井上精也, 2012).

다음으로 중국 측의 문제를 지적해보고자 한다. 첫째, 중국의 대일 정상화 결정은 전략성이 강한 것이었다. 1971년 7월부터 10월까지 저우언라이 총리는 실은 여전히 일본에 대한 강한 경계심과 불신감을 갖고 있었다. 비밀리에 방중했던 키신저와의 회담 중에 저우언라이가 "미국이 타이완으로부터 병력을 철수한 이후 일본군이 공백을 메우는 것이 아닌가, 일본의 군사적 팽창은 멈추지 않는 것이 아닌가"라며 일본을 억지하는 것을 미국이 약속하도록 집요하게 요구하고 있는 것으로부터도 그것은 명백하다(毛里和子 外 監譯, 2004). 저우언라이가 언제 일본과의 즉시, 일기아성(一氣阿成)의 정상화를 결단했을까? 이것은

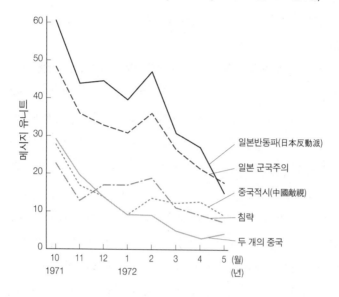

그림 1-2_ ≪인민일보≫에서의 일본 언급 빈도수(1971년 10월~1972년 5월)

일본반동파(日本反動派)

일본 군국주의

중국적시(中國敵視)

침략

두 개의 중국

메시지 유니트

10   11   12   1   2   3   4   5 (월)
1971          1972          (년)

주: 메시지 유니트(message unit)는 기사 출현의 빈도에 기사 크기의 비중을 연관시킨 것이다.

아직까지 풀리지 않고 있는 매우 흥미로운 수수께끼다.

〈그림 1-2〉의 자료도 중국의 대일 정상화가 전략적이었다는 것을 밑받침하고 있다. ≪인민일보≫에 일본 군국주의, 일본반동파, 중국적시, 침략 등의 반일 표현이 1971년 11월부터 갑자기 감소하기 시작하여 1972년 3월부터 격감하고 있다(衛藤瀋吉, 1972).

둘째, 배상 청구 포기의 제안이 결과로서 일본-타이완의 단교와의 '거래' 조건이 되어, 중일 교섭은 일종의 게임이 되었다.

셋째, 이 중대한 문제에 중국 국민이 전혀 참여하지 못하고 대부분이 마오쩌둥, 저우언라이에 의해 결정되고 실행되어 간부도 국민도 전혀 알지 못하는 가운데 행해졌다. 국민과 여론이 부재인 상태로 중일 간의 중차대한 일들이 결정되었다. 당연히 그 이후 다양한 문제가 생겨났다.

당시의 일본 미디어는 어떻게 받아들였을까?

당시의 사람들은 정상화를 어떻게 받아들였는지 그 일단을 소개해보도록 하겠다.

20여 년 만에 대(對)중국 관계가 정상화됨으로써 일본의 국론(國論), 미디어는 일종의 흥분 상태에 있었던 것은 아닐까? 오늘날의 감각으로 논하자면, 그와 같이 생각하더라도 이상한 일이 아니다. 그럼 실제는 어떠했을까? ≪아사히신문≫, ≪마이니치신문≫, ≪요미우리신문≫, ≪니혼게이자이신문≫의 당시 사설을 읽는 한, 의외로 냉정하며 오히려 장래에 대한 불안과 우려 쪽이 강하다는 것에 놀라게 된다.

≪아사히신문≫은 공동성명이 나왔던 그 이튿날 9월 30일에 2개의 사설 '중일 관계의 새로운 출발'과 '공동성명의 역사적 무게'를 냈다. 전자는 "중일 양국이 언젠가 경쟁 관계에 서게 될 것이라는 것은 지금부터 상정해두지 않으면 안 된다. 그날이 도래하여 가치관에서도 정치 체제에서도 대단히 다른 중일 양국이 경제 면에서도 격렬하게 서로 다투게 된다면, 아시아의 긴장은 격화되지 않을 수 없다"라며 비관적 미래를 예측하고 있다. 그다음 날의 사설 '국제정치 중의 중일 정상화'는 공동성명 중에서 "아시아·태평양에서 패권을 추구하지 않는다"라는 부분에 착목하여 "국제정치 중에서의 중일 정상화의 의의는 앞으로의 일본 외교가 어느 정도 이 이념의 실현에 주체적으로 기여하는가에 의해 정해진다"라고 오히려 장래에 문제를 던지고 있다.

또한 ≪마이니치신문≫의 사설 '중일 신시대의 개막'은 "이번의 중일 국교 정상화는 일본의 자주적 외교에 의해서라기보다는 오히려 외부적 요인에 의해 강제되었다는 색깔이 농후하다"라는 분석을 한 위에 "중일 국교 정상화라는 새로운 역사의 개막은 국민적 기쁨임과 동시에 앞으로의 일본에 지금까지의 것 이상의 과제를 던지고 있다"라며 이것도 미래로 미루어두고 있다.

또 한 가지 주목할 점이 있다. 중국의 배상 청구 포기에 당시의 미디어와 논객이 어떻게 반응했는가에 대한 것이다. 공동성명에는 일본 측의 감사의 표시도 들어가지 않았으며 다나카 총리의 환영회 인사말에서도 다루어지지 않았다. 결론을 말하자면 대단히 안타깝지만 거의 반응을 하지 않고 있다. 유일하게 ≪마이니치신문≫의 사설이 공동성명 발표 후의 기자회견에서 오히라 외상이 "정당하게 평가한다"라고 답했던 부분에 대해 언급하며, "전승국으로서의 중국의 이러한 태도에 일본 국민은 솔직하게 사의를 표해야 할 것이다"라고 주문(注文)을 붙였을 뿐이다.

1971년부터 정상화 교섭 후의 1972년까지의 주요 종합 잡지를 살펴보는 한, 중국의 배상 청구 포기에 대해서 사의를 논하고 일본 측이 그 사의를 구체적인 형태로 보여야 한다(중일우호기금의 설치 등)는 논조는 보이지 않는다. 아무도 말하지 않았을까? 혹은 필자가 놓쳤던 것일까?

중국이 배상 청구를 하지 않을 것이라는 방향이 명백해진 것은 1971년 10월이다. 왕귀취안(王國權) 중일우호협회 부회장은 중국을 방문한 후지야마 아이이치로(藤山愛一郎) 일중국교회복촉진의원연맹 방중 대표단 단장에게 다음과 같이 말했다.

제1차 세계대전 이후 연합국 측은 패전국으로부터 다액의 배상금을 거두었고, 결과적으로 독일 나치의 부상을 초래해 제2차 세계대전의 원인이 되었다. 이것에 대한 반성에 기초하여 제2차 세계대전 이후에는 주요 연합국이 일치하여 배상을 거두지 않기로 결정했다. 이 원칙은 지금도 변함이 없다. 중일 간에 대해서도 과거보다도 장래의 우호 관계가 중요하다(≪讀賣新聞≫, 1971.10.4.).

이것이 공표되었지만 배상 문제에 대한 일본 측의 감도는 둔탁했다. 정상화 교섭이 끝나고 대표단이 귀국한 이후부터도 다나카 총리가 귀국 이후 기자회견에서 배상 청구 포기의 "호의에 감사했다"라고 논했을 뿐이었다. 또한 정당으로서는 공명당이 "배상 청구의 포기 등, 깊은 호의를 보인 중국 측의 배려에 대해서 깊이 감사한다"라고 정식 담화를 발표했을 뿐이다. 그런데 10월 5일 ≪요미우리신문≫의 해설 기사 '일본은 호의를 받아들여서는 안 된다'가 다음과 같이 말하고 있는 것은 진귀한 논조라고 할 수 있다.

국민이 고려하지 않으면 안 되는 것은 중국이 배상을 요구하지 않는다고 하더라도 그것은 중국 인민이 일본 군국주의의 전전(戰前)의 중국 침략을 잊는다는 것과는 전혀 다른 것이라는 점이다. 이미 정부와 자민당 일부에 '외교란 속죄와 다른 것이다. 중국은 당면한 외교상의 필요로부터 대일 배상 요구를 철회했을 것이다'라는 논리가 나오기 시작했을 때였던 만큼 특별히 강조해두고자 한다(≪讀賣新聞≫, 1971.10.5.).

## 성공담

국교 정상화 교섭은 일본의 성공담으로서 말해진다. 총리, 외무대신과 차이나 스쿨(China school, 좁게는 일본 외무성에서 중국어 연수를 받은 외교관들, 넓게는 중일 교류에 크게 관계한 사람들)이 아닌 외무성 주류 사이의 공동 작업이 잘 이루어졌기 때문이다. 확실히 얻은 것은 컸다. 다만 핫토리 류지(服部龍二, 2011)가 적확하게 지적하는 바와 같이, 최대의 문제는 "국교 정상화로 방치되었던 것은 미중유의 전화(戰禍)를 강제 받은 중국인의 마음"이었다는 점이다. 일본이 이것에 어떻게 대응할 것인가는 1972년 이래의 과제였는데, 그 대응이 충분했다고는 말하기 어렵다.

'1972년 체제'는 중일 간의 고도의 전략적 거래에 의해 가능했던 것이다. 그리고 '1972년 체제'는 법보다는 도의, 이성보다는 감정, 제도보다는 사람이 우선되었다. 즉, 새로운 관계를 만들기 위한 제도를 결여했으며 향후 예상되는 분쟁을 억지·처리하는 메커니즘을 결여했다는 취약함이 있었다.

중국 측의 표준적 공식 견해에 의하면 '1972년 체제'는 영원하다. 예를 들면 그 대표적 학자로서 과거 일본연구소에 소속되어 있던 진시더(金熙德, 2002)는 "현재 및 상당히 장기간의 장래에 '1972년 체제'를 대신할 양국 간 틀은 성립되지 않을 것이며, 결코 이 체제를 초월할 것이라는 것 등은 가볍게 말해서는 안 된다'라고 말하고 있다.

이 견해는 두 가지의 픽션 위에 만들어지고 있다. 한 가지는 중국 측의 이분론이며(이 책의 제2장 참조), 다른 한 가지는 내전에서 패퇴하여 대륙으로부터 도망친 장제스(蔣介石) 국민당 정권을 정통 정권으로 간주하고 압도적 영역과 인구를 지배했던 중화인민공화국을 인정하지 않는다는 일본 측의 정통성 픽션이다. 21세기에 들어선 이후부터의 중일 관계의 근본적 악화는 이 두 가지의 픽션이 모두 붕괴되었다는 것에 다름 아니다. 그러한 의미에서 '1972년 체제'는 한계를 맞이하고 있다. 이제부터 우리는 실제에 입각한, 생명력 있는 관계를 새롭게 만들어내지 않으면 안 된다.

최근 중국에서 '역사 수정주의자'가 출현하고 있으며 전술한 정통파의 견해는 비판받고 있다. 이미 여론에서는 1990년대 후반부터 저우언라이, 마오쩌둥의 대일 기본원칙에 대한 불만이 나타났다. 최고 지도자가 장기간 말해온 '이분론', 즉 소수의 군국주의자와 그 희생이 된 일반의 일본 인민을 구별한다는 논리는 잘못되었으며, 1972년 교섭은 중국 외교의 실패, 패배라고 지적하는 연구도 있다[류젠핑(劉建平) 등, 이 책의 제2장 참조]. 21세기에 들어서 중일 관계가 변했는데, 그것과 동시에 중일 관계의 연구도 변했고, 새로운 시대로 들어서고 있는 것이다.

### 허구의 종언

결론을 논하도록 하겠다. 첫째, 보통의 일본 국민에게 있어서 1972년 정상화는 대단히 기쁘고 그 이후의 '중일 우호' 운동을 크게 촉진하는 것이 되었다. 하지만 냉철하게 프로세스를 음미해보면, 1972년 교섭 그 자체는 결코 완벽하지 않으며 미비와 하자를 갖고 있는 것이었다. 1972년은 새로운 스타트였지, 골(goal)은 아니었다. 아마도 일본의 주류에 있어서 골은 아니었을 것이다. 최대의 문제는 화해를 향한 '조감도'를 결여하고 있는 상태에서의 출발이었던 점이다.

둘째, 일본도 중국도 상대에 대한 허구의 정책 위에서 1972년까지 서로 이웃으로 지내왔다. 일본은 타이완만을 정통으로 간주했고, 중국은 '이분론'을 원용해왔다. 이러한 것의 허구는 냉전 가운데에서 양자 모두 어쩔 수 없이 채택했다고 말할 수 있을 것이다. 일본의 경우 이 픽션에 의해 많은 난제를 따돌릴 수 있었다. 이러한 일본 측 픽션에 대해서는 1972년 단계에서 승인을 갱신했기 때문에 허구는 끝났다. 중국은 어떠했을까? 중국에서도 근년 들어 '이분론'에 대한 회의와 비판이 높아지고 있으며 허구가 붕괴하기 시작하고 있다(공식 노선은 변하지 않겠지만 말이다).

셋째, '1972년 체제' 그 자체는 제도를 결여하고 있고 취약하며 불안정한 것이었다. 특히 중국에 전략적인 것과 동시에 대단히 강한 도의주의(道義主義)가 있었다. 일본 측에도 속죄 의식이 있었다. 관계는 정(情)에 영향을 받게 된다. 향후에는 공통 이익, 협동 전략, 합리성에 입각한 새로운 관계를 만들어내는 사고를 도출해내지 않으면 안 된다.

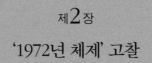

제2장

'1972년 체제' 고찰

## 1. 이분론의 재검토

이분론의 유래

이 장에서는 국교 정상화로 생겨난 40년간 계속되었던 중일 관계의 틀을 '1972년 체제'라고 명명하고 그 전략, 특히 그 핵심적인 사고 — 극히 소수의 군국주의자와 그 희생이 되었던 일반 국민으로 나누어 대응한다 — 를 '이분론'으로 부르며, 그 의미를 재고해보고자 한다.

2012년 필자는 한 논문을 읽고 나서 매우 충격을 받았다. 그것은 1980년부터 1988년까지 사회과학원 일본연구소 소장을 역임한 일본 연구의 중진으로 리버럴한 학자인 허팡(何方, 2012)이 집필한 「시대 인식에서의 오류는 전국(全局)에 해를 초래한다」는 논문이다. 허팡은 1950년대부터 반세기 이상에 걸쳐 중국의 일본 정책의 기본이었던 '극히 소수의 군국주의자와 희생이 된 일반 국민을 구분하는' 이분론이 완전히 잘못되었다고 고백했던 것이다. 그는 다음과 같이 말하고 있다.

일본의 대외 침략을 민족의 범죄로 보지 않고 계급투쟁의 관점에 서서 극히 소수의 군국주의 분자(分子)에게만 죄를 묻고 특히 일본 인민을 우리와 동일한 피해자로 간주했던 것. 이것은 시비(是非)를 혼동하는 것이다. …… 중국에 공격

해 들어와 강탈하고 기만하고 유린했던 일본 병사와 중국 인민을 함께 논하는 것
등은 불가능한 것이다.

중국에 대한 침략 전쟁을 '전체 민족의 범죄'로 간주해야 한다는 것이 허팡
논문의 핵심이다. 허팡은 극단적 민족주의가 휘몰아쳤던 1990년대 후반의 중
국에서 전후 50년이 지난 일본의 현실에 입각한 전략적 대일 전략을 취해야 한
다고 제언하는 등, 일관된 리버럴한 입장을 견지해왔다. 그러한 그가 왜 '변심'
을 했던 것일까?

1950년대부터 국교 정상화까지의 20년간 중국의 대일 외교의 기본은 다음
의 두 가지에 있었다. 한 가지는 사회주의 진영의 일익을 담당하는 중국과 자
본주의 일본 간에 있는 동서(東西)의 대립을 원리적인 대립축으로 하는 이데올
로기적 접근이다. 나머지 한 가지는 전쟁의 문제에 대해서 '극히 소수의 군국주
의자와 피해를 받은 국민'이라는 이분론으로 대표되는 것과 같은 '도덕적 접근'
이다. 전자에 대해서는 1952년 7월 ≪인민일보≫의 사설 제목을 '중국공산당원
과 중국 인민은 형제와 같은 우의로 일본공산당의 30주년을 축하한다'라고 특
별히 마오쩌둥이 직접 쓴 축사에서 단적으로 나타나고 있다(毛澤東, 1989).

미중 접근이 중국의 이데올로기 외교에 쐐기를 박은 결과, 대소(對蘇) 항전
을 제일로 견지했던 중국은 이데올로기의 주술·속박으로부터 기본적으로 벗
어났다. 하지만 중일전쟁의 전후 처리에 대해서 취해왔던 도덕적 접근은 21세
기에 들어서도 공식 접근이다. 이것은 어떠한 프로세스로 출현하게 되었을까?

## 군국주의자와 국민을 구분하다

중국이 '이분론'을 어떠한 장(場)에서 언제 확정했는지를 확실히 파악할 수
는 없다. 중국의 연구자마저 중요한 외교문서에 접근할 수 없기 때문이다. 관
계자의 메모와 단편적 문서로부터 살펴보는 것 외에는 방법이 없다. 냉전의 한
가운데에서 미국을 추종했던 일본 정부와의 관계를 바꾸는 것은 어렵다고 보

왔던 저우언라이는 1953년 무렵부터 이른바 '민간 외교'를 추진한다. 신화사(新華社) 기자였던 우쉐원(吳學文)은 그 무렵 "중앙 영도 동지가 이 민간 교류의 상황, 일본에 대한 일반적 반발의 상황을 보고 정책상 두 가지로 구분하는 교육을 지적"하고, ① 일본 군국주의와 일본 인민을 구별하고(중국 침략의 책임은 일본 정부에 있으며 일본 인민에게는 없다), ② 일본 정부 안에서도 정책을 결정하는 지도자와 일반 공무원을 구별하고 커다란 악(惡)과 일반적 오류를 구별하라고 지시했다고 전하고 있다(吳學文, 2002). 이것이 오늘날까지 계속되는 중국의 대일 대원칙인 이분론, 대일 '공식 이데올로기'의 탄생이다.

제네바 회담(1954년 4~7월)에서 '저우언라이 외교'가 꽃을 피웠는데 이 무렵부터 대일 정책에 대해서도 중국의 접근이 명확해지게 된다. 대미(對美) 자주 외교를 내세웠던 하토야마 이치로(鳩山一郞) 내각이 1954년 12월에 성립하자, 중국은 즉시 반응했다. 전국정치협상회의 제2기 제1차 회의에서 저우언라이가 "중국은 일본과의 정상적인 관계 수립을 바란다", "만약 일본 정부가 같은 바람을 갖고 있고 적합한 조치를 취한다면 중국 정부는 일본과의 관계 정상화를 위한 절차를 정돈한다"라고 명언(明言)하고 대일 정상화의 의사를 처음으로 공표했다(≪人民日報≫, 1954.12.30.).

이듬해 1월에 무라다 쇼조(村田省藏) 회장을 단장으로 하는 일본국제무역촉진협회 멤버와 회견한 저우언라이는 대일 전략을 설명하며 "중국 인민은 일본 군국주의자와 일본 인민을 구별한다. 또한 중일 양국 인민의 장기적 이익과 일시적인 불화를 구별하는 것도 가능하다"라고 논하면서, 평화 5원칙, 평등 호혜 등 대일 정책 3원칙을 제시했다(『周恩來年譜』上; 羅平漢, 2000). 이때 처음으로 '이분론'이라는 대일 기본 원칙이 일본 측에 전해졌을 것이다.

### '일본팀'의 조직

1950년대 중국에서는 대일 정책의 검토와 입안, 결정이 어떻게 행해졌을까? 거의 실태는 파악할 수 없다. 처음으로 대일 관계의 조직이 출현했던 것은 저우언라이가 직접 지도하고 랴오청즈(廖承志)가 구체적 책임을 진 '대일공작판공실'이다. 1952년의 민간 무역 교섭 시에 만들어졌다고 한다. 하지만 대일 정책 책정의 조직화는 하토야마 정권의 탄생 무렵부터 시작되었을 것으로 보인다. 신화사 기자로서 장기간 일본에 관련되었던 우쉐원에 의하면, 1950년대 초반 대외 관계를 다루는 부서로서 당중앙의 외사소조와 국무원 외사판공실이 있었다[조장: 천이(陳毅) 외교부장, 부주임: 랴오청즈 등]. 두 조직은 실은 동일한 조직이다. 그중에 일본팀이 만들어져 조장 양정[楊正, 나중에 왕샤오윈(王曉雲)] 아래에 여러 명의 보좌진이 있었다. 1955년부터는 외교부, 당 중앙대외연락부, 대외무역부, 대외우호협회, 외교학회, 공산주의청년단, 총공회, 인민일보사, 신화사 등의 대표로 멤버가 굳어졌다고 한다.

한편 1952년 12월 국무원 외사위원회와 당 중앙통일전선부는 일본 연구의 강화를 결정하고, 1955년 12월 '대일공작위원회'를 설치하며 일본 문제의 조사·연구와 대일 정책의 계획·집행에 책임을 지도록 했다. 외교부, 대외무역부, 문화부, 당 중앙선전부, 당 통일전선부, 중국인민외교학회 등의 멤버가 추가되고, 주임에는 궈모뤄(郭沫若), 부주임에는 랴오청즈, 천자캉(陳家康), 왕윈성(王芸生)으로 구성되었으며, 랴오청즈가 실무를 담당했다고 한다[위원에는 레이런민(雷任民) 대외무역부 부부장, 리더취안(李德全) 중국적십자회 회장, 난한천(南漢宸) 중국국제무역촉진회 주석 등]. 하지만 이러한 것과 다음에 논하는 3월 결정의 관계는 확정적이지 않다.

## 1955년의 '대일 공작 방침과 계획'

최초의 대일 기본 정책이라고 일컬어지는 1955년 3월 문서는 소련, 중국과의 국교 정상화를 목표로 했던 하토야마 내각 시에 생겨났다. 중국공산당 대외연락부에서 대일 책임자를 장기간 맡았던 장샹산(張香山)에 의하면, 1955년 3월 1일에 중국공산당 중앙정치국은 '중앙의 대일 정책 활동에 대한 방침과 계획'이라는 문서를 채택하고 건국 이후 처음으로 종합적 대일 방침을 제기했다.

이를 주도했던 것은 저우언라이, 장원톈(張聞天) 외교부 부부장, 왕자샹(王稼祥) 당 중앙대외연락부 부장이다.

장샹산이 전하는 '대일 공작 방침'의 기둥은 ① 요시다(吉田) 내각이 붕괴된 원인의 해명, ② 하토야마 내각과 요시다 내각의 대외 정책에 있어서의 차이점과 공통점의 분석, ③ 중국의 대일 정책의 기본 원칙 설정, ④ 앞으로의 대일 정책과 대일 활동의 방침과 계획 입안, ⑤ 중일 관계의 장래에 대한 예측 등으로 되어 있다.

이 중에서 대일 정책 기본 원칙은 다음의 다섯 가지 항목에 있다. ① 미군이 일본으로부터 철수하는 것을 주장하는 것과 함께 미국이 일본에 군사기지를 건설하는 것에 반대한다. 일본의 재군비(再軍備)와 군국주의의 부활에 반대한다. ② 평등 호혜의 원칙에 기초하여 중일 관계를 개선하고 단계적으로 외교 관계의 정상화를 실현시킨다. ③ 일본 인민을 우리 편으로 받아들이고 중일 양국의 국민 간에 우정을 확립하고 일본 국민의 처우에 동정(同情)을 나타낸다. ④ 일본 정부에 압력을 가하고 미국을 고립시키고 일본 정부에 중국과의 관계를 재검토하도록 만든다. ⑤ 일본 인민의 반미(反美), 일본의 독립, 평화, 민주를 요구하는 운동에 간접적 영향을 미치고 이것을 지지한다.

### 대일 접근의 움직임

또한 장샹산은 당시 "배상 문제, 전쟁 상태의 종료 문제에 대해서는 이 단계에서는 확정되기 어렵기 때문에 양국 관계가 정상화되었을 때에 이 두 가지의 문제를 해결하는 것으로 했다"라고 부연하고 있다(張香山, 2002).

1950년대 중반에 중국은 두 가지의 접근, 즉 전쟁 문제에 대해서는 도덕적으로 대처하고, 국가 관계는 냉전을 반영하여 미일 간의 분단을 실현하고 일본 인민을 중국 측에 끌어당기는 이데올로기 외교를 채택했다. 1955~1956년 마오쩌둥도 저우언라이도 국교 정상화를 포함하여 일본과 새로운 관계를 구축하고자 했다고 생각된다. 예를 들면 다음과 같은 움직임이다.

대미 자주 외교를 내세웠던 하토야마 내각이 1954년 12월에 성립되자 중국의 움직임은 매우 신속했다. 전술한 바와 같이 저우언라이는 그 이듬해 1월 '이분론'이라는 대일 기본 원칙을 일본 측에 전했을 것이다.

중국은 하토야마 내각의 탄생 이래 1955년 8월, 11월 1956년 1월의 세 차례에 걸쳐 다양한 방식, 루트를 통해서 대일 국교 정상화를 향한 적극적인 접근을 했다.

우선 1955년 3월 제3차 민간 무역 협정의 협의를 위해 일본을 방문했던 것은 레이런민 대외무역부 부부장이 단장을 맡고 38명으로 구성된 중국에서는 최초의 정식 대표단이다. 그로부터 2개월 후에는 무역 협정이 조인되었다. 이 교섭에서 중국은 통상대표부의 상호 설치, 멤버에 대한 외교관 대우의 부여, 양국 통화에 의한 직접 결제 방식 등의 조치를 통해 열심히 일본 정부를 자기편으로 구슬리고자 했다. 하지만 하토야마 내각은 '지지와 협력'은 약속했지만, 구체적으로 움직이지는 않았다.

또한 중국이 최초로 국제무대에 등장했던 반둥에서의 아시아·아프리카 회의에 갔던 저우언라이는 다카사키 다쓰노스케[高碕達之助, 전전(戰前)에는 만주 중공업 총재, 전후에는 국회의원, 경제기획청 장관]와 회담하고 "미일 우호 관계를 유지한다는 전제하에서 중일 우호 관계를 확립할 수 있다"라고 논하며, 반둥 회의 석상에서도 평화 5원칙 아래에서의 대일 국교 정상화에 강한 의욕을 표명했다. 또한 8월에 처음 방중한 일본의 신문 미디어 대표단에 대해 저우언라이는 "중국은 샌프란시스코 강화조약을 인정하지 않지만, 이것이 중일 국교 정상화, 평화조약을 촉진하는 것을 방해해서는 안 된다"라고 명언했다.

특히 매우 흥미로운 것은 마오쩌둥 스스로가 대일 국교 정상화에 의욕적이었다는 점이다. 1955년 9월 최초의 일본 국회의원 대표단[간바야시야마 에이키치(上林山榮吉) 단장]이 국경절 축하를 위해 중국 전국인민대표대회(전국인대)의 초청으로 방중했다. 중국은 이 대표단을 최대한의 의례로 접대했다. 10월 15일 저우언라이, 류사오치(劉少奇), 천이, 펑전(彭眞) 등과 함께 대표단을 접견했던 마오쩌둥은 "우리는 동일한 황색 인종이다"라고 말을 꺼내며 중일 간에 역사 문제는 있지만 "과거의 일은 지나간 일이며 주요한 것은 장래의 문제다"라고 말했다. 또한 "양국은 사회 제도는 일치하지 않지만, 그것은 중일 간의 장해가 되지 않는다", "인민의 이익으로부터 말해서 최대한 일찍 정상적인 외교 관계를 만들어야 한다"라고 말하고 있다(毛澤東, 1994). 그런데 마오쩌둥이 일본의 국회의원과 이처럼 장시간 동안 굉장히 기분 좋게 면담하는 것은 진귀한 일이며, 통역을 했던 류더유(劉德有, 2002)가 세 시간의 회담 내용을 생생하게 증언하고 있다. 회담의 마지막 부분에서 마오쩌둥이 한 다음과 같은 말은 특히 인상적이다.

지금의 일본은 편안하게 되었다. 제2차 세계대전 중과는 완전히 다르며 지금의 일본에는 도리(道理)가 있다. 그렇지 않은가? 이것 이상 일본에 과거의 '빚'을 요구하는 것은 이치에 맞지 않는다. 당신 측은 이미 사죄했다. 줄곧 계속 사죄하지는 않을 것이 아니겠는가?

또한 이 대표단과 평전 전국인대 비서장 간에 '국교 정상화 촉진 및 무역 촉진에 관한 공동성명'이 합의되었다. 성명에서는 ① 대(對)공산권 수출통제위원회[COCOM: Coordinating Committee for Export (Control) to Communist Area]에 의한 금수(禁輸)의 철폐, ② 무역 연락사무소의 설치, ③ 유골의 조기 송환을 위한 노력을 약속하고, ④ 중국은 일본인 전범 처리의 결과를 최대한 조속히 통지하는 것이 되었다.

그러나 1958년의 나가사키 국기(國旗) 사건으로 이러한 시도는 좌절되고 관계는 단번에 어두워지게 된다.

## 대일 배상 청구 문제

그런데 1972년 국교 정상화 교섭의 가장 중요한 핵심 중의 한 가지는 중국이 중일전쟁의 배상 청구를 포기했다는 점이다. 1972년 공동성명은 "중화인민공화국 정부는 중일 양국 국민의 우호를 위해 일본국에 대한 전쟁 배상의 청구를 포기한다"라고 했다. 이 정보는 직전의 1972년 7월 말 방중했던 다케이리 공명당 위원장에게 저우언라이가 전했다. "500억 달러 정도 지불하지 않으면 안 된다고 생각했다"라는 다케이리는 "전혀 예상도 하지 못한 회답에 몸이 전율했다"라고 술회하고 있다[다케이리의 방중과 관련된 전체 기록은 石井明 外 編(2003) 참조].

그렇다면 배상 청구 포기는 언제 어디에서 결정되었을까? 중국 국민은 알고 있었을까? 그런데 당초 중국 측의 손해 총액(타이완과 옛 만주를 제외하고)은 종전(終戰) 당시의 가격으로 500억 달러로 산출되었다. 1952년의 일화조약 시에 타이완은 최후의 막판 고비가 되었던 청구권을 포기했다.

1955년 8월 중국 외교부의 대변인이 일본인 거류민 귀환 문제와 관련하여 중국의 중일전쟁 피해에 대해서 언급하면서(1,000만 명 이상의 살육, 수백억 달러에 달하는 손해 등), "일본 정부는 중국 인민이 받았던 대단히 커다란 손해에 대해서 배상을 청구할 권리를 갖고 있다는 점을 이해해야 한다"라고 논했다. 같은 해 8월, 저우언라이가 일본의 신문 미디어 대표단과의 회견 자리에서 "중국 인민에게는 일본에 전쟁 배상을 청구할 권리가 있다는 것에 일본 정부의 주의를 환기시키고 싶다"라고 논했다. 또한 1957년 4월에는 일본 사회당 대표단[단장: 아사누마 이네지로(淺沼稲次郎) 서기장]이 방중했을 때 "중일 국교 정상화가 실현된다면 전범 문제와 마찬가지로 전쟁 배상 문제에도 관대한 정책을 취해주지 않겠는가?"라는 가쓰마타 세이이치(勝間田清一)의 요청에 대해서 저우언라이는 "지금은 아직 결정할 수 없다. 국교 정상화의 실현까지 결정되지 않는다"라고 답했다.

중앙의 방침이 굳어졌던 것은 경제 위기에서 벗어났던 1964년의 일이라고 한다(朱建榮, 1992). 1950년대 중반부터 저우언라이의 지휘로 대일 정책의 입안과 실행을 담당하는 일본팀이 생겨났다. 책임자는 랴오청즈였다. 외교부, 당

중앙대외연락부, 중일우호협회, 대외경제무역부, 신화사 등으로부터 20명이 가담했다. 당초 멤버 사이에서는 대일 배상 문제를 심의하고 배상 청구를 행해야 한다는 논의가 강했지만, 저우언라이가 설득하여 청구권을 포기한다는 결론에 도달했다. 최후에 마오쩌둥의 동의를 얻어 1964년 1월경에 정식으로 결정했다고 한다.

결정의 근거가 되었던 것은 ① 타이완도 미국도 배상을 청구하지 않았으며 미국의 대일 정책을 중시하지 않으면 안 된다. ② 동남아시아의 사례를 살펴보아도 배상금으로 경제가 비약적으로 발전하는 것은 아니다. 실로 사회주의의 중국이 배상에 의지할 수는 없다. ③ 일본 군국주의자와 인민을 구별하는 마오쩌둥의 사상에 반한다. ④ 고액의 배상 청구를 한다면 정상화 교섭이 장기간 지체된다는 것이다(朱建榮, 2002).

### 배상 청구 포기의 사실을 중국 국민은 알지 못했다

이 정책은 중국 국민에게 통지되지 못했다. 일본의 일부에는 완곡하게 전해졌다. 1964년 6월 방중했던 하시모토 히로시(橋本博) 도쿄방송 보도국장의 "중일 국교 회복 시에는 당연히 배상 문제가 나오게 될 것인데, 그것에 대해서 어떻게 생각하고 있는가?"라는 질문에 대해서 천이 외교부장은 다음과 같이 말했다.

중국 인민은 군국주의자가 중국을 침략하는 동안에 거대한 손해를 입었다. 이 것에 대해서 중국 인민에게는 배상을 요구할 권리가 있다. 하지만 전쟁이 끝난 지 이미 20년이 되어가고 있다. 중일 간에는 아직 평화조약도 체결되지 못하고 있다. …… 중일 양국 정부가 함께 노력하여 해결해야 할 것은 우선 어떻게 양국 관계의 정상화를 촉진할 것인가이다. …… 국교 회복이 되었을 때에 기타의 구체적 문제는 우호적 협의를 통해서 용이하게 해결될 수 있을 것이다(李正堂, 1999).

그 이듬해 1965년 5월, 당 중앙대외연락부의 대일 책임자 중의 한 명인 자오 안보(趙安博)는 방중했던 우쓰노미야 도쿠마(宇都宮德馬) 국회의원에게 ① 중국 은 타국의 배상에 의해 자국의 건설을 행하려는 생각을 하고 있지 않다. ② 거 대한 전쟁 배상을 패전국에 부과하는 것은 제1차 세계대전 후의 독일의 사례 를 보더라도 명백한 바와 같이 평화를 위해서는 유해하다. ③ 전쟁 배상은 그 전쟁에 책임이 없는 세대에게도 지불하도록 하는 것이 되는 것이므로 비합리 적이라며 배상 문제에 대한 중국의 기본적 입장을 설명했다.

대일 배상에 대해서 결정할 때에 중국 정부를 구속했던 것은, 첫째 샌프란 시스코조약에서 제시된 연합국이 패전국에 대해서 취했던 대단히 관용적인 태 도다. 둘째, 1952년의 일화평화조약 교섭에서 장제스 '타이완 정권'이 일본에 대한 배상 청구를 단념했던 선례다. 셋째, 배상 포기를 함으로써 중일 정상화 를 조속히 실현할 수 있으며, 무엇보다 일본에 대해 타이완과의 국가 관계를 깨끗이 끊도록 할 수 있다는 전략적 판단도 있었을 것이다.

문제는 실제로 전쟁의 피해를 입었던 중국 국민이다. 중국인들은 이 결정을 언제 알게 되었을까? 중국공산당은 배상 포기에 대해서 자국민에 대해서는 1972년 국교 정상화의 직전까지 설명하지 않았다. 설명·교육 문서가 간부에게 전해졌던 것은 다나카 방중의 직전, 9월 중순의 일이다(朱建榮, 1992).

## 2. 이분론을 어떻게 초월할 것인가?

### 중일 관계의 두 가지 전환점: 1990년대 중반과 2010년

1980년대부터의 중일 관계는 역사 인식·전후 처리에 대한 도덕적 접근과 일본이 원조하고 중국이 원조 받는 경제 관계가 쌍방의 이익으로 실현되고 있 다는 이익에 기반한 접근의 두 가지를 토대로 삼아왔다. 이 책의 제1장에서 논 한 바와 같이, '허니문의 15년간'이었다. 중국의 근대화 건설을 축으로 미·중·

일 3국 관계는 대단히 순조롭게 움직였다. 하지만 이 중일 관계도 1990년대 중반에 중대한 전기를 맞이한다. 일본에서는 '전후'가 끝나고 '보통국가'(小澤一郎, 1993)를 요구하는 보수 세력이 강해진다. 1995년 8월 15일의 무라야마 도미이치(村山富市) 총리의 다음과 같은 담화는 '전후에 대한 고별 선언'에 다름 아니었던 것이다.

> 일본은 멀지 않은 과거의 한 시기에 국책을 그르치고 전쟁을 향한 길을 걸어 국민을 존망의 위기에 빠뜨리고 식민지 지배와 침략에 의해 많은 국가, 특히 아시아 국가들의 사람들에 대해서 커다란 손해와 고통을 끼쳤습니다. 나는 미래에 오류가 없기를 바라고 있기 때문에, 의심할 바 없는 이러한 역사의 사실을 겸허하게 받아들이고, 여기에서 거듭 통절(痛切)한 반성의 뜻을 표하고 마음으로부터 사과의 말씀을 표명합니다. 또한 이 역사가 초래한 내외 모든 희생자에게 깊은 애도의 념(念)을 올려드립니다.

한편 중국에서는 이 시기에 '분노한 청년들'이 민족주의적인 '노(No)'를 말하기 시작했다. 특히 대일 관계에서는 강경한 반일적 여론이 득세했다. 이제까지 닫혀져 있었던 역사에 관한 일본 비판이 분출하게 된다. "중국의 생존 공간이 이렇게 더럽고 협소한 것은 마오쩌둥의 인구 정책의 탓이 아니라 근대 이래 글로벌한 전쟁에 언제나 패배해왔기 때문이다", 혹은 "국제 관계에는 영원한 친구는 없으며, 존재하는 것은 영원한 이익뿐이다"라는 주장(王小東, 2000)이 갈채를 받는 시대가 되었다. 대일 민간 배상과 센카쿠 열도 / 댜오위다오 방위를 주장하는 NGO였던 통쩡(童增)의 댜오위다오보위연합회가 움직이기 시작했다. 중국에서 결국 '전후가 시작'되었던 것이다.

두 번째의 전기는 2010~2012년이다. 2005년의 반일 시위를 계기로 하여 중일 관계의 토대 그 자체를 뒤흔드는 대전환이 일어났다. 2010년 가을의 센카쿠 열도 / 댜오위다오 해역에서의 중국 어선 나포 사건, 특히 2012년 9월 일본이 섬을 국유화했던 것에 항의하는 중국의 폭력적인 반일 시위와 격렬한 외교 공세로 중일 간에는 '우호'는커녕 이웃나라에 대한 최저한의 경의마저 없어져 버렸다. 사건의 배경에는 중일 관계의 구조적 변화가 있다. 첫째, 일본을 추월한 중국의 경제성장으로 동아시아에서 본격적인 세력 전이(power shift)가 시작되었다. 둘째, 양국 모두 권력 기반의 불안정이라는 중대한 내정 문제를 안고 있으며 이것이 포퓰리즘적인 민족주의를 쉽게 환기시킨다. 구심력의 회복에 민족주의보다 더 나은 특효약은 없기 때문이다. 일본의 경우에는 이것에 보수 민족주의, 역사 수정주의가 더해진다.

두 번째 전기의 상징적인 사건이 이 장의 모두(冒頭)에서 다루었던 허팡의 '변심'이다. 결론적으로 논하자면, 1980년대부터의 중일 관계는 이제까지는 어쨌든 도덕과 이익을 토대로 변통해왔지만, 2010년부터는 도덕과 이익 모두 쌍방을 연계하는 토대가 아니게 되어버렸다. 무엇을 토대로 재구축하면 좋을까? 이제부터 고통스러운 모색의 시대가 시작된다.

## 허팡이라는 인물

충격적인 허팡의 논문「시대 인식에서의 오류는 전국에 해를 초래한다」를 독해하기 전에 그의 경력에 대해 소개해보도록 하겠다.

허팡은 1922년 산시성(陝西省)에서 출생했다. 해방 후에는 외교부에서 일을 했으며, 결코 일본 전문가는 아니었다. 하지만 1980년대 초, 덩샤오핑의 '브레인'이었던 국무원 국제문제연구센터의 책임자 환샹(宦郷)에게 추천받아 사회과학원에 일본연구소를 신설하고 그 소장을 맡게 되었다. 1988년까지 중일 관계의 황금시대에 일본 연구의 중심에 있었고 1987년에는 "실은 50년대 중반부터 세계는 혁명과 전쟁의 시대에서 평화와 건설의 시대로 들어갔음에도 중국은 시대를 읽어내는 것에 실패했다"라고 확실히 지적한 '시대론(時代論)'으로 언론계를 석권했던 적이 있다. 1990년대에는 동 센터의 부간사(副幹事)를 역임하고 1997년에 제1선에서 물러났는데, 지금도 원기왕성하게 발언을 계속하고 있다.

극단적 내셔널리즘이 중국 언론계에서 활발해졌던 1990년대 중반, 그가 객관적인 일본론으로 일본 비판의 주류 논리에 대항했던 것을 지적해둘 필요가 있을 것이다. 1997년의 허팡이 집필한 「우리는 일본과 우호적으로 잘 지내고 있는 것일까?」는 대일 공식 이데올로기를 헤쳐 나아간 획기적인 논고이다(何方, 1997).

그의 일본론은 전쟁의 역사밖에 보지 못하는 주류 일본론과는 본질적으로 다르다. 중국의 근대화 건설에서 일본의 역할을 높게 평가하고 "중국과의 경제협력에서 일본을 대신할 국가는 없다"라며 "평화적 국제 환경을 위한 요체는 중일 관계이며, 대일 우호 관계는 대미 관계의 개선으로 연결"되기 때문에 "중일 우호는 중국의 국익에 합치된다"라고 단언한다. '일본의 군국주의 부활'론에 대해서 군국주의, 군사대국이란 무엇인가를 우선 확실히 해야 한다고 설명하며 다음과 같이 말한다.

일본의 현재 군사력은 중위(中位)의 군사국가인 영국·프랑스 수준과 동등하다. 핵무기·항공모함·장거리 미사일·폭격기 등의 공격적 전략 무기를 갖고 있지 않는 이상, 10년에서 15년 안에 아시아·태평양 지역에 직접적인 군사 위협을 미칠 수 있는 일본이 성립되는 일은 우선 없을 것이다.

그의 분석에서는 일본의 주류파가 추구하는 목표는 "패전국이라는 딱지를 떼는 것, 기타 대국과 병립(竝立)하는 것, 국제 실무에서 커다란 역할을 수행하는 정치대국이 되는 것"이다. 그는 일본에 대해서 환상을 갖고 있지 않다.

일본 주류의 전쟁관은 중국과 조선에 침략하여 식민화했던 일본군의 폭행 행위가 있었다는 점은 인정하고 있다. 하지만 태평양전쟁이 침략전쟁이라고는 인정하지 않는다. 이와 같은 기본 인식은 대다수 국민의 컨센서스(consensus)기도 하다.

일본의 주류는 "과거를 종식시키고 전후 50년을 향하여 역사 문제에 일단락을 짓고자 생각하고 있으며", 또한 세대가 교대되어 "관계(官界)도 여론도 일반 국민도 역사 문제에 염증을 내고 있다. 외국으로부터의 비판에 대해서 반감을 갖고 약간의 우호 인사마저 그러하다"라는 허팡의 인식은 거의 등신대의 일본 상이다. 하지만 이 허팡의 논문은 당시 중국의 학계·사회에 충격을 주었고 그는 강한 반발과 비난에 노정되었다.

## 2012년 논문의 충격

그런데 2012년 논문의 특징은 1997년 논문과 비교해보면 보통 중국인의 일본관에 근접하고 있다. 허팡은 자신이 편집하여 최근 간행된 저작집 중에서는 시대 인식과 일본론에서 몇 가지의 잘못된 논고가 있다고 설명한 위에 특히 일본론의 '오류'를 검토하고 있다. 전후 독일과 비교해서 일본의 반성이 불철저한 것을 강하게 비판하면서 다음과 같이 지적한다.

일본의 대외 침략에 대해서 민족의 범죄로 간주하지 않고 계급투쟁의 관점에 서서 극히 소수의 군국주의 분자에게만 죄를 묻고 일본 인민을 우리와 동일한 피해자로 보았던 것. 이것은 시비(是非)를 혼동했던 것이다. …… 중국에 침략해 들어와 강탈하고 기만하고 유린했던 일본 병사와 중국 인민을 함께 논하는 것 등은 가능하지 않다. 또한 병사가 되지 않고 일본에 남아서 노동에 종사했던 기타 일본인도 절대 다수가 천황에 충성했고 대동아 성전(大東亞聖戰)을 위해 달갑게 공헌했던 것이 아닌가? 진정한 전쟁 반대자는 매우 극소수였다.

그 위에서 그는 "국가의 대외 침략은 '민족적 범죄'로 간주해야 한다. (대외 침략을 행한 민족은) 전국 상하 모두가 죄책감을 가져야 하며, 침략 전쟁을 지지하고 참가했던 대다수 인민을 면죄하거나 변호해서는 안 된다"라는 것이다.

그는 일본이 독일과 달리 전쟁에 대한 반성이 불철저한 것은 전전(戰前)의 지도자가 전후에 부활하여 전전과 전후의 연속성을 끊어내지 못했던 탓이라고 분석한다. 그리고 최후에 "그 밖에도 우리의 인식상의 오류는 많다. 소련 수정주의를 주요한 위협으로 설정하고 (1970년대에) 준전시 체제를 취했던 것이다. 결과는 인력, 물력의 방대한 낭비뿐이었다"라고 결말을 짓고 있다(何方, 2012).

이 '변심'은 일본 비판이 '극히 일부의 군국주의자'에게만 집중됨으로써 면죄받아온 일본의 일반 국민에게 있어서는 충격적이다. 전후 중일 관계를 밑받침해온 토대(그 자체는 터무니없는 허구였지만)를 확실히 허구로서 배척했던 것이기 때문이다. 그렇다면 허광은 왜 이처럼 중대한 자기비판을 중일 관계가 최악의 상태에 있는 지금의 시점에서 행했을까? 작금의 그의 논고를 비교·검토해 보더라도 확실히 해석할 수 없지만 다음과 같은 추론을 할 수는 있다.

첫째, 2005년, 2012년의 대중적 반일 시위는 인터넷 민족주의와 맞물려 온화한, '허구'에 편승한 허광 류(流)의 견해를 눌러버렸다. 2005년 전후부터 인터넷에서는 마오쩌둥·저우언라이의 이분론에 대한 준엄한 비판이 들끓었다. 이러한 심각한 중국의 실제 정세를 인정하지 않을 수 없는 가운데 이루어진 허광의 '결단'이었을 것이다.

둘째, 현실주의자인 허광은 중국도 일본도 전후 60여 년이 경과하고 국제적인 권력 구조도 국내의 여론도 세대도 크게 변해버린 가운데 이분론이라는 허구의 모럴(moral)로는 더 이상 누구도 설득할 수 없다는 것을 깨달았을 것이다. 1997년의 그의 현실주의적 논점으로 본다면, 중일 관계는 허구의 모럴이 아니라 새로운 기초·토대를 구축하지 않으면 안 되는 단계에 도달하고 있다는 것을 경고하고자 했을 것이다. 하지만 새로운 토대를 그는 제시하고 있지는 않다.

셋째, 허광은 이분론을 정책의 문제로서 비판하는 것이 아니라 역사의 견해, 역사 인식의 문제로서 제기했던 것으로 보인다. 이것은 필자가 2013년 6월, 2016년 3월 두 차례에 걸쳐 행했던 그에 대한 인터뷰로부터 이해할 수 있었다. 허광에 의하면, 중국 현대사에서는 수천만 명의 아사자를 냈던 대약진 정책, 내란으로까지 귀결되었던 문화대혁명 등이 완전히 말소되고 있다. 이분론을 그러한 종류의 '역사 인식의 오류'에서의 대표적인 하나로서 거론했던 것이다 (이 두 차례의 인터뷰 기록은 대단히 중요한데, 이 책에서는 지면상의 관계로 싣지 않았으며 다른 기회를 살펴보도록 하겠다).

이분론은 '허구'이다. 허팡의 '변심'은 충격적이지만, '허구'를 버리고 중일 관계를 처음부터 다시 만들지 않으면 안 된다는 메시지로서 허팡이 제기한 바를 다시 읽어야 할 것이다. 중국은 당분간 이분론을 공식 접근으로서 유지할 것이다. 하지만 새로운 시기의 과제에 맞춘 양국 관계의 새로운 핵심을 탐색해 내지 않으면 안 된다. 상호 간의 경의와 존중, 교섭·대화·다국 간 협의로 선린 관계를 재건할 필요가 있다.

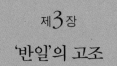

제3장

'반일'의 고조

# 1. 2005년 반일 시위

### 애국무죄愛國無罪

2005년 5월의 주말에 거듭되었던 반일 시위는 충격적이었다. 첫째, 순식간에 군중에 의한 반일 운동이 되어버렸던 것, 둘째, 이만큼 경제의 상호 의존이 진행되고 있음에도 '일본 상품 보이콧'이라는 80년 전의 슬로건을 그들이 외쳤던 것, 그리고 셋째, 일본의 유엔 안보리 상임이사국 진입을 반대한다는 역사 문제와는 다른 새로운 이슈를 등장시켰던 점이다. 이 반일 시위는 ① 교과서 검정과 고이즈미(小泉) 총리의 야스쿠니 신사 참배를 계기로 했던 역사 문제, ② 이 해 2월의 미일 안보협의가 방위의 범위에 타이완을 포함시킨 것을 제시했던 것에서 기인한 타이완 문제, ③ 동중국해 영해에서의 해저 자원을 둘러싼 분쟁이라는 예측할 수 있었던 이슈, 아울러 새롭게 ④ 유엔 안보리 상임이사국 진입을 시도한 일본을 저지하는 움직임, '정치대국 일본'에 대한 반감이 분출되었던 점에서 양국 관계가 새로운 단계에 들어섰다는 것을 알렸다.

무슨 일이 일어났던 것일까? 2005년 3월 1일 한국의 '3·1 만세 운동'을 기념하는 연설에서 노무현 대통령이 역사 문제 및 독도 문제에서 격렬하게 일본을 비판했다. 노 대통령은 동시에 일본의 유엔 안보리 상임이사국 진입에는 확실히 노(No)를 표명했는데, 이것이 중국의 국민을 자극했다. 후진타오(胡錦濤) 정권

의 '대일 신(新)접근'(후술함)도 또한 전국인대를 마친 원자바오(溫家寶) 총리가
기자회견에서 "중일 관계는 가장 중요한 2국 간 관계다"라고 논했던 것도(≪人民
日報≫, 2005.3.15.), 민중에게는 '대일약요(對日弱腰, 대일 저자세)'로 비추어졌다.
3월 20일이 되자, 일본의 교과서 검정과 관련하여 '새로운 역사 교과서를 만드는
모임'의 교과서 내용이 새어나가, 민중을 가일층 자극했다. 게다가 '새로운 역사
교과서를 만드는 모임'의 웹사이트에 300명 이상의 찬동자 리스트가 직책과 함
께 올라왔다. 이것이 3월 28일 신화사 계통의 ≪국제선구도보(國際先驅導報)≫
에서 보도되어 기자가 찬동자 개인이 아니라 회사명을 공표함으로써 회사 전체
가 '새로운 역사 교과서를 만드는 모임'을 지원하고 있다는 오해가 생겨났다고
한다. 리스트의 가장 위에 아사히 맥주가 게재되었기 때문에 동북 지방에서 아
사히 맥주에 대한 불매 운동이 일어나 다른 기업에도 파급되었고, '일본 제품 보
이콧'으로서 각지로 확산되었다.

또한 이 무렵 샌프란시스코의 주미 중국인 단체와 베이징의 민족주의적 단
체가 일본의 유엔 안보리 상임이사국 진입에 반대하는 인터넷 서명 운동을 호
소했다. 곧바로 서명자가 1,000만 명, 2,000만 명으로 늘어났다.

4월 2일, 쓰촨성(四川省) 청두(成都)에서 일본계 마트 '이토요카도(イトーヨー
カ堂)'가 습격을 받았고, 광둥성(廣東省)에서도 선전(深圳)에서부터 반일 시위가
확대되었다. 일본의 유엔 안보리 상임이사국 진입 반대, 야스쿠니 신사 참배
및 역사 교과서 문제, 일본 상품 보이콧, 센카쿠 열도 등 중일 간의 모든 쟁점이
슬로건에 포함되며, 격렬한 대일 비판이 되었다. 그다음 주인 4월 9일, 베이징
에서 1만 명의 반일 시위가 일어났고, 나아가 그 일주일 후에는 상하이에 파급
되어 인터넷과 휴대전화에 의한 연락으로 5만~6만 명 규모로 불어났다. 군중
심리에 의해 일본인이 경영하는 레스토랑, 상하이 일본 총영사관의 유리가 깨
지는 사건도 일어났다. 대부분의 시위에서 젊은이들이 '애국무죄'를 외쳤던 것
이 충격이었다. 폭력과 파괴를 수반하는 행위는 범죄임에도 불구하고, 애국이
라면 어떤 일이라도 허락된다는 사고방식은 받아들일 수 없기 때문이다.

## 중국 지도부 내의 불일치

사태가 그 이상으로 확대되어 혼란이 일어날 것을 우려한 중국 정부가 규제로 전환했던 것은 결국 4월 17일부터였다. 4월 19일 리자오싱(李肇星) 외교부장은 중앙선전부가 주최하는 3,500명의 고급 간부를 불러 모아 개최한 정세 보고회에서 "중일 관계는 중요하다. 냉정하게 처신하도록 하라"고 연설했고 공안(公安) 부문도 시위에 대한 강한 규제를 행하고 일부의 주동자를 구속했다. 하지만 상하이에서 발행되는 4월 25일 자 ≪해방일보≫가 "반일 시위는 음모를 꾸미고 있던 일부 세력에 의해 이용되었다"라며 격렬한 논조의 평론원(評論員) 논문을 게재하면서, 그 이튿날에는 일전(一轉)하여 '애국적 열정'에 공명하는 논문을 다시 실었던 바와 같이, 이 사이 지도부 내에서 대일 정책 및 반일 시위에 대해 의견 대립이 있었던 것으로도 보인다. 그것이 사태의 수습을 늦추어버린 것은 부정할 수 없다.

애당초 2002년 2월에 발족한 후진타오 정권은 장쩌민(江澤民) 정권과는 달리 일본에 대해서 역사 문제를 별로 제기하지 않는 새로운 접근을 취했다. 하지만 그 이듬해 말, 탕자쉬안(唐家璇) 국무위원이 주재한 '대일 관계 공작 회의'에서는 대일 강경파인 장쩌민 전 주석 및 그 연계 그룹으로부터 압력을 받고 "역사 문제를 소홀히 하지 않는다"라는 노선으로 이동했던 것으로 알려져 있다(淸水美和, 2006). 2005년 3월, 반일 시위 직전에 대일 정책에 관한 정치국 상무위원을 중심으로 한 중요 회의가 두 차례에 걸쳐서 열려, 일본 문제에 대한 다음과 같은 '세 가지 판단'이 결정되었던 듯하다. ① 중일 관계에 당분간 호전될 징후는 없다. 오히려 악화될 요소가 강하며, 그것에 대해서 '사상적·심리적 준비'를 할 것, ② 일본이 강경하게 나온다면 중국도 유연해서는 안 되며, 일본이 관계 개선에 전향적으로 나온다면 중국은 전향적으로 대응할 것, ③ 중일 간의 정부 차원의 대화는 장벽에 부딪힐 가능성이 있으므로 민간의 채널을 두텁게 하고 강화시킬 것 등이다.

정보를 종합해보면, 대일 정책에서 중국의 지도부 내부에서 의견의 불일치가 있었던 것처럼 보인다. 반일 시위로부터 2개월 동안의 중국 정부의 '동요'로 부터 보면 그 가능성은 크다. 1987년 1월의 후야오방(胡耀邦) 총서기 해임의 이유 가운데 하나가 유연한 대일 정책에 있었다는 것을 고려해보면, 일본 문제는 때로 중국 정권을 뒤흔들 정도의 중요한 문제가 된다. 그런데 미리 말해두는 것이지만, 중앙 내부에서의 불일치가 반일 시위를 유발했다고 보는 것은 타당하지 않다.

### 시위의 전조

대중적인 반일 시위가 일어난 전조는 2003년부터 있었다. 그해 여름, 헤이룽장성(黑龍江省) 하얼빈(哈爾濱)에서 옛 일본군 독가스가 폭발하여 사망한 사건이 일어나 그 보상 문제로 중일 양국 관계가 뒤틀려졌다. 결국 3억 엔의 '위문금'으로 마무리되었지만 특히 청년층에게 불만이 남았다. 같은 무렵 베이징-상하이 간의 고속철도 계획에 일본의 신칸센 기술 도입이 유력하다는 정보가 흘러나오자, 인터넷상에서 신칸센 도입 반대의 서명 운동이 시작되어 곧 10만 명 가까운 서명이 모였다고 한다.

2003년 9월에는 남쪽의 경제특구 주하이(珠海)에서 어느 일본 기업의 휴가 여행에서 '집단 매춘 사건'이 발각되었다. 또한 10월 29일 시안(西安)의 시베이대학(西北大學)에서 열린 문화제에서 일본인 유학생 3명이 '저질스러운 행동'을 함으로써 중국인의 반발을 초래하여 학생과 일부 시민이 유학생 기숙사로 몰려들고 폭력 사건이 일어났다. 그들은 가두시위를 하면서 일본 제품 보이콧을 호소했다. 또한 11월에는 '도요타 자동차' 광고 사건이 일어났다. 중국 문화의 상징인 백사자(白獅子)가 도요타 자동차를 향해 절을 하는 모습의 광고가 '중국에 대한 모욕'이라며 시민이 반발했고, 도요타 측이 사죄하여 어쨌든 사태는 마무리되었다. 연말에는 '댜오위다오 보위연합회'라는 민간 조직이 생겨났다. 그 대표는 대일 전쟁 배상 운동을 추진해왔던 퉁쩡이다. 그 이듬해 2004년 3월 그들은 댜오위다오 상륙을 강행했다. 같은 해 여름에 열린 아시안컵 축구 대회에서는 일본팀에 대해 격렬한 야유가 퍼부어졌고, 주중 일본대사관의 공용차에 대한 폭력 행위 등도 일어났다.

즉, 2005년 4월의 반일 시위가 일어나기 전부터 중국의 반일 민족주의가 마치 용암처럼 밀려들어와 언제 폭발하더라도 이상하지 않은 상황이었던 것이다.

### 인터넷 민족주의

시위 당시 일본의 미디어에서는 많은 논자가 "중국 정부가 지시하고 있다", "중앙에서 권력 투쟁이 일어나고 있으며 그것이 대일 관계에 나타났다", "1990년대 중반부터의 '애국주의 교육'의 결과이며 중국 측에 문제가 있다"라는 견해를 피력했다. 하지만 그러한 것이었을까? 사태는 더욱 깊은 곳에서 원연하며 뿌리가 깊은 것처럼 여겨진다.

물론 '애국주의 교육'이 영향을 미쳤다는 것은 두말 할 필요도 없지만, 근저에는 개혁개방 이후 중국 사회의 다원화 상황, 자유로운 공간의 확대가 있다. 특히 주의하지 않으면 안 되는 것은 갑작스런 대국화로 젊은이와 중간층에 배외적이며 '대국주의'적 민족주의가 만연하기 시작했다는 것이다. 그러한 것이 인터넷과 휴대전화라는 완전히 새로운 정보 수단에 의해 상호 간에 증폭하게 되고 돌연 비대화했다고 보는 편이 낫다.

과격한 민족주의의 논조는 인터넷에 접하는 젊은이들에게 커다란 인기를 끌고 있다고 한다. 앞에서 소개한 왕샤오둥(王小東, 2005)은 민족주의자의 사명은 초강대국이 되기 위해 분투하는 것이라고 단언한다. 그에 의하면, "1990년대 말부터의 중국에서의 인터넷의 맹렬한 발전으로 민족주의가 이제까지의 미디어의 봉쇄와 터부로부터 벗어나 민간에서의 민족주의의 신속하며 광범위한 전파를 가능케 했다"라고 한다.

또한 중국인민해방군 출신의 ≪인민일보≫ 논설위원 린즈보(林治波)의 대일외교론도 도발적이다. 그는 민족의 자발적 감정의 발로인 민족주의를 거론하면서 "일본에 대해서도 더욱 강경하게 되고 '우호 교류병(病)'에 걸리지 말아야 한다"라고 질타한다. 왜냐하면 지금 양국 간의 모순은 "부상하는 중국, 그것을 보고 싶지 않은 일본"이라는 구도에 있으며 경제 관계는 상호 보완성이 약해지고 경쟁 관계가 갈수록 강해지고 있기 때문이라고 한다. 일본의 유엔 안보리 상임이사국 진입 문제에서는 "중국은 거부권을 사용하고", "모처럼의 거부권을 갖고 있는데 이러한 때에 사용하지 않으면 언제 사용할 것인가?"라고까지 잘라 말하고 있다(林治波, 2005).

이러한 배외적이며 과격한 민족주의와 그것에 박수갈채를 보내고 있는 '분청(憤青, 분노한 청년들)', 한편으로 중국의 네티즌 인구의 대중화·저연령화가 진전되고 있다. 2005년의 한 조사에서는 1억 명을 넘는 인터넷 이용자 중에서 월수입 500위안 이하가 65%, 중졸 이하의 학력이 30%, 18세 미만이 17%라고 한다(田島英一, 2005). 인터넷에 글을 쓰는 대다수는 대졸, 혹은 일류 대학의 학생이라기보다 사회에 넘쳐나는 비(非)엘리트 젊은이들이 아닐까 한다.

물론 이러한 경향을 비판하는 움직임도 있다. 런빙창(任丙强)은 이것저것 할 것 없이 반대하는 일종의 '배설 행위', 정신적 노예화 현상이라고 매정하게 파악한다. 그리고 '분청 문화' 가운데에서 극단적인 것을 말하는 학자일수록 환영받고, 언론이 갈수록 극단적이 되며, 여론 전체가 '비이성적'으로 되어가고 있다고 강한 우려를 보이고 있다(任丙强, 2005). 하지만 왕샤오둥과 린즈보가 언론으로 밝히는 논조는 하여간 명쾌하다. 단언하고 사람을 납득시킨다. 2005년 반일 시위는 대중 사회화가 시작된 중국에 특유한 정치사회 현상인 것이다. 다시 말하자면, 계기가 있다면 다시 언제라도 일어날 수 있다.

작금 동일한 상황이 일본에도 보인다. 단순 명쾌한 것, 이성이 아니라 감정에 호소하는 것일수록 환영받는다. 위협과 불안을 오직 부채질하는 정서적인 중국론이 논단과 미디어에서도 유행을 하게 된다. 정서적인 것일수록 전염되기 쉬우며 공명하기 쉽다.

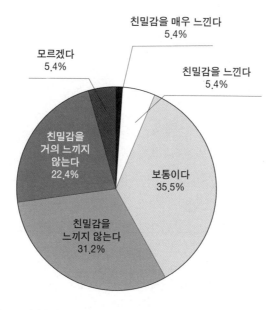

그림 3-1_ 중국의 대일 이미지(2004년 가을)

친밀감을 매우 느낀다
5.4%

모르겠다
5.4%

친밀감을 느낀다
5.4%

친밀감을
거의 느끼지
않는다
22.4%

보통이다
35.5%

친밀감을
느끼지 않는다
31.2%

주: 조사 기관: 중국사회과학원 일본연구소, 조사 시점: 2004년 9~10월, 조사 대상: 3,300명, 유효 회
   답: 2,987명.
자료: ≪日本學刊≫ 第6期(2004).

## 악화되는 상호 이미지

2005년 반일 시위는 인터넷과 휴대전화라는 새로운 정보 수단으로 젊은이
들에게 한순간에 확산되고 통제되지 못했던 점에서 새로운 것이었다. 또한 시
위의 발생이 일본 사회에 과격한 중국 위협론을 만연하게 만들었다. 중일 관계
는 정부 간의 관계에서 국민 간의 관계로 추이하고 있다. 그 배후에는 2000년
대에 들어서 악화된 중국 국민의 대일 감정이 있으며, 또 하나의 배후에는 이
미 언급한 바와 같이 '대국' 중국을 표방하는 극단적인 민족주의의 조류와 그것
에 구실을 주고 있는 일본 정부의 대응이 있다. 그러한 가운데 상호 이미지의

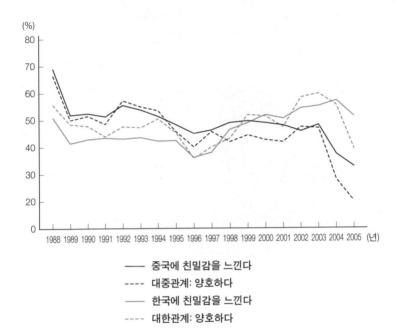

그림 3-2_ **일본의 대중(對中)·대한(對韓) 여론의 변화(1988~2005)**

— 중국에 친밀감을 느낀다
---- 대중관계: 양호하다
— 한국에 친밀감을 느낀다
---- 대한관계: 양호하다

자료: 日本內閣府,「外交に關する世論調査」.

악화가 너무 현저해지고 있다. 2004년 가을에 중국사회과학원 일본연구소가
실시한 여론조사의 결과에 의하면(〈그림 3-1〉 참조), "친밀감을 느끼지 않는다"
라는 사람이 전체의 53.6%로 과반수가 되었다.

　일본에서도 1989년의 톈안먼 사건 이래 대중(對中) 이미지가 급격하게 악화
되고 있다. 〈그림 3-2〉는 일본 내각부[內閣府, 기존의 총리청(總理廳)]가 1978년
부터 매년 10월 약 3,000명을 대상으로 행하고 있는 '외교에 관한 여론조사'의
일부이다. 월드컵 축구의 공동 개최, 영화 및 음악 등의 유입(한국의 경우)으로
호전되고 있든 한국에 대한 이미지와 비교하여 살펴보도록 하겠다.

대중 이미지의 악화는 ① 1989년의 톈안먼 사건, ② 1996년의 타이완 해협에서의 미사일 훈련, 그리고 ③ 2004~2005년의 반일 시위의 세 사건에서 확실히 보인다. 1996년부터 2004년까지 이미지가 호전되고 있는 한국과는 대조적이다(다만 2005년 조사에서는 한국에 대한 이미지도 그늘이 생겨나고 있다). 2005년 4월의 반일 시위 이후에는 중국에 친밀감을 갖고 있는 일본 국민은 전체의 32.4%, 대중 관계를 양호한 것으로 생각하는 층은 19.7%로 격감했다. 이미지는 상호 간에 서로 영향을 미친다. 한쪽이 악화되면 다른 한쪽도 악화된다. 또한 여론은 때로 이성적이기보다 감정적이 되기 일쑤다.•

## 2. 중일 간의 새로운 쟁점

### 유엔 안보리 상임이사국 진입 문제

이번의 반일 시위가 일본에 있어서 충격적인 것은 역사 문제를 둘러싸고 한순간에 대규모 시위가 되었다는 것뿐만은 아니다. 일본의 유엔 안보리 상임이사국 진입에 반대하는 중국인의 서명 운동이 전 세계적으로 일어났다는 쪽이 충격이 크다. 정치가를 위시한 많은 일본인은 당시 전후 60년이었으므로 국제사회가 '패전국'의 딱지를 떼어주기를 바라고 있었다. 게다가 세계 제2위의 경

---

• 아울러 일본의 여론조사에서 '중국에 대해 친밀감을 느낀다'라는 응답은 2010년 20.0%, 2015년 14.8%, 2020년 22.0%, 2022년 17.8%를 기록했으며, '중일 관계가 양호하다고 생각한다'는 응답은 2010년 8.3%, 2015년 9.5%, 2020년 17.1%, 2022년 11.0%였다. 한편 일본의 여론 조사에서 '한국에 대해 친밀감을 느낀다'는 응답은 2010년 61.8%, 2015년 33.0%, 2020년 34.9%, 2022년 45.9%를 기록했으며, '한일 관계가 양호하다고 생각한다'는 응답은 2010년 59.9%, 2015년 22.7%, 2020년 16.6%, 2022년 28.3%였다(日本內閣府, 「外交に関する世論調査」, 各年度). _옮긴이 주

제대국으로서 유엔 분담금의 20% 이상을 지불했으며, 또한 세계 1, 2위의 원조국이 되어 국제적으로도 공헌하고 있기 때문에, 상임이사국의 자격은 충분히 갖추었음에 틀림없다고 생각했다. 그러했던 만큼 한순간에 이 정도의 중국인들이 네트워크를 통해 반대서명을 하는 사태는 예상 밖의 일이었고, 일본 정부는 '정치대국' 일본을 기뻐하지 않는 중국 정부의 공적(公的) 의도가 반영되어 있는 것이 아닌가 하고 강하게 반발했다.

2005년 3월 21일, 코피 아난(Kofi Annan) 유엔 사무총장은 총회에서 안보리이사회의 확대를 권고하고, "상임이사국 증가의 합의가 이루어진다면, 아시아 지역 할당의 한 개는 일본 측에 간다"라고 발언했다. 이것이 중국 민중의 반발을 불러일으켰다. 이 무렵 중국의 반일 네트워크인 '중국918애국망(中國九一八愛國網)'의 창지사 우쭈캉(吳祖康)이나 대일 민간 배상 청구 운동, 댜오위다오 보위연합회의 주재자인 퉁쩡, 또한 샌프란시스코의 재미 중국인 단체 등이 전 세계의 중국인을 향해 반대 서명을 호소했다. 서명은 또한 눈 깜박할 사이에 1,000만 명을 넘었고, 3월 30일까지 2,200만 명이 되었다. 그들은 "일본은 성의를 결여하고 있고 책임을 지지 않는 국가다. …… 일본은 유엔 분담금이 많기 때문이라고 말하고 있지만, 유엔이라는 것은 정의를 지키는 국제기구이며, 회사의 이사회가 아니며, 주식을 많이 갖고 있는 자가 대주주가 되는 것도 아니다"라는 생각을 함께 갖고 있는 것처럼 보인다(周遠征, 2005). 서명이 중국의 3대 포털 사이트[신랑(新浪, Sina), 써우후(搜狐, Sohu), 이왕(易網, Netease)]를 통해서 대대적으로 행해졌던 것으로 보면, 중국 정부의 간접적 지지가 있었다고도 추측할 수 있다. 서명 운동은 충칭(重慶)과 광저우(廣州) 등에서도 행해졌고, 아사히 맥주에 대한 불매 운동 등도 전개되었다.

### 중국 정부는?

이 문제에서의 중국 정부의 공적인 입장은 무엇이었을까? 필자는 4월의 반일 시위 그 자체는 중국 정부가 주도했던 것이 아니라 자연발생적인 돌발 사건이었던 것으로 생각하고 있는데, 유엔 안보리 상임이사국 문제에 관해서는 중국 정부가 반대 서명 운동에 관여했던 것이 아닐까 하고 생각한다.

확실히 중국 정부는 그때까지 일본의 안보리 상임이사국 진입에 대해서 공식적으로는 반대라고도 찬성이라고도 명언하지 않았다. 하지만 부정적인 태도는 시사되어왔다. 2004년 9월 쿵취안(孔泉) 중국 외교부 대변인은 "안보리는 회사의 이사회가 아니다. 분담금의 많고 적음에 의해 멤버를 결정할 수는 없다"라고 논하며, 또한 안보리 개혁의 원칙으로서 "개발도상국의 의견을 반영시키고, 작업의 효율화를 실현하며, 공통의 인식을 갖는다"라는 세 가지를 제시했다. 일본에 대한 부정적 태도를 엿볼 수 있다. 또한 인터넷에서 서명 운동이 시작되자, 외교부 대변인은 이것은 "반일 감정이 아니라 일본에 대해서 역사 문제에서 정확하며 책임 있는 태도를 취하도록 요구하고 있는 것이다"라며 이해와 공감을 보였다(人民網, 2005.3.25.).

이 서명 운동의 직후 링칭(凌青) 전 주(駐)유엔 중국 대사는 한 잡지에서 ① 총리가 A급 전범을 합사한 야스쿠니 신사에 참배하고 있는 것이 보여주는 바와 같이 역사 문제에서 '마음으로부터의 사죄'를 하고 있지 않고, ② 아시아의 이웃나라로부터 본다면 일본은 안보리 상임이사국에 될 자격을 갖추고 있지 않고 있으며, ③ 타이완 문제를 미일의 '공동 전략 목표로 삼았다'라는 것 등을 이유로 하여 일본의 상임이사국 진입에 강하게 반대를 표명하고 있다(凌青, 2005). 또한 7월이 되자, 중국 정부는 안보리 확대를 위한 일본, 인도, 독일, 브라질의 '4개국 제안'에 대해 확실히 반대를 표명하고 4개국 제안을 물거품으로 만들기 위해 아시아·아프리카 국가들 등에 대해 공작을 벌였다. 유엔에서 '아시아의 대국'은 중국뿐이며 그것으로 충분한 것일 것이다. 타이완 문제라는 아킬레스건을 갖고 있는 중국으로부터 본다면, 미국과의 동맹 관계를 강화하고 있는 일본이 거부권을 갖는 상임이사국이 되어 국제사회에서 중국과 나란히 서게 되는 시나리오는 피하고 싶었을 것이다. 2005년 반일 시위는 아시아 지역 및 국제사회에서의 패권을 둘러싼 중일 간의 경쟁의 징후인 것이다. 그런데

4개국 제안에 대해서 공동 제안국이 되었던 아시아 국가는 부탄, 몰디브 외에는 아프가니스탄뿐이었다. 유럽에서는 독일 때문에 프랑스 등 11개국이 공동 제안국이 되었다.

### 타이완 문제와 미일 안보

나아가 일본의 방위 협력 신(新)방침과 타이완을 둘러싼 미일 안보의 강화 움직임에 중국은 반발했다. 2004년 12월 고이즈미 내각이 각의 결정한 '신(新)방위대강'은 "중국군의 근대화와 해양 활동 범위의 확대에는 주목할 필요가 있다"라고 한 것을 위시하여 중국의 방위력에 대한 경계를 언급했다. 그 배후에는 중국 잠수함의 일본 영해 침범 사건이 있었다.

2005년 2월에는 일본의 외교·방위 각료에 의한 미일 안보협의회(SCC, 일명 '2+2' 회의)가 워싱턴에서 개최되어, 미일 군사 협력과 주일미군 재편의 기본이 되는 공통 전략 목표에 대해서 합의하고 공동성명을 발표했다.

공동성명에는 국제 테러 등과 함께 북한의 핵 문제, 중국의 타이완 해협 문제와 군사력 근대화가 미일 양국이 대응해야 할 공통 전략의 대상으로 명기되었다. 공동성명 제10항의 '지역에 있어서의 공통의 전략 목표'에는 "타이완 해협을 둘러싼 문제의 대화를 통한 평화적 해결을 촉진하고", "중국이 군사 분야에서의 투명성을 제고시키도록 촉구한다"라는 문구가 들어갔다. 안보 관계의 문서에 중국이 미일 안보의 대상으로서 명기된 것은 이것이 처음 있는 일이었다. 이제까지 일본 정부는 1996년의 미일 안보의 재정의, '미일 방위협력의 지침'(가이드라인), 주변사태법 등에서는 "주변 사태는 지리적 개념이 아니다"라며 자위대가 미군에 협력하는 사태에 타이완 해협이 포함되는지의 여부에 대해 시종일관 명언을 회피해왔다.

중국 외교부 대변인은 즉시 "미일 군사동맹은 냉전이라는 특수한 역사적 조건하에서 만들어진 양국 간 관계이며, 양국의 범위를 넘어서는 안 된다. 공동성명에 중국의 국가주권, 영토보전, 국가의 안전에 관련된 타이완 문제가 들어가고 있는 것에 대해서 중국은 단호히 반대한다"라고 격렬하게 반발했다(≪人民日報≫, 2005.2.21.).

중국의 반발은 미국에 대해서보다도 일본에 집중되었다. ≪인민일보≫ 계통의 미디어는 "타이완 문제는 이제까지 미국 문제였지만 지금은 일본 문제가 또한 되었고, '중국 봉쇄'에 일본이 미국보다 더욱 열심"이라고 주장하며 일본의 입장 변화에 강한 우려를 보였다(≪環球時報≫, 2005.2.21., 2005.2.23., 2005. 2.25.).

실제로 타이완 해협을 둘러싼 미일 안보 관계의 강화는 중국에 있어서 역사 문제 이상으로 민감한 문제다. 이와 동시에 동아시아에서 치열한 양국의 패권 경쟁이 시작되었다는 증거이기도 하다.

### ODA를 둘러싸고

중국의 급속한 부상과 일본 경제의 침체로 2000년 무렵부터 일본에서는 중국에 대한 원조를 재검토하는 움직임이 출현한다. 그 이후 총리의 야스쿠니 신사 참배가 일종의 도화선이 되어 관계가 악화되자, 2005년 3월 고이즈미 정권은 베이징 올림픽이 열린 2008년도를 기점으로 중국에 대한 엔 차관을 종료시키는 방침을 각의 결정했다. 1980년대에는 중일의 양호한 관계의 상징이었던 ODA가 작금에는 중일 간의 새로운 쟁점이 되고 있다. 일본의 일부는 "중국의 감사가 충분하지 않다"라고 불만을 터뜨리고 있고, 한편 중국으로부터는 "일본은 배상을 지불하지 않았기 때문에 원조하는 것이 당연하다"라는 것과 같은 은밀한 목소리도 들려오고 있다.

야스쿠니 신사 참배뿐만 아니라 동중국해의 가스전 개발 등을 둘러싼 대립이 두드러짐에 따라 2005년도분 대중 엔 차관 공여의 '각의 결정'을 당분간 보류하기로 결정하는 등(2006년 3월 23일), 일본 측이 카드를 꺼냈다. 중국은 "차관은 중일 쌍방에 유익을 가져온다"라며 협의를 계속하고 있는데, 매우 흥미로운 것은 2006년 3월 24일부터 중국의 3대 포털 사이트 중의 하나인 '이왕'에서 시작된 일본의 ODA를 찬미하는 대형 캠페인이다.

"베이징의 지하철과 서우두공항(首都空港)이 일본으로부터의 저리(低利) 차관을 통해 가능할 수 있었다고는 전혀 생각하지 못했다. 왜 중국의 미디어는 그러한 일은 거의 알려주지 않는 것인가?"라는 여성의 말로 시작되는 이왕의 특집 '일본의 대중 원조에 감사한다'는 일본은 중국에 있어서 최대의 원조국이었다는 점(전체의 61.2%), 1990년에 일본은 세계 최대의 원조국이 되었다는 점, 철도의 전동화 등 중국의 인프라 정비에 일본의 엔 차관이 크게 기여했다는 점 등을 대대적으로 보도했다(易網, 2006.3.25.).

한편으로 3월 24일 자 ≪신경보(新京報)≫의 기사 '평상심을 갖자'는 이제까지의 원조는 어쨌든 일본이 돈을 벌기 위해서였던 것뿐만이 아니라 중국의 근대화를 크게 도왔다고 강조하면서, 중국 경제가 "노도(怒濤)와 같이 성장하고 있는" 지금 그 중단은 "정상적인 것"이며 "평상심을 갖고 대응해야 한다"라고 했다.

이와 같은 중국 미디어의 변화의 배후에 있었던 것이 무엇인지는 확정할 수 없다. 하지만 1980~1990년대 일본이 대중 ODA를 공여했던 것은 중국의 경제 발전, 기반 정비를 도왔다는 동기가 있는 한편, 그 배후에는 지불하지 않고 끝나버린 '전쟁 배상'을 대체할 수 있다면 좋겠다는 느낌이 있다는 것은 확실하다.

### 영토·영해 문제

2005년부터 에너지 문제를 둘러싸고 영토·영해 문제가 중일 간에 가열되고 있다. 한 가지는 동중국해의 배타적 경제수역(EEZ)을 둘러싸고 벌어지고 있다. 국제법에서 일반적으로 인지되고 있는 중간선 원칙을 취하고 경계는 오키나와 제도와 중국 연안 간의 중간선이라는 일본 측의 주장에 대해서 중국은 대륙붕의 연장이라는 국제해양법의 규정에 기초하여 오키나와 트로프(trough) •까지

---

• 일명 '주상해분(舟狀海盆)'이라고 불리며, 배의 밑바닥처럼 생긴 깊은 바다의 해저 지형을 일컫는다. _옮긴이주

의 200해리를 주장한다.

또 한 가지는 동중국해 EEZ 경계선 해역에서의 가스전 개발이다. 중국은 수
년 전부터 국제 공개 입찰을 행하여 미국 기업 2개사도 포함하여 일본 측이 주
장하고 있는 EEZ의 경계선 부근에서 춘샤오(春曉, 일본명: 白樺) 등 몇 군데의
가스전의 개발에 착수해왔다. 일본은 춘샤오가 그 경계선으로부터 수킬로미터
밖에 떨어져 있지 않기 때문에 중국이 그곳에서 가스전을 개발하면 일본 측의
해저에 있는 천연자원까지 건드릴 가능성이 있다고 하며 강하게 반대하고 있
다. 2005년 봄에는 일본의 경제산업성이 이 분쟁 해역에서 민간 기업에 시굴
권을 주었다고 발표했고, 그 이후 몇 곳의 기업이 이 지역에서의 가스전의 시
굴 작업을 시작했다.

그 외에 도쿄로부터 남남동으로 1,700km 떨어진 곳에 있는 오키노토리 섬
(沖ノ鳥島) 문제도 있다. 이 작은 '섬'을 중심으로 일본은 태평양 위에 40만km²
의 배타적 경제수역이 있다고 주장한다. 하지만 중국은 일본령(領)이지만 섬이
아니라 '바위(岩)'라며 해양법의 원칙으로부터 거기에는 배타적 경제수역은 설
정할 수 없다고 한다. 국제법 및 국제적 관습 등에 입각한 교섭에서 출구를 탐
색할 필요가 있지만, 문제는 최근 오키노토리 섬 주변에서 중국의 해양 조사선
이 사전 통고 없이 조사를 반복하고 있으며 그것이 일본을 강하게 자극하고 있
다는 점이다.

센카쿠 열도 / 댜오위다오의 영유권 문제에 대해서는 1978년 10월에 일본을
방문했던 덩샤오핑이 "우리는 양국 정부가 이 문제는 다루지 않는 것이 비교적
현명하다고 생각한다. 이와 같은 문제는 일시 뒤로 미루더라도 문제가 없으며,
10년간 방치하더라도 상관이 없다. 장래에 분명히 쌍방이 모두 받아들일 수 있
는, 문제의 해결 방식을 찾아낼 것이다"라고 발언했던 것처럼(≪北京週報≫, 第
43期, 1978), 중국의 공식 태도는 이 문제를 뒤로 미루고 공동으로 개발하자는
것이다. 이 점은 1996년 10월 12일 첸치전(錢其琛) 외교부장이 일본 언론계 방
중단에 보내는 서한에서도 확인된다.

중일 쌍방 모두 세계 제1, 2위의 에너지 수입국이다. 이성적인 교섭에 의한 합리적인 처리가 기다려지고 있는데, 이와 같은 이익에 직접 관련된 문제는 자칫하면 중일 쌍방의 국민 차원에서의 배외적인 민족주의를 부채질하고, 관계를 긴장하게 만드는 요인이 될 수밖에 없다. 중일 쌍방 모두 과격한 민족주의를 멀리 끊어내야 하며 냉정한 교섭이 필요할 것이다. 2004년 10월부터 중일 가스전 협의(동중국해 천연가스 개발에 관한 중일 국장급 협의)가 시작되었는데, 자원 개발, 영토 문제, 위기관리, 안전보장 등 모든 영역에서 제도화된 대화가 불가결하다(이 책의 제4장 참조).

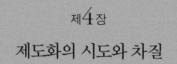

제4장

제도화의 시도와 차질

## 1. 회복된 양국 정상 간의 왕래

21세기 벽두에 중일 관계는 5회에 걸친 고이즈미 준이치로 총리의 야스쿠니 신사 참배로 고위급의 접촉은 모두 중단되었다. 하지만 외교 당국의 수면 아래에서의 노력이 있었으며, 2005년부터 '포스트 고이즈미 시대'를 전망하며 중일 양국 간의 실무적 접촉이 조용히 시작되었다. 외교차관급의 '중일 종합정책대화'(일명 중일 전략대화), 외교부 국장급의 '동중국해 문제협의'(일명 중일 동해문제차상) 등이 그것이다.

2005년 4월 주말이 되자, 중국 대도시 지역에서 격렬한 반일 시위가 일어났다. 야스쿠니 신사 참배 등이 상징하는 일본의 대중 태도에 대한 불만이 폭발하여, 때마침 유엔 안보리 상임이사국이 되기 위한 일본의 적극적인 움직임에도 반발이 높아졌다. 하지만 후진타오 정권은 그 반일 움직임을 필사적으로 억눌렀다.

### 아베 신조安倍晋三 총리의 방중

2006년 9월 아베 내각이 탄생했다. 여론조사에서는 일본 국민의 80%가 지지한다는 기세등등한 출발이었다. 애당초 아베 총리는 '일본의 미래와 역사 교육을 생각하는 젊은 의원의 모임(日本の前途と歴史教育を考える若手議員の會)'의

사무국장을 역임하고, 『아름다운 국가를 향해(美しい國へ)』(2006)에서 일본주의(日本主義)를 제창하고 있으며, 종군 위안부 문제에 대해 "국가에 의한 강제성을 뒷받침할 증거가 없다"라고 하는 등 보수적 민족주의 경향이 대단히 강하다. 다만 총리가 된 이후 우선 한국, 중국을 방문하고 '아시아 외교'를 추진하고 싶다는 의욕을 보였으며, 야스쿠니 신사 참배에 대해서는 '갈 것인지, 가지 않을 것인지를 밝히지 않는다'라는 모호한 전략을 취했다. 중국 측은 이러한 아베 신정권에 대해서 적극적으로 접근했고 10월 8일 중국공산당 16기 6중전회의 개막일에 아베 총리를 맞이했다.

그 배후에 경제계의 강한 움직임이 있었을 것으로 생각된다. 2006년 5월 9일 경제동우회 중국위원회의 '향후의 중일 관계를 위한 제안: 중일 양국 정부를 향한 메시지'가 발표되었다. 해당 메시지는 "중일의 경제 관계는 발전하고 있음에도 …… 정치 영역 및 양국의 국민감정이라는 측면에서는 대단히 우려할 만한 정세에 있으며, 심각하게 받아들이지 않으면 안 된다"라고 하면서, "기존의 중일 우호를 초월한 새로운 기본 이념, 기본 정책에 기초한 구체적 시책", "포괄적 전략 파트너십"을 양국 정부에 요구했다. 그리고 중일 간의 "커다란 장애"가 "총리의 야스쿠니 신사 참배 문제다"라며 참배에 대한 재고를 요구했다. 나아가 "'부전(不戰)의 맹세'를 하는 장(場)으로서 정교분리의 문제도 포함하여 야스쿠니 신사 참배가 적절한지 여부는 일본 국민 사이에서도 공감대가 이루어지지 않고 있다고 여겨진다. 총리의 야스쿠니 신사 참배의 재고가 요구되는 것과 함께, 총리의 생각을 국민과 함께 나누어야 하며, 전쟁에 의한 희생자 전체를 위령(慰靈)하고 부전의 맹세를 행하는 추도비를 국가로서 건립하는 것을 요청하고자 한다'라고 했다.● 또한 "올해는 야스쿠니 신사에 대한 참배를 하

---

● 경제동우회의 발언 내용은 전문은 다음을 참조. http://www.doyuki.or.jp/policy proposals/articles/ 2006/060509a.html.

지 않는다"라는 나카소네 야스히로(中曾根康弘) 전 총리가 후야오방 총서기에게 보냈던 1986년 8월 15일 자 서간이 이 메시지에 첨부되었다.

5년 만에 이루어진 일본 총리의 방중이었다. 정상회담 이후 '전략적 호혜 관계'를 핵심어로 하는 '중일 공동 프레스 코뮈니케(Press Communiqué)'가 발표되었다. 양국은 중일 관계는 '가장 중요한 양국 간 관계'라는 인식을 공유하고 '쌍방의 전략적 이익에 입각한 호혜 관계를 구축'하는 데에 합의했다. 나아가 일본 측은 개혁개방 이래의 중국의 발전이 일본을 포함한 국제사회에 거대한 기회를 가져오고 있다는 점을 적극적으로 평가했다. 또한 일본 측은 전후 60여 년 및 향후에도 평화국가의 길을 계속 걷고 있다는 것을 강조하고 "중국 측은 이것을 적극적으로 평가한다"라는 문구가 들어갔다. 1998년 김대중·오부치 게이조(小渕恵三) 회담에서의 공동선언의 일부 내용을 반복했다.

그리고 다음과 같은 대화를 출범시키는 것에 대해 합의했다. ① 동중국해 문제의 협의, ② 안보 대화와 국방 교류, ③ 자원 및 환경 등에서의 협력, ④ 경제 분야에서의 각료급 대화, ⑤ 학술계의 공동 역사연구의 개시, ⑥ 국교 정상화 35주년에 해당하는 2007년을 중일 교류의 해로 삼는 것 등이다.

이 코뮈니케에 있는 '전략적 호혜 관계'라는 용어는 2005년 2월에 외교 루트를 통해서 중국이 '중일 전략대화'를 제기했는데, 일본 측이 '종합정책대화'로서 받아들였던 경과가 있다. '전략적 호혜 관계'로의 격상, 다양한 대화의 개시, 상대에 대한 상호의 적극적 평가 등 적어도 아베 총리의 방중은 1998년의 장쩌민 국가주석의 방일보다도 성과를 올렸다.

일본의 미디어는 관계의 수복을 향한 첫 걸음으로서 전향적으로 받아들였다. 중국의 주류 미디어도 아베 총리의 방중을 '얼음을 깨는 여행'이라고 표현하고 "역사적 의미가 있다"라고 호의적으로 보도했다(≪環球時報≫, 2006.10.9., 2006.10.16.). 하지만 아베 총리의 '신일본주의'와 일본의 향후 방향이 불투명하다는 우려도 표명되었다(人民網, 2006.10.18.).

## 원자바오 총리의 방일

2007년 4월 중국 총리의 방일은 6년 만의 일이었다. 공동 프레스 코뮈니케, '에너지 분야의 협력 강화에 관한 공동성명'이 나왔다. 전자는 '전략적 호혜 관계'에 대해서 아시아와 세계의 평화 및 안정을 위한 공헌과 책임, 양국 간·다국 간·국제 레벨에서의 협력, 공통이익의 확대가 그 기본 정신이라며 구체적 내용을 다음과 같이 확정했다.

- 정상 간의 왕래, 정책의 투명화, 정부·의회·정당 교류를 추진하는 정치적 신뢰 관계를 만드는 것
- 자원·환경·금융·통신·지적 소유권 문제 등에서의 호혜적 협력을 추진하고 협력 메커니즘을 개선하는 것
- 국방 문제에서의 대화·교류를 추진하고 지역의 안정 유지를 실현하는 것
- 청소년, 미디어, 도시 간, 민간의 교류를 강화하고 문화 교류를 실현하는 것
- 한반도 핵 문제, 유엔 안보리 개혁, 아세안(ASEAN)과의 연대 등 지역 및 지구적 과제에 공동으로 대처하도록 협력을 심화하는 것

또한 중일 양국 간의 대화 메커니즘에 대해서는 ① 고위급 경제 대화, ② 전략 대화, ③ 안보 대화, ④ 유엔 개혁 문제 협의 및 외교부 대변인 협의 등을 설치하게 되었다.

원자바오 총리의 방일의 성과는 4월 12일 일본의 국회에서의 연설 '우정과 협력을 위해서'였다. 중국 총리로서는 최초의 일본 국회에서의 연설의 어조는 온화하고 진중하며 공통의 이익을 강조하는 것이었고 일본 전역에 방영되어 일본 국민에게 호의적으로 받아들여졌다.

우선 역사 인식 문제에 대해서 "중일 정상화 이래 일본 정부 및 지도자가 역사 문제에 대해서 수차례나 태도를 표명하고 침략을 인정하고 피해국에 대한 심각한 반성과 사과하고 용서를 빌어온 점을 중국 정부와 인민은 적극적으로 평가

한다"라고 중국 지도자로서 최초로 일본 측의 반성과 사과하고 용서를 빈 점을 공적으로 인정했다. 또한 "일본은 전후 평화적 발전의 길을 선택하고 세계의 주요한 경제대국이 되었으며, 국제사회에서 중요한 영향력을 지닌 국가가 되었다"라고 전후 일본의 행보를 평가했다. 말하자면, 원자바오 총리의 연설은 중국의 고위당국자가 처음으로 보였던 일본을 향한 '화해' 제안이었다. 이것을 토대로 하여 양국 정부 간, 국민 간의 화해가 진전되면 양국은 밝은 신세기를 맞이하게 될 것이었는데, 영토를 둘러싼 충돌 등이 그 가능성을 앗아가 버렸다.

또한 환경 문제에서는 정상회담과 병행하여 '중일 에너지 각료 정책대화'[마카이(馬凱) 중국 국가발전개혁위원회 주임, 아마리 아키라(甘利明) 일본 경제산업상]가 개최되어 에너지 절약 기술의 제공, 원자력 발전소 건설에서의 협력을 확인했다.

중일 간에는 수면 아래에서 커다란 얼음 덩어리가 가로놓여져 있기 때문에 원자바오 총리가 말하는 바와 같이 이번의 방일이 '얼음을 녹이는 여행'이 되었는지 여부는 확실하지 않다. 하지만 전년의 아베 총리의 방중보다 관계를 전진시켰다. 스인홍(時殷弘) 중국인민대학 교수는 원자바오 총리의 방일은 전략적 호혜 관계의 내용을 확정하고 자원 및 환경 등에서도 대화 및 협의를 설정하여 예기했던 것 이상의 성과를 올렸다고 하면서 협력과 공통의 이익을 탐색하는 것이 '전략적 호혜 관계'라고 논했다(新京報, 2007.4.14.).

### 후쿠다 야스오福田康夫 총리의 방중

그런데 일본의 국내정치 상황은 대단히 유동적이었다. 아베 총리는 역대 정권이 손을 대지 못하고 있었던 개헌에 대한 의욕과 교육기본법 제정, 집단적 자위권 행사 용인 등에서 우파의 기대감을 모았다. 하지만 고이즈미 정권이 남긴 시장경제 지상주의의 어두운 유산에 의해 억눌려지고 건강이 악화되기도 하여 1년도 채 되지 않아 퇴임했다. 그를 대신하여 2007년 9월에 등장했던 것이 후쿠다 야스오 내각이다. 자민당 내의 온건파로서 아시아 외교의 재건을 정책으로 내세웠다. 11월 최초의 해외 방문에서 미국을 방문했던 후쿠다 총리는 조지 부시(Geroge Bush, 1946~) 미국 대통령과의 정상회담에서 "미일 동맹과 아시아 외교의 시너지"를 지향한다고 표명했다.

12월 27일에서 30일까지의 후쿠다 신(新)총리의 방중은 대단히 어수선하게 행해졌는데, 중국 측은 최초의 양국 정상이 참석한 공동 기자회견, 후진타오 주석이 주최한 만찬회, 후쿠다 총리의 베이징대학 강연의 중국 전역으로의 생중계 등을 하며 극진히 대했다. 후쿠다 총리 자신도 중일 양국의 평화우호조약 체결 30주년에 해당하는 2008년을 "중일 관계가 비약하는 원년이 되도록 하고 싶다"라는 생각을 갖고 방중했다.

이 방중에서 '환경 보호 협력의 가일층 강화에 관한 공동성명', '환경 및 에너지 분야에서의 협력 촉진에 관한 공동 코뮈니케', '중일 청소년 우호 교류의 해의 활동에 관한 각서'가 합의되었고, 또한 일본 측이 제기한 '중국 환경 보전에 대한 중일 공동기금' 구상이 움직이게 되었다. 중일 쌍방이 1,000억 엔을 출연했는데, 일본으로부터의 엔 차관을 2007년도에 종료시키는 것에 대해 일종의 보전을 해주는 의미도 있었다(≪日本經濟新聞≫, 2007.10.23.).

후쿠다 총리는 베이징대학에서 '함께 미래를 창조하자'라는 주제 아래 "중일 양국은 아시아 및 세계의 양호한 미래를 구축하는 창조적 파트너가 되어야 한다"라는 신념을 피력했다. 또한 중일의 '전략적 호혜 관계'에는 다음의 세 가지 기둥이 있다고 말했다. 그것은 ① 환경 및 에너지 절약 분야, 지적재산권 보호 등의 분야에서의 호혜 협력, ② 테러와의 전쟁, 북한 비핵화 및 납치 문제, 유엔 안보리 개혁, 아프리카의 빈곤 구제 등에서의 국제 공헌, ③ 청소년 교류, 지적 교류, 안보 분야의 대화 등을 통한 상호 이해와 상호 신뢰이다.

나아가 베이징대학 학생 100명, 부속 고등학교 학생 50명의 연수 초대 등 '후쿠다·베이징대학 플랜'을 소개하며 "원래 땅 위에는 길이 없는 것인데, 걷는 사람이 많아지면 그것이 길이 된다"라는 루쉰(魯迅)의 말로 마무리를 지었다.•

또한 후쿠다 총리의 방중에서 동중국해 가스전을 둘러싼 협의의 격상 및 가속화가 합의되었다. "필요에 부응하여 계속해서 차관급 협의를 행하고, 중일 관계란 큰 판국의 관점으로부터, 또한 국제법에 의거하여, 이제까지의 진전에 입각하여 함께 노력하며 최대한 조기에 해결책에 대해 합의를 지향한다"라는 '공통 인식'이 제시되었다.

중국 측은 타이완 문제에 대해서 민감했다. 타이완 명의의 유엔 가입의 시비를 묻는 주민 투표에 대해서 정상회담에서 후쿠다 총리는 "일방적인 타이완 해협의 현상 변경으로 연결된다면 지지할 수 없다"라고 논했다. 공동 기자회견에서 원자바오 총리는 "후쿠다 총리가 냉정하게 타이완의 이른바 유엔 가입의 찬반을 묻는 주민 투표를 지지하지 않는다고 표명했던 것을 평가한다"라고 특별히 확인했다.

### 후진타오 주석의 방일

2008년 봄의 후진타오 주석의 일본 방문이 양국 정상 간 왕래의 사이클을 확실히 완성시켰다. 하지만 중일 양국은 직면하고 있는 이슈만 해도 동중국해 가스전 개발 문제, 중국제 만두 중독 사건, 타이완 문제 등 위험한 과제를 한가득 갖고 있었다.

2008년 1월 지바현(千葉縣), 효고현(兵庫縣)에서 중국 허베이성(河北省)의 '톈양식품(天陽食品)'이 제조한 냉동 만두를 먹은 세 가족 10명의 일본인이 식중독에 걸렸는데, 살충제 '메타미도포스(Methamidophos)'가 검출되었다. 또한 이와 관련하여 건강 피해를 호소했던 사람은 490명을 넘었다. 중국 측의 수출입 검사검역국이 "안전상의 문제는 없었다"라고 하고, 중국 측 수사 당국이 중국에서 혼입되었다는 흔적은 없다고 부정했기 때문에 문제는 커지게 되었다.

---

- 후쿠다 총리의 연설 전문은 다음을 참조. http://www.mofa.go.jp/mofaj/press/enzetsu/19/efuk_1228.html.

그런데 갑자기 2010년 3월이 되자, 톈양식품에서 일하던 종업원이 살충제 '메타미도포스'를 혼입한 용의자로서 체포되어, 사건은 결국 해결되는 방향으로 흘러가게 된다. 처우에 대한 개인적 불만으로부터 독을 넣었다고 진술했다고 한다. 이와 동시에 멜라민(Melamine)이 들어간 중국제 분유를 먹은 유아가 신장 결석에 걸리는 사건도 빈발했다.

그러한 상황 가운데 2008년 5월에 실시된 후진타오 국가주석의 방일은 '따뜻한 봄의 여행'이라고 일컬어졌는데, 분위기는 심각한 것이었다. 일본 천황과의 만찬회에서는 10년 전의 장쩌민 주석의 경직된 형태의 방일을 충분히 인식했는지 역사에 대해서는 언급하지 않았다. 1992년 일본 천황의 방중이 "중일 관계사의 미담"이라고 평가했다.

이 방일에서는 1972년의 중일 공동성명, 1978년의 평화우호조약, 1998년의 중일 공동선언에 이어 '제4의 문서'로서 '전략적 호혜 관계의 포괄적 추진에 관한 일중 공동성명'이 나왔다. 중국은 일본의 전후 평화 발전을 칭송했고, 전략적 호혜 관계에 대해서는 ① 양국 정상의 상호 방문 및 안보 대화, ② 인적·문화적 교류의 촉진, ③ 에너지, 식품의 안전, 동중국해 자원 개발 등에서의 협력, ④ 6개국 협의 등의 동아시아 지역 협력 등의 기둥 아래 관계를 구축하는 것을 약속했다.

### 동중국해 자원 공동개발에 대한 합의

원자바오, 후진타오의 방일과 함께 중국으로부터의 유연한 접근이 두드러졌다. 후진타오의 방일 이후 그다음 달인 6월에 동중국해의 자원 공동개발에 대한 중일 간의 합의가 발표되었다. 이 합의로부터는 대일 관계를 어쨌든 안정적, 협조적인 것으로 만들고 싶다는 후진타오·원자바오 정권의 강한 의사를 느낄 수 있다. 일본은 외무성 아시아대양주국의 사사에 겐이치로(佐々江賢一郎) 국장, 중국은 외교부 해양국의 후정웨(胡正躍) 국장이 담당했다. 2007년 12월까지의 11회의 협의를 거쳐 2008년 6월 18일에 갑작스럽게 '동중국해에서의 중일 간의 협력에 대해서'라는 공동 프레스 코뮈니케가 발표되었다.

합의의 핵심은 일본이 주장하는 배타적 경제수역의 중일 중간선을 뛰어넘는 형태로 ① 북부의 아스나로(あすなろ, 중국명: 龍井) 주변을 공동개발하고, ② 중국이 개발 중인 시라카바(白樺, 중국명: 春曉)에 일본의 회사가 출자하며 권익은 출자액에 응하여 배분한다. ③ 중간선 부근의 가스전의 공동개발에 대해서는 계속 협의한다고 발표되었다. 합의한 구역은 합계 2,700km²에 달하는 것으로 알려져 있다(霞山會 編, 2008).

이 합의는 "경계 획정이 이루어질 때까지의 과도적 기간에 쌍방의 법적 입장을 훼손시키지 않는 것을 전제로 한 정치적 합의"[다카무라 마사히코(高村正彦) 외상의 발언]라고 평가되는데, 기본적으로 '등거리 중간선'이라고 설정하는 입장으로 일본에 있어서는 받아들여졌다. 한편 중국에서는 발표되자마자 웹사이트 등에 "매국 조약을 향한 첫걸음", "중국 외교부는 인민을 바보로 취급하지 말라"라는 등의 댓글이 넘쳐났고 우다웨이(武大偉) 외교부 부부장이 "쌍방의 주권을 뒤로 미루고 양국 간의 협정에 기초하여 개발한다"라고 되어 있지만, 공동개발에서 일본에 양보하지 않는다고 해명하며 에둘러 말했다(中國硏究所 編, 2009).

이 합의에서 중국은 국제 표준의 규칙에 의거하여 교섭과 협력을 추진하는 것에 합의했던 것으로 여겨지는데, 그 이후 중국 측은 협의의 계속에 열심을 보이지 않았다. 여기에는 두 가지의 사정이 있었다고 한다. 그것은 ① 중국에서 자원 관련 기업 등의 이익집단이 반발했던 것, ② 2008년 12월 중국의 해감총대(海監總隊)가 센카쿠 열도 / 댜오위다오 부근의 일본 영해를 배회하는 '방해 행위'를 했던 것과 같이 중국 국내에서 강경파가 움직였던 것 등이다(阿南友亮, 2012). 어쨌든 2010년 9월 센카쿠 열도 / 댜오위다오 주변 해역에서 중국 어선이 일본의 해상보안청 소속 순시선과 충돌하는 사건으로 2008년 합의는 물거품이 되었다. 그 이후 중일 관계는 새로운 국면을 맞이한다. 그런데 합의가 무너졌기 때문에, 어려웠던 합의가 2008년에 왜 실현되었고 누가 그것을 움직였는지를 분석하는 쪽이 의미가 있을 것이라고 여겨진다.

## 2. 시작된 관계의 제도화

양국 정상 간의 왕래가 결국 정상으로 돌아온 것과 때를 같이 하여 다양한 층위의 대화 및 협의 메커니즘이 움직이기 시작했다. 2005년까지의 중일 관계는 비(非)제도적으로 지도자의 개인적 관계 및 성향에 의존하는 일이 많았으며, 매우 취약했다. '제도화'의 움직임은 커다란 변화라고 할 수 있다. 2005년의 대규모의 반일 시위가 중일 쌍방에 어쨌든 관계를 정상화하여 제도화할 필요성을 통감시켰을 것이다.

주요 대화 및 협의의 메커니즘은 ① 외교차관급의 중일 종합정책대화(중일 전략대화), ② 경제 관련의 전체 각료가 모이는 고위급 경제 대화, ③ 직면하고 있는 이슈인 동중국해 문제를 전적으로 협의하는 외교부 국장급의 동중국해 문제협의, ④ 해상에서의 예기치 못한 사태를 회피하기 위한 국방부 국장급 협의(중일 국방부 국장 해상 연락 메커니즘 협의 작업조), ⑤ 군사력과 군사전략의 투명화 및 신뢰 양성을 목표로 하는 국방차관급 협의[일명 방무안전차상(防務安全磋商)], ⑥ 예기치 않은 사태에 대비하기 위한 2012년에 출범된 고급사무레벨해양협의(高級事務レベル海洋協議)● 등이다. 이러한 대화에 대해서 정확한 정보가 적기 때문에 아래에서는 중요한 채널을 소개해보도록 하겠다.

### 중일 종합정책대화(중일 전략대화)

포스트 고이즈미 시기에 가장 중요한 중일 간의 정기 채널은 외교차관급의 중일 종합정책대화였다. 반일 시위가 일어나기 직전인 2005년 2월에 중국 측

---

● 2022년 11월 22일 제14차 중일 고급사무레벨해양협의가 온라인 영상회의 형태로 개최되었다("中方對日方在台海問題消極言論和錯誤做法表達強烈不滿", 香港電台網站[RTHK], 2022.11.23.). _옮긴이 주

표 4-1_ 중일 종합정책대화

| 회차 | 개최 시기 | 출석자(외교차관) |
|------|-----------|------------------|
| 제1회 | 2006.5 | 다이빙궈(戴秉國), 야치 쇼타로(谷內正太郎) |
| 제2회 | 2005.6 | 상동(上同) |
| 제3회 | 2005.10 | 상동 |
| 제4회 | 2006.2 | 상동 |
| 제5회 | 2006.6 | 상동 |
| 제6회 | 2006.9 | 상동 |
| 제7회 | 2007.1 | 상동 |
| 제8회 | 2008.2 | 왕이(王毅), 야부나카 미토지(藪中三十二) |
| 제9회 | 2009.1 | 왕광야(王光亞), 야부나카 미토지 |
| 제10회 | 2009.6 | 상동 |
| 제11회 | 2011.2 | 상동 |
| 제12회 | 2011.12 | 상동 |
| 제13회 | 2012.6 | 장즈쥔(張志軍), 사사에 겐이치로(佐々江賢一郎) |

주: '중일 전략대화'라고도 일컫는다.

이 외교 루트를 통해서 동아시아의 안전보장 체제의 확립을 향하여 타이완과 북한 등에 대해서도 협의하고 싶다고 제안해왔다. 일본 측은 당초에 '전략'이라는 용어에 집착하면서 신중하게 대응했다.

중국은 미국에 대해서는 이미 2004년 11월의 APEC 정상회담에서 외교차관급 '전략대화'를 제기했다. 중국을 '전략적 경쟁자'로 간주했던 미국의 부시 정권은 이 중국 측 제안에 당초에는 경계감을 보였지만, 2005년 3월 콘돌리자 라이스(Condoleezza Rice) 국무장관이 방중하여 제1차 대화를 갖게 되었다. 일본의 경우는 '종합정책대화'로서 받아들였다. 또한 미중 간의 차관급 '전략경제대화'가 정식으로 출범한 것은 2006년 12월의 일인데, 그 이후 2016년 6월까지 부시 정권 시기에 5회, 오바마 정권 시기에 8회 등 합계 13회가 열렸다. 제5회 미중 전략대화에서는 쌍방의 국방차관이 처음으로 협의에 참가했다. 중일 간의 종합정책대화와 고위급 경제 대화를 합친 것으로 생각해도 좋다. 또한 미중 간에는 전략안보대화도 2011년부터 매년 정기화되어 2016년 6월까지 6회 개최되었다. 대부분 전략경제대화의 전후에 열리고 있다(미중 대화의 메커니즘에 대해서는 이 책의 제6장 참조).

그런데 중일 종합정책대화는 고이즈미 정권 말기인 2005년 5월에 출범하여 이제까지 〈표 4-1〉과 같이 열리고 있다. 하지만 2012년의 제13회 이래 열리지 못하고 있는 상태다.•

2008년 2월의 제8회 대화에서는 일본 측도 '중일 전략대화'라는 호칭을 사용하기 시작했는데, 주요 주제는 후진타오 국가주석의 방일 준비, 중국 측이 제안한 중일 관계의 제4차 문서 작성 문제, 동중국해 가스전 개발 문제, 그리고 1월 말에 표면화된 중국제 만두 중독 사건 등이었다. 하지만 "동중국해 가스전 개발 문제를 집중적으로 협의했지만, 이 대화에서는 합의에 이르지 못했다"라고 평가된다(チャイナ·ウォッチ, 2008.2.25.).

2006년 10월에 아베 총리가 방중할 때까지 이 차관급 전략대화는 거의 유일한 채널로서 중요한 역할을 수행했다. 또한 정상 및 외교장관급의 왕래가 재개되어도 "이 전략대화는 중일 양국의 대화와 협력 메커니즘 구축을 하는 데에 있어서 중요한 요소이다. 대화와 협력의 제도화(기제화)의 추진이 향후의 전반적 방향이다"라는 중국현대국제관계연구원의 양보장(楊伯江)이 지적하고 있는 바와 같이(新華社網, 2008.2.22.), 해당 채널은 중일 간의 정치, 안보, 경제 등 모든 문제를 협의하는 중요한 채널이었던 것으로 여겨진다.

그런데 중국은 1996년 러시아와 '전략 협력 파트너십' 관계를 수립했다. 그리고 1997~1998년 양국 간에 전략대화가 출범되었다. 미국과 러시아에 대한 교섭을 살펴보면, '전략'은 이익의 일치를 반드시 전제로 하지 않으며 합의하는 바는 장기적, 전면적, 글로벌한 성격을 갖고 있는 것으로 여겨진다.

---

• 그 이후 2019년 8월 제14차 중일 종합정책대화, 2020년 1월 제15차 중일 종합정책대화가 개최되었다. _옮긴이 주

그런데 미중 전략대화가 출범했을 때, 중국의 팡중잉(龐中英)은 미국의 대중 전략에 불안정성이 강하며 타이완 문제 등 민감한 이슈를 안고 있는 대미 관계는 정책결정자의 의사소통 및 전략 대화에 의해 "그릇된 정책 판단을 감소시키는 것"을 가능케 한다고 논하고 있다(新浪網, 2005.8.1.).

### 고위급 경제 대화

2007년 4월의 원자바오 총리의 방일에 맞추어 각료급의 경제 대화가 시작되어, 11월 싱가포르에서 개최된 동아시아 정상회담 시의 후쿠다 야스오·원자바오 회담에서 설치가 확인되었다. 2002년 10월부터 가동된 중일 경제 파트너십 협의를 발전시킨 것이었다. 거시 경제 조정, 환경 보호 협력, 무역 투자 협력, 지역과 국제 경제 문제의 네 가지를 주제로 했고, 출석자는 일본 측이 외상, 재무상, 경제산업상, 경제재정담당상, 환경상, 농림수산상, 그리고 중국 측이 외교부장, 발전개혁위원회 주임, 재정부장, 농업부장, 상무부 부부장, 환경 총국 국장 등이었다. 문자 그대로 경제에 관한 고위급 각료 협의이다.

2007년 12월 1일에 제1회가 열려, 중국은 대중 자금 협력 등 일본의 이제까지의 지원을 높게 평가했고, 일본도 중국 경제의 발전이 일본 경제의 발전을 촉진한다고 평가했으며, 중국은 일본의 거품 경제의 경험과 교훈을 배우고자 한다는 등의 내용이 담긴 '프레스 코뮈니케'가 발표되었다.

하지만 2011년부터 센카쿠 열도에서의 어선 충돌 등을 계기로 관계가 급속하게 악화되어, 이 경제 대화마저 중단되어버렸다. 그러던 중 결국 2015년 6월 경제 파트너십 대화가 부활되었다.•

---

• 그 이후 2018년 4월 제4차 중일 경제대화, 2019년 4월 제5차 중일 경제대화가 개최되었다. _옮긴이주

## 동중국해 문제 협의

동중국해의 경계 획정, 공동개발에 대한 의견 교환, 동중국해 문제의 평화
해결을 지향하는 외교부 아시아대양주국 국장급 대화 메커니즘이다. 2004년
10월에 시작되어 2008년 6월 가스전 공동개발의 합의 성립까지 총 11회 개최
되었다.

또한 2006년 12월 세부(Cebu)에서 개최된 중일 외교장관 회담[리자오싱(李肇
星)·아소 다로(麻生太郎)]에서 동중국해 가스전 개발에 대해서는 전문가에 의한
회합을 신설하고 위기관리 등 세 가지 분야의 분과회(分科會)에서 공동개발의
길을 탐색하게 되었다(≪日本經濟新聞≫, 2006.12.9.). 또한 그 이듬해 2007년 12
월의 후쿠다 야스오·원자바오 회담에서 국장급에서 차관급으로 격상시키는
것이 합의되었다.

또한 이 문제는 차관급의 중일 전략대화에서의 협의로 돌려지게 되었는데,
2008년 2월의 제11회 전략대화의 주요 의제는 가스전 개발 문제였다. 하지만
2008년 5월의 후진타오 국가주석의 방일 시에도 공동개발의 해역을 둘러싸고
합의에 이르지 못했지만, 2008년 6월 합의문서가 발표되었다.

## 국방차관급 협의

중일 간의 국방대화는 1997년의 국방차관급 협의로부터 시작되었다. 차관
급 협의 외에 국방장관의 상호 방문의 채널도 있다.

이 밖에도 국방 책임자의 상호 방문이 1984년부터 시작되었다. 하지만 1990
년대 후반부터 미일 동맹의 '재정의' 문제, 타이완 해협을 둘러싼 긴장, '신가이
드라인'(1998) 혹은 고이즈미 총리의 야스쿠니 신사 참배 등으로 1998년에 츠
하오텐(遲浩田) 중국국방장관과 규마 후미오(久間章生) 일본 방위청 장관 사이
의 상호 왕래가 있었을 뿐으로 순조롭지 않았다.

2007년 8월이 되어 결국 9년 만에 중국 국방장관[차오강촨(曹剛川) 중앙군사
위원회 부주석]이 방일했고, 그해 12월에는 중국 해군 함정의 일본 기항(寄港)이

실현되었다. 차오강촨 국방장관 방일 시의 공동 프레스 코뮈니케에서는 총참모장·통합참모장급의 왕래와 차관급 협의를 추진하는 것, 중일 간에 국방 부문 해상 연락 메커니즘을 설치하는 등의 위기관리 조치가 제시되었다(中新網, 2007.8.30.). 하지만 그 이후 2009년 3월 하마다 야스카즈(浜田靖一) 방위상의 방중[량광례(梁光烈) 국방부장과의 회담], 2009년 11월 량광례 국방부장의 방일[기타자와 도시미(北澤俊美) 방위상과의 회담], 2010년 10월 하노이에서의 양국 국방장관의 접촉(량광례·기타자와 도시미) 등이 있었을 뿐이며 2011년부터는 국방 관련 수뇌의 왕래는 멈춘 상태이다.

2015년 11월 국방장관 회담[창완취안(常萬全)·나카타니 겐(中谷元)]이 열려, 해당 채널이 4년 5개월 만에 회복되었다.

## 역사공동연구위원회 등

고이즈미 시대에 계속 요동쳤던 중일 역사 인식 문제에 대해서는 2006년 10월의 아베 총리 방중을 거쳐 12월의 APEC 회의 시의 중일 외교장관 회담(리자오싱·아소 다로)에서 "역사를 직시하고 미래를 향한다는 정신에 기초하여 중일 역사공동연구를 실시한다"라는 것에 일치를 보았다. 이로써 '2000년 중일 간 교류의 역사, 근대의 불행한 역사, 전후의 관계 발전에 관한 역사에 대한 공동연구'가 행해지게 되었다. 일본 측에서는 일본국제문제연구소가, 중국 측에서는 중국사회과학원 근대사연구소가 창구가 되었고, 역사공동연구위원회가 2006년 12월부터 시작되었다. 일본 측 대표는 기타오카 신이치(北岡伸一) 도쿄대학 교수, 중국 측 대표는 부핑(步平) 중국사회과학원 근대사연구소장이 맡았다. 제1회 회의가 2006년 12월, 제2회 2007년 3월, 제3회 2008년 1월, 제4회 2009년 12월 각각 개최되었고, 공동연구는 일단락되었다. 그리고 2010년 1월 보고서가 발표되었다. 제1권 고대·중근세사, 제2권 근현대사의 두 책으로 모두 부핑·기타오카 신이치가 편집하여 벤세이출판(勉誠出版)에서 2014년 출간되었다. 총 550쪽의 공동연구의 성과라고 못 박고 있는데, 각각의 필자가 각자 자신의 견해를 자유롭게 논하고 있어 집약하는 데에는 성공하지 못했고, 2005년 이래의 최악의 중일 정치 관계를 반영하게 되었다. 중국 측의 요구로 공표가 되지 못했던 전후·현대사 부분의 취급은 향후의 과제로 남겨졌다. 또한 부핑·기타오카 신이치 두 좌장(座長)은 2009년 12월 종료를 앞두고 "아직 많은 문제를 계속해서 연구할 필요가 있다"라고 하며 제1기의 연구를 계속하고자 하는 의욕을 보였지만, 그 이후의 진행 상황은 순조롭다고는 말할 수 없다.

이 밖에 중일 양국 간에 다음과 같은 채널이 설치되었다.

- 중일 집정당 교류 메커니즘(중국공산당과 자민당·공명당, 2004년 3월~)
- 중국공산당·민주당 정기 교류 메커니즘(2006년 7월~)
- 중일 의원 회의(중국 전국인대와 일본 참의원, 2007년 3월~)

제5장

## 중일 충돌
### 영토·영해를 둘러싼 패권 경쟁

# 1. 영토·영해 문제의 위치

## 새로운 이슈

2012년 중일 국교 정상화 40주년을 기념해야 할 해에 센카쿠 열도를 둘러싼 '고유의 영토' 분쟁으로 중일 관계는 위험한 수역에 들어갔다. 이 장에서는 중일 관계에 나쁜 신(新)단계를 구획해버린 센카쿠 열도를 둘러싼 영토 분쟁 및 충돌(2010, 2012년)에 대해서 현 단계에서의 분석과 평가를 하고자 한다.

1972년 9월 29일 5일간 교섭을 통해 중일 양국은 국교를 정상화했다. 그로부터 45년 동안 양국 관계는 성숙했을까? 유감이지만 성숙하기는커녕 2005년의 반일 시위, 2010년의 센카쿠 열도 앞바다에서의 충돌, 2012년의 일본에 의한 센카쿠 열도 / 댜오위다오 '국유화'가 도화선이 되었던 중국의 강렬한 반일 시위와 반일 외교 등 국가 간 관계는 악화일로를 걸었다. 이와 같은 불안정한 관계는 정상화 이래의 관계의 구조적 취약성에 더하여, 작금의 양국 간의 힘 관계의 격변, 영토 및 영해를 둘러싼 적나라한 이해 충돌의 원인이다. 1972년 이래의 중일 관계는 제도를 결여하고 있고 인적 관계에 의존하며 이성(理性)보다 정(情)에 의해 좌우되는, 취약한 관계를 계속 노정해왔다. 그리고 양자 간에는 예로부터의 이슈에 더하여 센카쿠 열도와 동중국해를 둘러싼 새로운 이슈, 즉 중일 간의 패권 쟁탈도 더해져 왔다.

우선 센카쿠 열도 문제의 역사적 경과에 대해 최소한의 것을 언급해두도록 하겠다. 일본의 메이지 정권이 일본과 청나라에 이중으로 조공했던 류큐 왕국을 오키나와현으로 통합했던 것이 1879년의 일이며(일명 '류큐 처분'), 1885년에는 오키나와현이 센카쿠 열도에 국표(國標)를 세우도록 정부가 지시를 내려주기를 바랐는데, 외무경 이노우에 가오루(井上馨)는 "청나라에 불필요한 의심을 갖도록 만들어서는 안 된다"라며 거절했고 결국 1895년 1월 청일전쟁의 귀추가 결정되었을 무렵 국표 건립을 승인하는 각의를 결정했다. 센카쿠 취득과 타이완 할양 간에는 다른 맥락의 움직임이 있음에도 오늘날의 중국은 타이완 할양의 일부로서 센카쿠 '절취'가 있었다고 비난하고 있기 때문에, 국표 설치를 하지 않았던 메이지 정부의 의사결정 지연과 우유부단함이 약 100년 후에 커다란 화근을 남겼다고 말할 수 있다.

그 이후 1896년에 상인(商人) 고가 다쓰시로(古賀辰四郎)가 정부로부터 우오쓰리 섬(魚釣島) 등 4개의 섬에 대한 무상 대여를 받았다. 깃털의 채취 및 가쓰오부시 공장의 경영으로 한때는 약 200명이 섬에 거주했던 것으로 알려져 있다. 1932년에는 그의 아들 고가 젠지(古賀善次)가 정부로부터 유상 불하를 받았는데, 1904년 전시 체제하의 연료 부족으로 가쓰오부시 공장을 폐쇄하자, 섬은 무인도가 되었다. 전후 미일 협정으로 1972년에 오키나와의 시정권(施政權)이 일본에 반환되자, 센카쿠 열도의 영유권은 다른 사람의 수중에 들어가게 되었다.

주지하는 바와 같이, 센카쿠가 영유권을 둘러싼 국제 이슈가 된 것은 1968년 8월 유엔 아시아극동경제위원회(ECAFE)의 조사단이 센카쿠의 주변 해역에 석유 매장 자원이 풍부하다는 보고서를 낸 이래의 일이다. 1970년 7월에 타이완에서 석유 개발의 움직임이 나오자, 8월 류큐 입법원은 "센카쿠 열도는 이시가키시(石垣市) 도노시로(登野城)의 행정구역에 속하며, 동 섬의 영유권에 대해서는 의문의 여지가 없다"라는 결의를 채택했다. 이에 대해서 1971년 6월에 타이완 외교부가 해당 섬의 영유권을 주장하는 성명을 발표했고, 결국 같은 해 12월 30일 중국 외교부가 건국 이래 처음으로 영유권을 주장하는 성명을 냈다.

## 중국의 영유권 주장과 영해법

중국의 주장은 다음과 같다.

- 센카쿠 열도는 명나라·청나라 시대부터 타이완의 부속 제도다.
- 1895년 1월, 즉 청일전쟁의 귀추가 명백해진 시점에서 일본이 센카쿠 열도 영유를 각의 결정했던 것으로 실질적으로 청일전쟁의 결과 타이완·펑후 제도(澎湖諸島)를 절취했다는 것과 마찬가지다.
- 댜오위다오, 황웨이위(黃尾嶼), 츠웨이위(赤尾嶼), 난샤오다오(南小島), 베이샤오다오(北小島)는 타이완의 부속 도서이며, 타이완과 마찬가지로 줄곧 예로부터 중국 영토의 불가분의 일부다(關於釣魚島所有權問題中華人民共和國外交部聲明, 1971.12.30.).

이 과정으로부터 무엇을 알 수 있을까? 1971년까지 중국·타이완이 영유권 주장을 하지 않았다는 점, 카이로 선언에서는 타이완·펑후 제도의 반환은 명기되어 있었지만 오키나와에 대해서는 아무것도 기재가 되어 있지 않았던 점, 1952년 8월의 샌프란시스코조약에 대한 저우언라이의 성명에서도 센카쿠에 대해서는 일절 언급하지 않고 있는 점, 1950년대 이래 중국은 오키나와 주민의 미군정에 대한 저항과 일본 복귀운동을 지지해왔던 점, 타이완도 샌프란시스코 강화조약을 추인하는 형태로 일화평화조약을 체결했던 점 등으로부터 중국의 센카쿠에 대한 "줄곧 예로부터의 영유권"이라는 주장은 설득력이 결여되었다.

중일은 모두 '고유의 영토'라며 양보하지 않고 있다. 일본은 이에 더하여 중일 간에는 영토 분쟁이 없고, 사안을 뒤로 미루는 사실도 없다고 하고 있다. 한편 중국은 센카쿠 열도 문제는 1972년의 중일 정상화 교섭 및 1978년의 평화조약 비준 시의 중일 대화 때에 '뒤로 미루어져', 공동개발의 협의에서 합의되었다고 한다. 1972년 교섭에서도 1978년 교섭에서도 중국 측이 뒤로 미루기를 제기했다는 기록은 남아 있으며, 그것을 일단 듣기만 했던 것을 과연 '외교 교

섬', '합의'로 볼 것인지와 관계되어 있다. 이 문제에서는 일본 측의 설득력이 약하다.

2010년의 충돌을 논하기 전에 중국에 의한 '영해법' 제정에 대해 다루어야 할 것이다. 1992년 2월 25일 중국 전국인대는 '영해 및 접속수역법'을 채택했다. 두 가지의 점이 주목된다. 동법 제2조는 다음과 같다.

> 중국의 영토는 중화인민공화국 대륙 및 그 연해 도서, 타이완 및 댜오위다오를 포함하는 부속 각 섬, 펑후 제도, 둥사(東沙), 시사(西沙), 중사(中沙), 난사(南沙) 제도 및 중화인민공화국에 속하는 모든 도서(島嶼)다.

센카쿠의 명칭을 넣어 법으로 획정하고 해외에도 그 의사를 표명했던 것이다. 또 한 가지는 동법 작성 시에 논의가 가열되어 외교부 및 온건파의 의향과는 반대로 군부, 일부 지방의 강경파의 주장이 채택되었던 것으로 보인다는 점이다. 센카쿠를 영해법에 명기하는 것을 주장했던 것은 중앙군사위원회 법제국, 총참모부판공청, 해군 사령부, 광저우 군구(廣州軍區), 국가측량제도국, 상하이(일부), 텐진(天津, 일부), 산시(山西), 하이난(海南)으로 외교부는 "직면하고 있는 국제 정세 및 중일 관계 속에서 우리는 한편으로 영토 주권을 수호하지 않으면 안 되는 것과 함께, 또 한편으로는 외교상의 마찰을 최대한 피하지 않으면 안 된다"라고 주장했지만, 군부 등에 굴복했던 것으로 알려져 있다(西倉一喜, 1994).●

2012년 일본의 센카쿠 열도 '국유화'는 '현상(現狀)의 중대한 변경'으로서 중국이 강하게 반발하여 중일 충돌로 귀결되었는데, 생각해보면 1992년의 영해법은 중국 측의 '현상의 중대한 변경'이었다. 당시 일본은 왜인지는 몰라도 강

---

● 니시쿠라 가즈요시(西倉一喜)는 1992년 2월 18일 중국 전국인대 상무위원회 판공실 비서국이 발행한 내부 문서를 입수하여 이러한 기밀 내용을 밝혔다.

하게 반대 행동을 취하지 않았다. 이 해 가을에 천황의 방중을 앞두고 민감해졌을지도 모른다.


## 2. 2010년 어선·순시선의 충돌

### 민주당 정권의 출범

2010년 9월 센카쿠 열도 해역에 중국 어선이 침입하여 그것을 일본의 순시선이 나포, 구류함으로써 중일 관계는 단번에 긴장되었다. 이제까지 같은 종류의 일이 있어났을 때, 일본 측은 바로 강제 송환하는 조치를 취했다. 하지만 이제 막 정권을 잡은 민주당의 간 나오토(菅直人) 정권은 나포, 구류, 일본 법률에 의한 처벌 등의 방법을 선택했다. 중국 측은 강하게 반발했다.

그런데 이 충돌 사건까지는 중국 측은 일본과의 대화 채널을 움직이고자 노력했다. 새로운 민주당 정권에 기대감을 가졌던 것으로 보인다. 다음과 같은 채널이 움직였다.

- 2010년 1월 17일, 양제츠(楊潔箎)·오카다 가쓰야(岡田克也) 중일 외교장관 회담. 동중국해 중간선 부근의 시라카바(白樺, 중국명: 春曉)에서의 가스 생산에 대해 협의
- 4월 12일, 후진타오·하토야마 유키오(鳩山由紀夫) 정상회담. 동아시아 공동체, 가스전 개발에 대해 협의
- 5월 4일, 닝푸쿠이(寧賦魁) 국경해양사무국장·사이키 아키타카(齋木昭隆) 아시아대양주국장 간의 외교부 국장급 회담과 최초의 국장급 협의. 가스전 교섭
- 6월 17일, 후진타오·간 나오토 정상회담(토론토 G20 회의). 전략적 호혜관계에 의견 일치. 동중국해 가스전에서도 조약 교섭 체결을 향해 쌍방이 노력하기로 확인, 중일 국방 당국 간 협의 개최에도 중일이 의견 일치

하지만 그럭저럭 유지되었던 중일 양국 간의 채널은 9월의 어선 충돌로 단절되어버렸다. 또한 일본의 민주당 정권은 하토야마 유키오 내각(2009.9~2010.6), 간 나오토 내각(2010.6~2011.9), 노다 요시히코(野田佳彦) 내각(2011.9~2012.2) 등으로 현저하게 변했다.

## 2010년 충돌 사건의 경과

센카쿠 해역에서의 중국 어선과 일본 해상보안청 소속 순시선의 충돌 경과는 다음과 같다.

- 9월 7일, 센카쿠 열도 주변의 일본 영해 내에서 해상보안청 소속 순시선과 중국 어선이 접촉 사고. 9월 7일 밤, 쌍방이 항의. 사이키 아키타카 아시아 대양주국장은 청융화(程永華) 주일 중국대사에게 전화로 항의
- 9월 8일, 해상보안청이 공무집행방해 혐의로 중국 선장 등을 체포
- 9월 11일, 중국은 동중국해 가스전의 조약체결 교섭의 연기를 발표
- 9월 12일, 다이빙궈(戴秉國) 국무위원이 니와 우이치로(丹羽宇一郞) 주중일본 대사에게 승조원 석방과 어선의 즉시 송환을 요구
- 9월 13일, 선장을 제외하고 승조원 14명은 항공편으로 귀국
- 9월 18일, 베이징·상하이 등에서 대일 항의 시위. 그 이후 당국이 제지
- 9월 19일, 선장을 10일간 구류 연장하자, 중국 측은 ① 각료급 이상의 교류정지, ② 항공기 증편 교섭의 정지, ③ 석탄 관계 회의의 연기 등의 "강렬한 대항 조치"(외교부의 발언)를 취한다고 표명
- 9월 24일, 선장은 나하(那覇) 지검(地檢)에 의해 석방되어, 이튿날 푸저우(福州)에 도착
- 9월 25일, 중국 외교부가 일본에 사죄와 배상을 요구

10월에는 각지에 반일 시위가 확산되었는데[10월 16일 청두(成都), 시안(西

安), 정저우(鄭州) 등에서 합계 1만 명, 일부가 폭도가 되었음. 10월 23일, 24일 쓰촨성 등 내륙 지역의 여러 도시에서 반일 시위, 10월 26일 충칭에서 수천 명 규모의 반일 시위], 10월 26일 외교부 보도국장이 "일본 측의 잘못된 언동에 분개하는 것은 이해할 수 있지만, 비이성적인 위법 행위에는 찬성하지 않는다"라고 논했던 바와 같이, 중국 당국은 사태 수습에 나섰다.

또한 충돌 이후 고위당국자 사이에 다음과 같은 접촉이 있었는데, 핵심은 없었다.

- 10월 5일, 원자바오·간 나오토 총리의 아시아-유럽회의(ASEM)에서의 복도 회담. 센카쿠 문제 이후의 중일 관계를 쌍방은 우려. 고위급 협의를 개최하는 것에 합의. 전략적 호혜 관계, 민간 교류로부터 등에 합의
- 10월 30일, 하노이에서 개최된 동아시아 정상회의에서 원자바오·간 나오토 총리가 10분간 비공식 회담
- 11월 13일, 요코하마에서 열린 아시아·태평양경제협력회의에서 후진타오 주석·간 나오토 총리가 22분간 회담. 전략적 호혜 관계의 구축이 중요하다는 것만 확인


## 3. 센카쿠열도 '국유화'를 둘러싼 충돌

### 국유화와 반일 시위

2012년 9월의 반일 시위는 4월 16일 이시하라 신타로(石原愼太郎) 도쿄도 지사가 미국 워싱턴의 헤리티지 재단(Heritage Foundation)에서의 강연에서 도쿄도가 센카쿠 열도를 지권자(地權者)로부터 구입할 것이라고 표명한 것이 계기가 되었다. 이시하라 지사의 움직임을 위험한 것으로 간주한 노다 요시히코 총리는 7월 7일 도쿄도에 국유화 방침을 전달하고 이튿날에 그것을 공표하고 지권자와

의 계약 교섭에 들어갔다. 8월 27일에는 니와 우이치로 주중 일본대사의 공용차에 부착되어 있던 일본 국기가 시위대에 의해 강탈되는 사건이 일어났다.

이 분쟁의 첫 번째 특징은 외교적으로도 여론에서도 중국이 강렬하게 반발하고 심각한 충돌에 이르렀다는 점이다. 일본 정부는 국유화의 움직임을 가속화했다. 지권자로부터 20억 5,000만 엔으로 구입했고, 9월 11일에는 국유화를 각의 결정하고 매매 계약을 완료했다. 중국이 강하게 반발했던 것은 국유화에는 단호히 반대한다는 후진타오 주석의 강한 의사 표시(9월 9일 블라디보스토크에서 열린 APEC 회의에서의 발언)에도 불구하고 그 2일 후인 11일에 일본 정부가 국유화를 정식으로 결정했기 때문이라고 알려져 있다. 국가주석의 체면이 무너졌기 때문이다.

이미 8월 19일부터 국유화에 반발하는 반일 시위가 일어났는데, 각의 결정이 있었던 9월 11일부터 대규모가 되고 폭력적으로 변해, 전국으로 확대되었다. 9월 15일에는 일본계 기업과 일본계 마켓 다수가 습격 받았다. 특히 후난성(湖南省) 창사시(長沙市)의 '백화점' 헤이와도(平和堂)에서는 1층부터 4층의 대부분이 파괴되었다. 시위는 9월 18일[1931년 일본의 만주 침략을 가져온 류탸오후(柳條湖) 사변의 기념일]에는 간신히 수습되었다. 당국이 통제했던 것이다.

또한 국유화가 현상의 변경에 해당하고 중국의 주권을 침범하는 행위라며 중국은 반발했다. 그런데 노다 정권의 이 조치는 이시하라 도지사의 아래에서는 예상치 못했던 사태가 일어난다고 우려하여 국가의 통제 아래에 두고자 했을 것이다. 하지만 중국에는 통하지 않은 사정이었다.

다음의 특징은 쌍방의 격렬한 외교적 응수다. 특히 중국 정부는 국제사회를 향해서 격렬한 선전 공작을 전개하고 유엔 총회에서는 양제츠 외교부장이 9월 27일 일본이 청일전쟁 시에 센카쿠 열도를 훔쳐갔다고 7회나 표명하며 '강도의 논리'라고 일본을 격렬하게 비판했다. 이름은 거론하지 않은 채 "국제법에 따라 해결한다"라고 했던 노다 총리 연설과는 대조적이었다.

## 2012년 충돌의 특징

2012년의 충돌은 2005년과는 양상이 매우 달랐다.

첫째, 대립의 국면이 2005년에는 오로지 역사 문제였던 것에 반해서, 2012년에는 영토·영해라는 구체적 이익으로부터 출발했고 패권 경쟁, 역사 문제까지 전면적으로 확대해버린 점이다. 제1레벨(역사 및 가치의 문제), 제2레벨(지역의 패권을 둘러싼 문제), 제3레벨(영토 및 자원 등 구체적 이익을 둘러싼 문제)로 나누어졌던 분쟁이 2012년에 총체적인 것으로 변해버린 것이다.

특히 반일 시위를 통제한 이후에도 중국 측은 격렬하게 외교적 비난을 계속했고, 중일 국교 정상화 40주년의 문화·경제의 교류 행사를 대부분 취소해버렸던 것은 관계가 민간 영역까지 단절되었다는 것을 의미하며 마이너스의 영향은 컸다.

둘째, 이번에는 특히 중국 측에 대중적 민족주의, 포퓰리즘의 경향이 농후했다. 인터넷의 영향도 있겠지만, 전국적으로 이 정도로 대중이 움직였던 것에는 경탄할 뿐이다. 중국 사회의 유일한 정체성(identity)은 반일에 있다는 것, 반일이 강경하면 할수록 대중은 정권을 지지한다는 것, 이 두 가지를 이번 반일 시위는 보여주었다.

중국의 거칠고 폭력적인 반일 민족주의는 일본에서의 대항 민족주의를 불러일으킨다. 대항 민족주의는 일본의 재무장, 미일 군사동맹 강화의 방향과 연결되어 있다. 일본의 전쟁범죄를 규탄하는 중국인의 반일 행위 자체가 일본의 군사화, 동아시아의 군사적 긴장을 만들어내고 있다는 점은 역사적 아이러니라 할 수 있다(이 장의 제5절 참조).

셋째, 중국도 일본도 권력의 공백, 통치의 쇠퇴가 발생하고 있는 가운데 사건이 일어났다. 일본에서는 2009년에 민주당 정권이 국민의 기대 아래에서 출범했지만, 하토야마 정권, 간 나오토 정권, 노다 정권 모두 모든 면에서 기대에 부응하지 못했다. 관저(官邸)의 결정 능력, 교섭 능력, 관료를 움직일 능력 등 모든 부분에서 실책을 거듭했다. 특히 2010년부터 정부의 대중 외교 및 국유화 조치는 신중함을 결여했고, 어선 충돌 사건의 처리도, '국유화'의 결정도 타이밍이 최악이었다(모두 중일전쟁의 역사적 기념일 전후였다). 일본 국민에 대해서는 물론 국제사회에 대해서도 센카쿠 열도 문제에 대한 역사적 경위의 홍보 등이 충분하지 않았던 것 등 리더십 부족, 외교의 기능부전(機能不全)이 분쟁을 크게 만들었다. 6월 7일에 니와 우이치로 주중 일본대사가 ≪파이낸셜타임스(Financial Times)≫와의 인터뷰에서 "도지사가 말한 것과 같을 일을 하고자 한다면, 중일 관계는 중대한 위기에 직면하게 된다"라고 언급하고 그해 연말에 경질되었지만, 일본 외교의 혼란을 드러냈다.

한편 중국공산당 제18차 당대회를 앞에 두고 있던 중국의 정세 불안도 심각했다. 4월의 보시라이(薄熙來, 당 중앙정치국 위원) 해임 사건은 보시라이의 스캔들만이 원인은 아니었다. 그 근원에는 지도부 내의 격렬한 권력 투쟁이 있었다. 제5세대가 된 중국공산당의 통치력은 쇠퇴하고 정통성도 닳아 없어지고 있다. 반일만이 정체성이 되는 구조의 유래가 여기에 있다.


## 4. 중일 양국 간 주장의 대비

그런데 양국 모두 센카쿠 열도 / 댜오위다오는 고유의 영토라고 주장하고 있는데, 쌍방의 주장을 간략하게 아래에서 정리해보도록 하겠다.

### 일본의 공식 입장

첫째, 일본은 센카쿠 열도를 1885년 이래 오키나와현을 통하는 등의 방법으로 수차례에 걸쳐 현지 조사를 한 뒤에, 1895년 1월에 표식 설치 등의 각의 결정을 하고 정식으로 일본의 영토에 편입했다.

둘째, 센카쿠 열도는 1895년 5월 발효된 청일전쟁의 전후 처리, 즉 시모노세키조약에서 일본 측에 할양된 타이완, 펑후 제도에는 포함되지 않았다.

셋째, 제2차 세계대전 이후 샌프란시스코조약에서 일본이 포기했던 영토에는 포함되어 있지 않았다. 동 조약 제3조에서 미국의 시정권(施政權) 아래에 들어가 1971년 6월 미일의 오키나와 반환 협정으로 정식으로 일본의 시정권 아래로 들어왔다. 그 이후 일본의 실효 지배하에 있다.

넷째, 중국은 일관하여 센카쿠 열도에 대한 영토 요구를 하지 않았다. 자신의 영토라고 주장하기 시작했던 것은 1971년 6월의 타이완에 이어서 1971년 12월의 일이다.

다섯째, 중일 간에 영토 문제는 없다.

여섯째, 따라서 1972년, 1978년에 중국 측이 센카쿠 문제는 의논하지 않는다(1972년 저우언라이 총리의 발언), 혹은 뒤로 미루고 공동개발한다(1978년 기자 회견에서의 덩샤오핑의 발언)는 것을 제기했다고는 들었지만, 뒤로 미루기에 대한 합의는 없다.

여기에서 일본 측의 문제를 두 가지 지적해보도록 하겠다. 한 가지는 '중일 간에 영토 문제는 없다'라는 원리로부터 벗어나지 못하고 있기 때문에, 대중 교섭은커녕 '뒤로 미루기', '공동개발' 등을 의논할 수밖에 없는 자가당착(自家 撞着)에 빠지고 있다.

그런데 일본이 '뒤로 미루기는 없다', '중일 간에 영토 문제는 없다'라고 말하기 시작한 것은 그다지 멀지 않은 최근의 일이다. 1996년 무렵에는 나카에 요스케(中江要介) 전 주중 일본대사가 "합의는 없었다"라는 발언을 했다고 전해지고 있다. 1996년 8월에는 이케다(池田行彦) 외상이 "중국과의 사이에 영유권 문제는 존재하지 않는다"라고 논했던 것으로 알려져 있기에, 이 무렵 이래의 일로 여겨진다(孫岐亨, 2014).

그럼 실제는 어떠할까? 뒤로 미루기에 대해서 1979년 5월 31일 자 ≪요미우리신문≫의 사설 '센카쿠 문제를 분쟁꺼리로 삼지 말라'는 일견(一見)할 가치가 있다. 해당 사설을 읽어보면, 지금의 일본 측 주장의 근거는 약하다. 이 사설은 다음과 같이 말하고 있다.

- 일본의 개발 조사에 대해서 중국이 구두로 유감의 뜻을 표명하고 선처를 요구해왔다. "일을 만들고자 하지 않는 중국의 자세를 엿볼 수 있는데, 우리나라(일본)로서도 이 문제를 중일의 '분쟁꺼리'로 발전시키지 않도록 신중한 대처가 필요할 것이다."
- 센카쿠 영유 문제는 1972년에도 '언급하지 않고 넘기는 방식'으로 처리했다.
- 중일 쌍방 모두 영토 주권을 주장하고 현실에 논쟁이 '존재'하는 것을 인정하면서 문제를 유보하고, 장래의 해결을 기다린다는 것에 중일 정부 간의 이해가 있었다. 그것은 공동성명 및 조약상의 문서에는 들어가 있지 않지만, 정부 대 정부 간에 버젓이 '약속한 일'이라는 것은 틀림없다. 약속한 이상 이것을 준수하는 것이 이치에 맞는 것이다. 덩샤오핑은 이후의 세대의 지혜에 맡긴다고 말했다. 일본으로서도 영유권은 어디까지나 주장하면서 시간을 충분히 갖고 차분하게 중국 측의 이해와 승인을 요구해 나아가는 자세가 필요하다.
- 소노다 스나오(園田直) 외상은 중국이 침묵하고 있는 것은 우정이며, 우리나라(일본)는 자극적, 선전적인 행동은 신중해야 한다고 말하는데, 그것이 중일 간의 이해 사항에 따른 솔직한 자세라고 생각한다고 말했다.

즉, 일본 적어도 ≪요미우리신문≫은 지금 이 입장으로부터 변심했던 것이다.

## 중국의 공식 입장

타이완(중화민국)과 중화인민공화국이 댜오위다오의 영유권을 정식으로 주장했던 것은 1970년 후반에서 1971년 사이의 일이다. 1895년부터 1970년까지 중국은 한 차례도 센카쿠 열도의 영유권을 주장하거나 일본의 영유에 대해 항의했던 적이 없다. 1953년 1월 8일, ≪인민일보≫가 센카쿠 열도를 류큐 제도의 하나로서 간주하며 "류큐 인민의 반미 투쟁을 지지한다"라는 평론 기사를 게재했던 것은 잘 알려져 있다. 하지만 1971년에 '고유의 영토'라는 주장을 제기하고 그 이후 1992년 2월의 영해법에서 "중국의 영토는 중화인민공화국 대류 및 그 연해 도서, 즉 타이완 및 댜오위다오를 포함하는 부속 각 섬, 펑후 제도, 둥사, 시사, 중사, 난사 제도 및 중화인민공화국에 속하는 모든 도서"라며 센카쿠 열도를 처음으로 법률상 중국 영토로 편입시켰다.

2012년 여름, 일본의 국유화 방침이 공개되자, 중국은 대일 강경 자세를 강화했다. 9월 25일 '댜오위다오 백서'는 중국의 강경하며 원리적인 주장을 강렬하게 주장하고 있다.

① 댜오위다오는 14세기 중국이 가장 일찍 발견하고 명명했던 것으로 그 이후 장기간 관할했고 1797년의 지도 이래 중국령으로 명기하고 있는, 중국 고유의 영토다.
② 일본은 1895년 청일전쟁을 틈타 타이완, 펑후 제도 등과 함께 댜오위다오를 '절취'했다.
③ 1943년 카이로 선언은 "일본이 절취한 중국의 영토"의 중국으로의 반환을 지시했는데, 일본은 그것을 위반하고 반환해야 할 댜오위다오를 반환하지 않고 있다.
④ 1951년, 1971년의 미일 교섭, 오키나와 교섭 시의 미일 간의 댜오위다오 접수는 불법이며 무효다.
⑤ 따라서 일본의 주장은 전혀 근거가 없고, 카이로 선언 등에서 확립된 국제질서에 대한 도전이며, 국제법의 의무에 심각하게 위배되는 것이다.
⑥ 국교 정상화 당시, 평화조약 당시, 양국 지도자는 댜오위다오 문제를 뒤로 미루고 장래의 해결에 맡긴다고 이해에 도달했다. 그것에 반하는 '국유화' 조치는 중국의 주권에 대한 중대한 침범이며 세계 반파시즘 전쟁의 승리 성과에 대한 부정과 도전이다("釣魚島是中國的固有領土" 白書, 2012.9.25.).

### 국가이익을 둘러싸고
이 백서는 왜 이처럼 강경하며 원리적일까? 여기에는 두 가지 이유가 있다.

첫째, 1990년대 이래의 국가이익을 절대시하는 국제정치관이다. 중국이 국가이익을 정면으로부터 긍정한 것은 톈안먼 사건이 발생한 직후의 일인데, 1996년 칭화대학의 옌쉐퉁(閻學通)이 집필한『중국 국가이익 분석(中國國家利益分析)』은 충격적이다. 그는 다음과 같이 말하고 있다.

- 국가이익에 계급성은 없다.
- 국제이익과 국가이익은 공존할 수 있다.
- 국가이익은 변화하며 발전한다.
- 섭외(涉外) 경제이익은 경제 활동이 확대됨에 따라 확장된다.

이 철저한 현실주의(realism)를 부연한다면, 중국이 경제 규모를 확대하고 세계로 진출하면 할수록 지켜야 할 국가이익은 확대된다는 것이다.

그 이후 '핵심적 이익'에 대한 논의가 등장했다.

2011년 9월 '평화발전 백서'에서는 '핵심적 이익'을 확실히 정의하고 있다. 그것은 ① 국가의 주권, ② 국가의 안전, ③ 영토의 보전, ④ 국가의 통일, ⑤ 중국의 헌법이 확립한 국가의 정치제도와 사회 전체의 안정, ⑥ 경제·사회의 지속적인 발전의 기본 보장 등의 여섯 가지다(국가이익에 대해서는 이 책의 제9장 참조).

이리하여 중국의 대국화와 중국 외교의 강경화는 동시병행적으로 진행되고 있다. 그런데 2005년의 반일과 2012년의 그것에는 본질적인 차이가 있다.

'댜오위다오 백서'가 그처럼 원리적인 두 번째의 이유는 군부 혹은 보수파 군인의 정치적 부상(浮上)이 추측된다. 이 책의 제9장에서 살펴보게 되는 바와 같이, 1990년대 말부터 중국 외교에 현저한 변화가 보인다. 외교부의 영향력이 감소하고 그 대신에 국유기업, 금융자본, 석유자본, 경제관청, 지방정부, 네티즌 등 많은 '새로운 관여자'가 출현했다. 스톡홀름 국제평화연구소(SIPRI)의 보고서 등으로부터 대외 정책 결정에 대해 다음과 같은 상황을 지적할 수 있다.

- 대외 정책 결정의 권한이 세분화되고 외교부는 그 일단을 담당하고 있는 것에 불과하다.
- 해방군과 개별 장교가 공개적인 의논에 자유롭게 등장하게 되었다.
- 군인의 배후에 개별의 국유 대기업과 석유자본 등이 있다. 정책 결정은 군의정 치 개입이라기보다 '단편화된 권위주의' 상황에 있다.
- 새로운 관여자의 사이에서는 더욱 적극적으로 국익을 추구해야 한다는 견해가 우세하다.

중국인민해방군 소장인 뤄위안(羅援) 중국군사과학학회 부비서장이 말하는 스스로를 '이성적인 매파'라고 일컫는 군인은 '지금은 자중하며 때를 기다린다' 라는 도광양회(韜光養晦)를 부정하고, 뒤로 미루기와 공동개발을 대신하여 '적 극적 분쟁 해결'과 '중국을 위주로 한 공동개발'을 주장한다. 그는 샌프란시스 코 강화조약이 합법인지의 여부, 댜오위다오가 류큐 제도에 속하는지의 여부, 류큐 제도가 일본의 것인지의 여부, 카이로 회의 및 포츠담 선언에서는 일본의 판도는 시코쿠, 규슈, 혼슈, 홋카이도뿐이라는 것이 센카쿠 분쟁에 대한 주요 논점이라고 한다. 9월 25일 '댜오위다오 백서'는 이러한 강경한 군인에 의해 밑 받침되고 있는 것으로 여겨진다.

중국이 안고 있는 어려움이 두 가지 있다. 한 가지는 리더십의 약체화다. 보 시라이 사건은 권력을 둘러싼 중앙에 커다란 균열이 있다는 것을 보여주었다. 시진핑(習近平)에게 권력을 집중시키려고 하고 있지만, 덩샤오핑 시대와 같은 강한 리더십을 발휘하는 것은 불가능하다.●

---

● 이 설명은 '보시라이 사건'이 발생했을 당시의 상황을 논한 것이다. 2022년 10월에 개최된 중국공산당 제20차 당대회에서 시진핑 중국공산당 총서기는 이례적인 3기 연임을 실현했다. _옮긴이주

또 한 가지는 적나라한 민족주의와 포퓰리즘의 횡행이다. 작금의 반일 시위가 노정했던 것은 중앙정부가 자연발생적인 민족주의의 파멸적 압력에 노출되어 있어 통제가 대단히 어려워지고 있다는 사실이다.


## 5. 힘을 통한 대항으로

### 교섭은 리셋될 수 있는가

2012년 반일 시위의 충격은 컸다. 2014년에 중국의 현실주의자 옌쉐퉁이 예고했던 것처럼 '새로운 대항 조치'에 해당된다고 할 수 있을까?

충돌 이래 새롭게 이루어진 중일 양국 간의 합의 사항은 겨우 아래의 네 가지 조건에 불과했다[2014년 11월 7일 중일 양국 '외교차관급' 양제츠 국무위원·야치 쇼타로(谷内正太郎) 국가안전보장국장 간의 합의].


① 쌍방은 중일 간의 네 가지 기본 문서의 여러 원칙과 정신을 준수하고 중일의 전략적 호혜 관계를 계속해서 발전시켜 나아가는 것을 확인했다.
② 쌍방은 역사를 직시하고 미래를 지향한다는 정신에 따라, 양국 관계에 영향을 미치는 정치적 어려움을 극복하는 것에 약간의 인식 일치를 보았다.
③ 쌍방은 센카쿠 열도 등 동중국해의 해역에서 근년 긴장 상태가 발생하고 있는 것에 대해서 서로 다른 견해를 갖고 있다고 인식하고 대화와 협의를 통해서 정세의 악화를 방지하는 것과 함께, 위기관리 메커니즘을 구축하고 예측하지 못한 사태의 발생을 회피하는 것에 의견의 일치를 보았다.
④ 쌍방은 다양한 다국 간·양국 간의 채널을 활용하여 정치·외교·안보 대화를 서서히 재개하고 정치적 상호 신뢰 관계의 구축에 노력하는 것에 대해 의견의 일치를 보았다.

그림 5-1_ 중일의 여론, 호감도, 중요도(2005~2016)

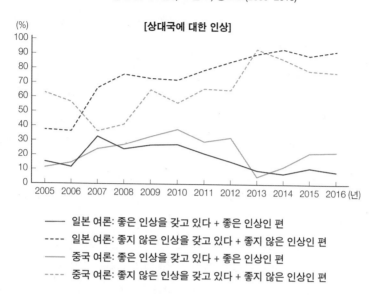

[상대국에 대한 인상]

―― 일본 여론: 좋은 인상을 갖고 있다 + 좋은 인상인 편

- - - 일본 여론: 좋지 않은 인상을 갖고 있다 + 좋지 않은 인상인 편

―― 중국 여론: 좋은 인상을 갖고 있다 + 좋은 인상인 편

- - - 중국 여론: 좋지 않은 인상을 갖고 있다 + 좋지 않은 인상인 편

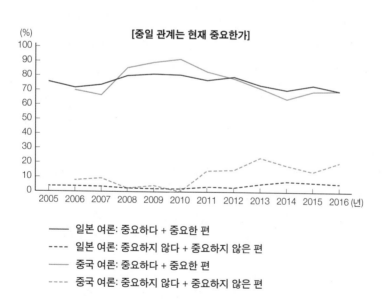

[중일 관계는 현재 중요한가]

―― 일본 여론: 중요하다 + 중요한 편

- - - 일본 여론: 중요하지 않다 + 중요하지 않은 편

―― 중국 여론: 중요하다 + 중요한 편

- - - 중국 여론: 중요하지 않다 + 중요하지 않은 편

자료: 언론 NPO 조사(2016.8~9), 일본 1,000명, 중국 1,587명을 대상으로 진행됨.

이 합의로부터 어떠한 미래가 묘사되었을까? 우선 교섭의 가능성을 고려해 보도록 하겠다. 영토를 둘러싼 분쟁이 교섭의 테이블 위로 올라올 것인지의 여부다. 낙관할 수는 없다.

다만 중국의 경우 외교 정책을 갑작스럽게 변경하는 일은 진귀한 것이 아니다. '조정'이라는 용어로 정책 전환을 자주 행한다. '군자는 표변(豹變)한다'라는 것이다. 중국이 제일(第一)로 추구하는 것은 '이익'이다. 영토가 원인이 되어 중일 경제 관계가 정돈되고 그것이 국내 경제에 강한 마이너스 영향을 가져온다면, 원리를 철회하고 실리로 방향을 전환하는 것은 있을 수 있는 일이다.

문제는 일본이다. 일본의 대중 외교에 현저한 특징은 일관성이다. 1972년 국교 정상화 교섭에서 일본의 외무 당국이 가장 주의를 기울였던 것은, 타이완을 '정통 중국'으로 삼는 1950년대부터의 '허구'의 대중 정책과의 정합성(整合性)을 지키는 일이었다. 중국 외교와는 달리 일본 외교는 표변하지 못한 것이다.

더욱 심각한 문제가 있다. 센카쿠를 둘러싼 충돌은 일본의 향후를 결정하게 될 것이다. 중국의 처참할 정도의 일본에 대한 비판, 폭력적인 반일 시위에서 일본의 대중 이미지는 최악이 되었다. 〈그림 5-1〉은 2016년 언론 NPO 도쿄·베이징 포럼의 예년의 여론조사로부터 호감도와 양국 관계의 중요성에 대한 인식을 다룬 것이다. 일본 측 1,000명, 중국 측 1,587명의 자료다. 일본 측에서 호감을 갖고 있는 사람은 8%(호감을 갖고 있지 않은 사람은 91%)로 매우 낮지만, 중국 측은 호감을 갖고 있는 사람이 21.7%(호감을 갖고 있지 않은 사람은 76.7%)였다. 다만 서로의 관계는 중요하다고 생각하는 사람은 많았는데, 일본에서는 70.6%, 중국에서는 70.4%가 되었으며 3분의 2 이상의 국민이 양국 관계를 걱정하고 있다고 생각해도 좋다(〈그림 5-1〉 참조).

## 힘과 힘의 대항

거대한 중국, 고자세의 중국에 대한 혐오와 위협감이 일본 국민 각 층에 확대되고 있다. 정치가의 안보관은 방위력 강화, 군사적 준비로 급선회하고 있다. 미국 CIA 계통의 민간 싱크탱크는 중국의 대국화, 센카쿠 반일 시위 등으로 "일본은 제2차 세계대전 종료 시부터 장기간의 소극적 평화주의의 자세의 포기에 내몰리게 될 것이다"라며 헌법 개정, 자력 방위 강화를 향해 움직이게 될 것이라고 분석하고 있는데,• 보수화 및 군사화가 일본을 뒤덮고 있다. 역사를 소급하여 일본의 군국주의를 비난하면 할수록 일본 여론의 보수화, 군사화가 진전되고 양국 관계에 긴장을 초래한다. 왜 이러한 왜곡된 구조를 중국은 인식하지 못하고 있는 것일까? 왜 전후 일본이 소극적 평화주의를 취해왔는가, 왜 지금 그것을 포기하고자 하고 있는가, 전환기 일본에 대한 객관적 분석을 부디 중국 측에 요청하고 싶다.

2013년 12월 26일 아베 총리가 급거 야스쿠니 신사를 참배했다. 미국 국무부의 머리 하프(Marie Harf) 부대변인이 "이웃나라와의 긴장을 높이는 것과 같은 행동을 취했던 것에 실망하고 있다"라고 이례적인 논평을 하여 주목을 받았는데, ≪월스트리트저널≫(2013.12.27.)은 "현직 총리로서 2006년 이래의 최초가 되는 아베 총리의 야스쿠니 신사는 일본의 군국주의 부활이라는 환상을 자국의 군사력 확장의 구실로 사용해왔던 중국 지도부에 대한 선물이다"라고 신랄하게 논평했다.

걱정되는 것은 중일 관계의 두절이 경제에 가져온 심각한 영향이다. 그렇지 않아도 세계 경제는 글로벌하게 문제를 갖고 있으며 중국 경제도 감속기에 들어선 것으로 일컬어진다. 2006년에 경제동우회가 고이즈미 총리에게 야스쿠니 신사 참배를 멈추고 대중 관계를 개선하도록 직접 압박했던 것처럼, 일본의 대중 경제 의존이 정치적 타협에의 압력이 되었다. 혹은 이번의 경우 이익에 민감한 중국이 경제에의 마이너스 영향을 억누르도록 외교적 이니셔티브를 취했던 것이었을까?

---

• 관련 내용은 다음을 참조. http://www.lignet.com/SpecialPages/.

우려되는 것은 쌍방 모두 힘으로 현상을 바꿀 강한 의도를 갖고 있는 점이다. 중국에서는 군사력이 세계 제2위의 경제대국에 걸맞지 않는 것이라는 의논을 군(軍) 등이 열심히 주장하고 있다. 중국공산당 중앙과 국무원의 '경제 건설과 국방 건설을 융합적으로 발전시키는 것에 대한 의견'(2016.7.)은 그 어떤 과시도 하지 않으며 '부국과 강군'을 추진하려는 해양 강국화 전략을 구축하고자 대단히 적극적이다.

핵전력의 확장도 공개적으로 주장되고 있다. 보수 계통의 ≪환구시보(環球時報)≫는 "중국의 핵전력은 유엔 상임이사국 5개국 중에서도 작다. 경제 제2위라는 지위에 걸맞지 않다. 중국의 전략적 리스크가 커지고 있기 때문에 그것에 부합하는 핵전력의 증강이 필요하다", "중국의 핵전력이 경제 발전 수준에 걸맞지 않으면 국제적인 전략 균형을 잃게 된다. 대륙간 탄도탄 '둥펑(東風)-41'의 장비, 전략 핵잠수함의 배치를 서둘러야 한다"라고 노골적으로 말하고 있다(≪環球時報≫, 2016.12.14.).

공군 출신의 류야저우(劉亞洲) 중국 국방대학 정치위원은 노골적이다. "장래 중국에 영향을 미칠 대사건은 세 가지다. ① 타이완과의 전쟁, ② 중일전쟁(타이완과의 전쟁은 중일전쟁을 초래하며 동중국해 충돌도 중일전쟁으로 발전함). 동중국해의 영토 획정은 중일 간의 조화가 불가능한 분기(分岐)다. 중국이 지나치게 강경해지면 전쟁이 되며, 중국이 지나치게 약해지면 이것도 전쟁이 된다. ③ 변경에서의 (소수민족의) 동란이다"라고 했다(劉亞洲, 2016). 매우 태연스럽고 공공연하게 전쟁이 말해지는 현상은 평화 헌법 아래에서 자라난 일본의 현재 세대에게는 매우 공포스럽다.

중국의 군사력은 크게 확대되고 있다. 영국의 ≪디펜스위클리(Defense Weekly)≫에 의하면, 2016년 중국의 국방 지출은 1,917억 달러, 2020년에는 2,330억 달러(또한 중국 측 발표에서는 국방 지출은 2016년 9,540억 위안, 1,460억 달러)로 2010년의 2배가 된다고 예측했다(순위는 미국, 중국, 영국, 인도, 사우디아라비아, 러시아의 순서이며 일본은 8위였다 *).

2015년에 아베 정권이 안보 관련법을 강행 채택했는데, 그것에 맞추려는 듯이 중국에서도 안보에 관한 엄격한 법제화가 진행되고 있다. 2015년 7월 1일 '국가안전법'이 채택되었고, 1993년에 제정된 옛 국가안전법은 '반스파이법' 부분만 남았다. 새로운 안전법은 시진핑이 제기한 '종합적 안전보장' 전략(2014년 4월)을 수용하여 법제화되었다고 말해진다.

신(新)안전법에서는 국가의 안전을 "국가 정권, 주권, 통일 및 영토보전, 인민 복지, 경제 사회의 지속 가능한 발전과 국가의 기타 중대한 이익에 상대적으로 위험이 없고 내외의 위협에 노정되지 않는 상태 및 안전 상태를 지속시킬 능력이 보장되고 있는 것을 지칭한다"라고 되어 있다(동법 제2조 총칙). 그리고 정치 체제의 안정성 및 국가의 통일성(제10조), 영토 및 해양·공역(空域)에서의 주권(제17조), 경제시스템, 금융, 에너지 및 그 수송 루트, 식량의 안전, 문화·이데올로기, 과학 기술, 인터넷의 안전, 각 민족의 단결(제26조) 등이 국가의 안전을 구성한다고 되어 있다.

그렇다면 국가의 안전을 중앙에서 관리하는 것은 어디일까? 2014년 1월 중앙 국가안전위원회가 '국가의 안전과 위기 처리의 상설 기구'로서 신설되었다. 외교부, 공안부, 안전부, 총참모부, 대외경제무역부 등의 책임자가 멤버이다[주석: 시진핑, 부주석: 리커창·장더장(張德江)]. 하지만 이 위원회가 당·국가·군의 3자를 횡단하는 거대한 권력을 지닌 기구로서 기능하고 있는지, 미국의 국가안전보장위원회(NSC)와 같은 자문기구에 그치는 것인지는 아직 불투명하다.

---

- 중국의 국방예산은 2017년 1조 443억 9,700만 위안, 2018년 1조 1,069억 위안, 2019년 1조 1,898억 위안, 2020년 1조 2,680억 500만 위안, 2021년 1조 3,553억 4,300만 위안, 2022년 1조 4,504억 5,000만 위안, 2023년 1조 5,537억 위안으로 지속적으로 증가 편성되었다. _옮긴이 주

## 힘을 행사하고자 하는 일본

일본에도 우려할 만한 일이 많다. 2012년 12월에 발족한 아베 정권(제2차)도 '힘'으로 중국을 압도하고자 하는 의기(意氣)로 가득했다. 아베 총리는 2013년 초에 펴낸 『새로운 국가를 지향하며(新しい國へ)』에서 다음과 같이 안보 정책에서의 돌파를 호소했다.

민주당 시대 3년간은 '외교의 패배'였으며, 그것을 되돌리지 않으면 안 된다고 한 뒤에, 아베 총리는 센카쿠 열도 문제에 대해서 중국이 일본의 실효 지배에 도전하고 있기 때문이라고 하면서 "(센카쿠 문제에) 외교 교섭의 여지 등은 없다", "센카쿠 해역에서 요구되고 있는 것은 교섭이 아니라 오해를 두려워하지 않는 말하자면 물리적 힘이다"라고 확실히 말했다(安倍晋三, 2013).

2015년 아베 총리의 '전후 70주년 기념 담화'가 주목을 받았는데 안보 법제를 둘러싸고 격렬한 공방이 있었던 탓인지, 유식자회의(有識者會議)의 의견 등을 받아들여 1995년 '무라야마 담화'도 기본적으로 답습하는 것이 되었다. 하지만 문제도 몇 가지 있다. "사변, 침략, 전쟁. 그 어떤 무력의 위협이나 행사도 국제 분쟁을 해결하는 수단으로서는 더 이상 재차 이용되어서는 안 된다"라는 표현이나, "전장(戰場)의 그늘에는 깊게 명예와 존엄에 상처 입은 여성들이 있었다는 것도 잊어서는 안 된다"라는 문장처럼 주어가 없는 애매한 것이 많으며, 향후의 일본에 대해서도 '적극적 평화주의'를 구체적인 설명 없이 단지 제기하는 것만으로 끝났다. 그런데 적극적 평화주의에 대해서는 이미 전쟁이 없는 상태가 소극적 평화라고 한다면 "빈곤 등의 '구조적 폭력'을 세계의 국가들의 힘 혹은 합의에 의해 제거되는 것이 적극적 평화주의"라고 평화학자 요한 갈퉁(Johan Galtung)은 정의하고 있는데(Galtung, 1991), 아베 총리의 사고는 무력 포기가 소극적 평화주의, 힘을 행사하는 안전보장이 '적극적 평화주의'인 것으로 보인다. 갈퉁과의 차이점은 크다.•

## 6. 아베 정권과 신민족주의

### 일본회의日本會議란 무엇인가

보수 민족주의의 임의 단체로 '일본회의'가 있다[현재 회장: 다쿠보 다다에(田久保忠衛)]. 1997년 1월에 보수파 의원 등이 중심이 되어 '새로운 역사 교과서를 만드는 모임'이 출범하고, 그 이후 정계의 보수화, 민족주의화가 진행되는데, 같은 해 2월에 나카가와 쇼이치(中川昭一), 아베 신조, 에토 세이이치(衛藤晟一) 의원 등에 의해 '일본의 미래와 역사 교육을 생각하는 의원의 모임'이 발족했다. 일본회의 자체는 1997년 5월 30일에 우익 조직으로 일컬어지는 '일본을 지키는 국민회의(日本を守る國民會議)'와 종교법인 '일본을 지키는 모임(日本を守る會)'이 통합하여 성립하는데, 핵심은 그전 날에 생겨난 '일본회의 국회의원 간담회'이다. 오부치 게이조(총리 재직: 1998~2000), 모리 요시로(森喜朗, 총리 재직: 2000~2001) 등이 발기인을 맡았다. 결성 시에 동 간담회의 멤버는 중의원·참의원을 합쳐 189명이었는데, 2015년에는 281명으로 전해지고 있다(俵義文, 2016).

2016년 5월 4일 ≪마이니치신문≫에 의하면, 일본회의의 회원 수는 약 3만 8,000명이며, 동 의원 간담회에는 당파를 초월하여 300명의 국회의원이 소속되어 있다고 한다. 이것은 전체 국회의원 717명의 42%이다(山崎雅弘, 2016). 42%라는 수치는 일본회의가 정계에서 돌출된 존재감을 발휘하고 있다는 것을 상징하고 있는데, 그 이상으로 아베 정권의 내각 각료 중에 약 3분의 2가 일본회의 국회의원 간담회의 멤버라는 것에 놀라게 된다.

- 아베 정권의 적극적 평화주의에 대한 비판적인 논의로는 다음을 참조하기 바란다. 야나기사와 교지 지음, 이용빈 옮김, 『망국의 일본 안보정책: 아베 정권과 적극적 평화주의의 덫』(한울, 2015). _옮긴이주

아래에서는 제2차 아베 내각, 제3차 아베 내각의 각료 중에서 일본회의 국회의원 간담회의 멤버라고 전해지고 있는 각료의 비율이다(俵義文, 2016).

### 일본회의 국회의원 간담회 멤버

- 제2차 아베 내각(2012.12~2014.9): 14명(73.7%)
- 제2차 아베 개조내각(2014.9~2014.12): 16명(84.2%)
- 제3차 아베 내각(2014.12~2015.10): 15명(75%)

또한 어떤 자료에서는 제3차 아베 내각에는 아베 총리 자신이 회장을 맡고 있는 '신도정치연맹(神道政治連盟) 국회의원 간담회'[약칭 신도의련(神道議連)]의 멤버는 18명(90%)이고 '함께 야스쿠니 신사에 참배하는 국회의원의 모임(みんなで靖國神社を参拜する國會議員の會)'은 17명(85%), '일본의 미래와 역사 교육을 생각하는 의원의 모임'은 9명(45%)이라고 한다.

다와라 요시후미(俵義文)는 아베 내각을 '일본회의 정권', '신국(神國) 내각'이라고 부르고 있다. 필자는 딱지를 붙일 생각은 없지만, 다음과 같은 점은 강조하고 싶다. 아베 내각은 통상의 정치집단과는 확실히 다르다. 국민 전체 중에서 단지 4만 명의 회원밖에 없는 일본회의라는 특이한 이념 집단의 멤버가 각료의 4분의 3을 차지하는 등의 일은 어떻게 보더라도 이상하다. 확실히 내각은 하나의 주의·주장에 기울어진 사람들의 서클이다.

그렇다면 1997년 5월 30일 생겨난 '전국에 풀뿌리 네트워크를 갖고 있는 국민운동 단체'라는 일본회의는 무엇을 지향하고 있을까?

공식 웹사이트에서 동 단체는 "아름다운 전통의 국가 격조를 내일의 일본으로", "새로운 시대에 걸맞은 신(新)헌법을", "국가의 명예와 국민의 생명을 지키는 정치를", "일본의 감성을 길러내는 교육의 창조를", "국가의 안전을 제고시키고 세계에의 평화 공헌을", "공생공영의 마음으로 함께하며 세계와의 우호를" 등의 목표를 내세우고 있다. 현행 헌법에 대해서는 아래의 관점으로부터 그 근간을 부정하고 있다.

우리나라(일본)의 헌법은 점령군 간부들이 1주일 동안 작성하여 들이댄 특수한 경위를 갖고 있는 것과 함께, 수많은 폐해도 가져왔었다. 즉, 자국의 방위를 타국에 위임하는 독립심의 상실, 권리와 의무의 불균형, 가족 제도의 경시와 지나치게 행해진 국가와 종교 간의 분리 해석 등등. …… 외국이 제의한 헌법이 아니라 우리나라(일본)의 역사, 전통에 토대한 이념에 기초하여 새로운 시대에 걸맞은 헌법의 제정을 지향한다("日本會議がめざすもの", 日本會議HP, 검색일자: 2017.2.15.).

또한 다음과 같은 위기의식을 강조한다.

도쿄재판 사관(史觀)의 만연은 여러 외국에의 굴욕적인 '사죄 외교'를 초래하고 다음 세대를 담당할 청소년의 국가에 대한 긍지와 자신감을 상실하도록 만들고 있다. …… 과거의 숭고한 윤리감이 붕괴하고 가족과 교육의 해체 등의 심각한 사회 문제가 발생하고 국가의 모든 분야에서 쇠퇴 현상이 출현하고 있다(建立趣意書).

동 집단은 일본의 정치, 사회, 교육의 '보수화' 및 폭주에 '공헌'해왔다. 원호(元號) 법제화, 국기국가법(國旗國家法)의 제정, 중학교 교과서로부터 '위안부' 기술의 삭제, 교육기본법의 대(大) 개정, 외국인 지방 참정권법 저지, 도덕의 교과화, 여성 천황 용인의 황실전범 개정의 저지 등이다. 작금에는 교육칙어의 부활마저도 꾀하고 있다.

### 아베 총리의 역사 인식

이 일본회의와 깊은 인연을 갖고 있는 아베 총리의 역사 인식 가운데 일면을 제2차 내각 이래의 발언의 편단으로부터 살펴보도록 하겠다.

그의 사상의 핵심에 있는 것은 '전후(戰後) 레짐으로부터의 이탈'이라고 할 수 있다. 2012년 총선거 시에 "전후의 역사로부터 일본이라는 국가를 일본 국민의 손에 되돌려준다", 이것이 "일본에 있어서 최대의 주제"를 구성하는 것은 헌법이 대표하는 평화주의, 민주주의, 인권사상의 세 가지라고 생각하고 있다. 그렇다면 아베 총리에게 있어서 민주주의, 인권은 탈각해야 할 '전후 레짐'인 것일까?

다음은 '침략'의 정의다. 2013년 4월 23일의 참의원 예산위원회에서 아베 총리는 다음과 같이 답변했다. "(일본의 식민지 지배와 침략을 둘러싸고) 침략이라는 정의는 학회적(學會的)으로도 국제적으로도 정해져 있지 않다. 국가와 국가 간의 관계에서 어느 쪽으로부터 보는가에 따라 다르다." 확실히 자연과학의 '정의'와 같이, 만인을 지배하는 원리로는 되어 있지 않지만 "학회적으로도 국제적으로도" 유연한 정의는 합의되어 있다. 1974년 12월 14일의 제29차 유엔 총회의 '침략의 정의에 관한 결의' 3314호다.

동 결의는 "침략이란 국가에 의한 타국의 주권, 영토 보전 혹은 정치적 독립에 대한 무력행사, 또는 유엔 헌장과 양립하지 않는 다른 방법에 의한 무력의 행사이다"(제1조)라고 '정의'한 뒤에 군대에 의한 타국 영역에의 침입 혹은 공격, 그 결과에 해당하는 군사 점령, 병합, 포격, 봉쇄 등 일곱 가지 항목의 군사적 행위를 선전 포고의 유무를 불문하고 '침략 행위'로서 열거하고 있다(제3조).

위안부 문제에 대해서는 어떠했을까? 2013년 1월 31일 중의원 본회의에서 아베 총리는 위안부 문제에 대한 고노 요헤이(河野洋平) 관방장관 회담(1993년 8월 4일)을 둘러싸고 "이제까지의 역사 중에서는 많은 전쟁이 있었고 그중에서 여성의 인권이 침해되었다. 21세를 바로 인권 침해가 없는 세기로 만드는 것이 중요하며 일본으로서도 전력을 다해 나아가고자 생각하고 있다"라고 논한 이후, "이 문제를 정치 및 외교 문제화해서는 안 된다고 생각한다"라고 답변했다. 위안부 문제는 '역사 문제'에 다름 아니기 때문에 그것을 정치화시키지 않고 외교 문제화하지 않는 것은 일본 측에서 가능한 일이 아니고 상대방에 관련되어 있다고 필자는 생각하지만 말이다.

이 절의 마지막에 아베 정권의 아시아 외교에 대해서 다루어보도록 하겠다. 2013년의 『새로운 국가를 지향하며』에서 아베 총리는 미국·일본·인도·호주 4개국의 연대, '아시아·대양주(大洋州) 민주주의국가 G3 + 미국'의 연대를 강조했다. 아무래도 이것으로 동아시아의 성가신, 하지만 가장 핵심적인 상대인 중국, 한국에 대항하려고 하는 것처럼 보인다(安倍晋三, 2013). 정면으로부터의 대응을 명백하게 피하고 있지만, 그것으로 좋은 것일까?

아베 정권의 2015년까지의 아시아 외교를 어느 아세안(ASEAN) 연구자는 다음과 같이 평가하고 있다. "우선 지역이라는 것이 보이지 않는다. 지역공동체는 물론 지역제도에 의해 지역을 구상하는 시각이 전혀 없다. 또한 중국이 거의 등장하지 않는다." 요컨대 "이웃나라인 중국·한국을 포함한 지역 중에 일본을 두는 것을 기피하고 아시아의 육지로부터 눈을 돌리며, 인도양·태평양 등의 해양에서의 연계에 일본의 장래를 걸고자 하고 있다"는 것이다(山影進, 2016). 안타깝지만 필자도 이 평가에 찬성한다.

## 안보 법제: 물리적 힘, 전쟁하는 국가

일본회의와 같은 특이한 집단을 모태로 하는 아베 정권의 과제는 ① 자위대의 해외 출병을 제도화하고 군대로 변화하는 것, ② 평화 헌법을 개정하는 것이라고 할 수 있다. 내각에 대한 높은 지지율과 의회에서의 다수 확보에 편승하여 국론이 분단되어 있는 가운데 안보 법안이 2015년 7월 16일에 중의원, 9월 19일 미명에 중의원에서 강행 채택되었다.

애당초 안보 법안의 제도화를 정권이 서둘렀고 또한 여론도 그것을 결국 인정해버린 배경에는 다음과 같은 새로운 상황이 있었다. 우선 1991년 걸프전쟁 시에 일본은 미국 등에 130억 달러의 재정 지원을 하면서 자위대를 파견하지 않았던 것이 국제적 공헌 부족으로 인식되어, 그 이후 국제적인 무력 공헌의 목소리가 강해져 왔다(라고 아베 정권과 일부 미디어가 인식했다). 1992년에 유엔의 평화유지활동(PKO)에 참가했고, 2003년부터는 이라크의 인도적 지원을 하는 등 자위대의 해외 파견을 확대했다. 미디어는 완전히 일반적인 일인 것처럼 자위대의 해외 활동과 무기 사용, 다국 간의 합동 군사 연습 등을 전하고 있다.

또한 2000년대에 들어선 이후부터의 북한의 가속화된 핵개발이다. 동해 앞바다에 대포동 미사일이 떨어져, 일본 국민은 강한 위협과 위기감을 느꼈다. 중국의 급속한 부상, 공세적인 대외 정책, 특히 해양 전략도 순풍이 되었다. 센카쿠 해역에서의 일본의 실효 지배를 중국이 힘으로 전복시키고자 하고 있다고 아베 정권, 미디어의 일부는 떠들썩하게 선전했다. 아베 총리 자신은 2013년 초에 "센카쿠 해역에서 요구되고 있는 것은 교섭이 아니라 오해를 두려워하지 않는, 말하자면 물리적인 힘이다"라고 논했다(安倍晋三, 2013).

이러한 강한 위협 인식이 순풍이 되어 일본을 '국방군을 지닌', '전쟁을 할 수 있는', '보통의 국가'로 만드는 조건이 순식간에 만들어졌다. 아베 정권의 움직임은 신속했다. 2014년 7월 1일에 집단적 자위권의 행사를 용인하는 각의 결정을 한 지 겨우 1년 만에 일본의 안전보장 체제와 전략의 근본을 바꾸는 새로운 법제 제정까지 행한 것이다. 이 안보 법제는 1개의 새로운 법(국제평화지원법), 10개의 기존 법의 개정[우리나라(일본) 및 국제사회의 평화 및 안전의 확보에 도움이 되기 위한 자위대법 등의 일부를 개정하는 법률]이 하나의 세트가 되었던 것으로, 그 프로세스는 분명 상당히 복잡했다. 하지만 2015년 5월 14일에 '1+10'의 안보 법안을 각의 결정한 이후부터 최종 채택되었던 4개월 동안에 이루어진 빠른 솜씨였다. 그 사이에 다양한 반대 의견, 이의는 무시되었다. 2015년 6월 4일의 중의원 헌법심사회(憲法審査會)에서 하세베 야스오(長谷部恭男) 와세다대학 교수 등 일본을 대표하는 3명의 헌법학자가 "안보 관련 법안은 위헌이다"라는 의견을 진술하고, 그 이후에도 정권 측의 법률 심판이라고도 말할 수 있는 역대의 내각 법제국 장관[사카타 마사히로(阪田雅裕), 미야자키 레이이치(宮崎礼壹), 오모리 마사스케(大森政輔) 등]이 "위헌" 혹은 "이제까지의 정치 견해로부터 일탈"이라고 진술했음에도 모두 무시되었다. 또한 법안이 공포된 9월 30일 '안보 법제 위헌 소송의 모임(安保法制違憲訴訟の會)'이 만들어졌고, 이듬해 4월 26일 안보 법제의 위헌 소송을 도쿄 지방재판소에 제기했다.

### 전후 일본으로부터의 결별?

전후 일본으로부터의 '결별'이 시작되었다. 안보 법제의 제안 이유는 '국제 평화 지원법'에 의하면, "국제사회의 평화 및 안전을 위협하는 사태에 있어서 그 위협을 제거하기 위해 국제사회가 유엔 헌장의 목적에 따라 공동으로 대처하는 활동을 행하고 또한 우리나라(일본)이 국제사회의 일원으로서 이것에 주체적이며 또한 적극적으로 기여할 필요가 있을 시에 해당 활동을 행하는 여러 외국의 군대 등에 대한 협력 지원 활동을 행함으로써, 국제사회의 평화 및 안전의 확보를 돕는 것을 목적으로 한다"라고 되어 있다(제1조). 자위대의 해외에서의 군사 활동이 인정되게 되었다. 다만 "대응 조치의 실시는 무력에 의한 위협 또는 무력의 행사에 해당하는 것이어서는 안 된다"라는 제약이 붙었다(제2조 제2항).

자위대법 제76조의 개정으로 자위대의 '존립 위기 사태'에서의 방위(防衛) 출동이 가능해졌다. '존립 위기 사태'란 무엇인가? 2015년의 국회 심의를 통해 존립 위기 사태란 집단적 자위권을 행사할 시의 요건 중 하나이며 "우리나라(일본)와 밀접한 관계에 있는 타국에 대한 무력 공격이 발생하고 이것에 의해 우리나라(일본)의 존립이 위협받고 국민의 생명, 자유 및 행복 추구의 권리가 근저로부터 전복되는 명백한 위험이 있는 사태"를 지칭한다고 규정되었다.

그렇다면 집단적 자위권이란 무엇인가? 이제까지 주권국가의 권리로서 용인되어온 자위권은 개별적 자위권이다. 집단적 자위권은 유엔 헌장의 제51조에서 새롭게 명문화된 권리다. 일본에서는 헌법 제9조에 의해 집단적 자위권은 행사할 수 없다는 정부 해석이 줄곧 계속되어왔다. 그렇지만 전술한 바와 같이, 2014년 7월 1일 제2차 아베 내각은 집단적 자위권을 한정적으로 행사할 수 있다는 "일본을 둘러싼 안보 환경이 변화했기 때문에 헌법 해석을 변경한다"라고 각의 결정했다.

안보 법제는 전후 70년의 역사를 되감는 일본의 근간을 바꾸는 중대사다. 집단적 자위권은 합헌일까, 헌법 해석을 어떻게 하면 처리할 수 있을까? 법이론적으로 이러한 것의 결말은 나지 않는다. 한 연구자가 말한 바와 같이, 집단적 자위권 행사가 군대로서 전쟁하는 것에 다름 아닌 이상, 동 권리를 행사하고자 한다면 일본 헌법의 개정과 자위대의 정식 군대화, 개전(開戰) 규정 등의 정비가 불가결하다는 의견의 쪽이 온전하다(豊下楢彦 外, 2014). 이것 이상으로 헌법 해석에 의한 속임수를 계속 벌일 필요는 없다.

또한 안보 법제에 대해서 중국의 신화사는 즉시 다음과 같이 반응했다.

> 안보 법안은 일본의 나아가는 방향을 바꾸게 될 것이다. 일본의 평화 헌법 전문(前文) 및 제9조의 평화주의, 무력 불행사의 내용에 위반된다. 이것으로 평화 헌법은 공동화(空洞化)되고 유명무실해질 것이다. …… 안보 법안은 나아가 일본의 해외 파병의 충동을 자극한다. 전수 방위(專守防衛)의 일본의 전후 안보 정책에 중대한 변화를 생겨나게 하고 …… 전후 국제 질서 배치가 동요되고 유린되며 아시아의 장래의 안전에 잠재적 위협을 초래하게 될 것이다(新華社, 2015.9.13.).

안보 법제는 일본의 미래를 크게 좌우한다. 중일 간에 '힘으로 대항하는' 새로운 관계가 생기게 된다. 바로 지금 중국도 일본도 각각 힘을 통제하고 외교와 교섭, 그리고 법률로 동아시아의 신질서를 만들어내지 않으면 안 된다.•

---

• 중일 관계에 대한 최근 연구로는 다음을 참조하기 바란다. エズラ・F・ヴォーゲル, 益尾知佐子 譯, 『日中関係史』(日本經濟新聞出版, 2019); 李彦銘, 『日中関係と日本経済界』(勁草書房, 2020); 張雲, 『日中相互不信の構造』(東京大學出版會, 2021). _옮긴이 주

제6장

모델로서의 미중 관계

## 1. 미중과 중일: 그 대비

### 미국의 대중 인식

이 장에서는 중일 관계를 제쳐두면서 고려된 바와 같이, 중국의 첫 번째 파트너이며 라이벌이기도 한 미국과 중국의 관계를 중일 관계와 대비하여 살펴보고자 한다. 주로 1979년의 국교 정상화 이후를 대상으로 한다. 몇 가지 배울 점이 있을 것임에 틀림없다.

사실 미국은 중국 정책에서 수차례 정도의 쓰라린 경험이 있었다. 이 장에서 강조하는 '제도화된 미중 관계'는 그러한 실패 경험을 학습한 결과라고도 할 수 있다. 온건파의 중국 연구자 데이비드 램프턴(David Lampton)은 2007년 미국은 대중 오인(誤認)의 결과 중국 정책에 있어서 몇 가지의 오류를 범해왔다고 한다. 첫째, 1950년 10월에 중국의 한국전쟁 개입을 예측하지 못했던 것, "전쟁에 피로해진 베이징 정부가 한반도 통일에 대해서 미국의 드라이브에 개입할 가능성을 염두에 두지 않았다. 이것과 다른 잘못된 판단이 한국전쟁에 대한 베이징의 개입을 초래하고 중국, 미국, 한반도 주민들에게 거대한 대가를 지불하게 했다"라고 한다.

둘째, 1993년 클린턴 정권에 의한 중국의 힘에 대한 과소평가다. 클린턴 대통령은 최혜국 대우와 인권 문제를 연계해 중국에 인권 문제로 압력을 가했는데, 중국은 예측하고 있던 이상으로 거칠었다. 클린턴 정권은 '꼴사나운 유턴'을 하도록 압박을 받았고, 그 결과 워싱턴의 인권에 관한 강경 자세는 레토릭에 불과하며 워싱턴에 있어서 인권은 전략적 이익과 비즈니스의 이익보다 하위에 있다는 확신을 베이징 정부가 갖도록 만들어버렸다고 반성한다.

셋째, 북핵 문제 6자회담을 둘러싸고 진행되고 있다. 램프턴에 의하면, 미국은 한반도에 있어서의 베이징의 영향력을 과대시하는 경향이 있다고 한다(Lampton, 2007).

마찬가지로 온건파인 해리 하딩(Harry Harding)도 1970년대 말, 미국과 중국은 소련에 대항하는 준(準)전략 관계를 체결했는데 그것은 미국이 중국의 전략역량을 과대평가하고 중국 외교의 '예술'에 감쪽같이 넘어갔다고 후회하고 있다. 미국의 중국 연구의 중심이었던 미셸 옥센버그(Michel Oksenberg)는 1989년 당시 중국의 민주화의 미래에 대해서 미국의 연구자 중에 다수가 너무 낙관시하며 많은 오인을 했고, 중국 연구자(China watcher)는 '모두 참회'할 필요가 있다고 술회하고 있다(News Week, 1989.6.16.).

## 미중 간의 이슈

미중 양국은 다음과 같이 적어도 네 가지 영역의 이슈를 갖고 있다.

- 안전보장과 세력 균형, 국제 질서, 국제 규칙을 둘러싼 마찰 및 분기
- 경제적 이익(양국 간 및 다국 간)의 충돌
- 타이완 문제의 '관리'를 둘러싼 분기 및 충돌
- 인권·가치를 둘러싼 분기와 충돌

한편 중일 간에 있는 것은 ① 영토·영해·경제적 이익, ② 지역에 있어서의 파워 리더십, ③ 역사 인식과 가치의 세 가지 영역의 이슈다. 세 가지 영역의 이슈가 복잡하게 뒤엉켜 풀어낼 수 없다는 것, 특히 ③의 이슈가 이성화(理性

化) 및 정식화(定式化)하기가 매우 어려운 것 등의 난제가 중일 간에 있다. 미중 간의 네 가지 이슈도 각각 심각하지만, 미중은 역사적으로 이러한 것을 '관리' 해왔으며, 또한 관계를 제도화함으로써 문제가 발생했을 때의 처리가 가능한 상황이 되고 있다.

## 미중 관계와 중일 관계의 대비

그렇다면 감정화(感情化)되고 있는 중일 관계를 고려할 때에 미중 관계를 하나의 모델로서 생각해보는 것은 의의가 있다. 거대하고 불투명하고 문명·이데올로기 측면에서 이질적인 중국과의 관계에 고려하고 있는 것은 미국도 일본도 마찬가지다. 하지만 이 두 가지의 양국 간 관계에는 같은 수준에서 비교하는 것을 주저하게 만드는 다음과 같은 기본적인 차이점도 있다.

첫째, 중일과 달리 미중 간에는 역사적 여한이 거의 없다. 20세기 초 8개국 연합군에 의해 청나라는 침략을 받았는데, 이는 역사의 뒤안길로 사라진 과거의 사건이다. 1950~1953년에 미중 양국군은 한반도에서 직접 전투는 했지만, 미중 간의 국교 정상화 시에 전후 처리의 문제로 인해 분쟁이 일어났던 적도 없다. '하지 않았으면 좋았을' 한국전쟁에서 '배웠고', 1960년대에는 양국의 지도자는 직접 대결을 주의 깊게 피했다. 양국 정부 차원에서도 국민 차원에서도 원한을 갖고 있지 않지 않은가? 이것이 미중과 중일 두 가지 양국 간 관계의 차이점이라고 할 수 있다.

둘째, 미국의 대중 정책은 1972년의 닉슨 방중으로부터 오늘날까지 거대하며 발전하고 있지만, 불투명한 중국을 국제사회에 관여시키고 있다는 점에서 일관성이 있다. 하딩에 의하면, "관여·통합·원조의 세 가지 요소로 구성되는 다원적 전략"이며, 중국이 제2의 경제대국이 된 이후부터 부상하는 중국에 대한 대응[재균형(rebalance)]이 더해졌다고 한다(ハーディング, 2015). 애당초 그 기본 노선에 대한 비판도 일관되고 있지만, 이제까지는 소수파였다. 예를 들면 제임스 만(James Mann, 전 《로스엔젤리스타임스》 기자)은 타이완을 희생시

켜 대중 관계를 서둘렀던 점이나 일당독재를 허용하고 있는 미국의 대중 외교를 계속해서 비판하고 있다. 또한 허드슨 연구소(Hudson Institute)의 마이클 필스베리(Michael Pillsbury)는 "취약한 중국을 돕는다면 중국은 결국 민주적이며 평화적인 대국이 된다. 하지만 중국은 대국이 되어서도 지역 지배, 실로 세계 지배를 목표로 삼지 않는다"라는 '가설'은 중국의 '매파'를 과소평가하는 것으로 "위험할 정도로까지 잘못된 것이다"라는 것이 나날이 명백해지고 있다고 통렬하게 주류를 비판한다. 필스베리는 건국 100주년에 해당하는 시기까지 중국은 세계의 경제, 군사, 정치의 지도자로서의 지위를 미국으로부터 탈취한다고 논하며, 매파가 장악하고 있는 중국의 움직임에 강한 경고를 발하고 있다.

시진핑 정권의 강경한 내외 정책, 중국의 제2의 경제대국화 등을 계기로 하여 미국 내에서는 이제까지의 미국의 대중 친화 정책이 잘못되었던 것이 아닌가 하는 의논, 말하자면 '중국 정책을 둘러싼 제3의 대논쟁'이 일어나고 있다. 데이비드 샴보(David Shambaugh)가 2015년 봄에 ≪월스트리트저널≫에 게재한 "중국공산당 통치의 최종막이 시작되었다"라는 주제의 논고에서 머지않아 혼란 속에 현재의 레짐이 붕괴할 것이라고 예측했다. 이것도 '대논쟁'의 일단이라고 할 수 있을 것이다.

중국이 글로벌 대국으로 도약하고 미국의 패권에 (멀리서부터) 도전하게 된 지금, 미국에서 수십 년 만에 중국 정책을 둘러싸고 대논쟁이 일어난 것도 당연할 것이다. 하지만 필자는 세계의 세력 균형상 미국이 정치적으로도 경제적으로도 '제2의 초강대국' 중국을 필요로 하고 있다는 점, 예측할 수 있는 장래에 중국은 결코 미국과의 결정적인 대결은 선택하지 않을 것이라는 점 등으로부터 미국의 '관여·통합·원조의 세 가지 요소로 구성되는 다원적 전략'이 크게 변할 가능성은 대단히 적다고 생각한다. 특히 미국 재계의 주류는 세계 제2위의 경제체(經濟體)인 중국과의 경제 관계의 진전을 무엇보다 필요로 하고 있다. 요컨대 '느슨한 대중 컨센서스'는 동요하지 않을 것이다.

그렇다면 중국에 있어서 대미 정책을 둘러싸고 심각한 국내 이견(異見)이 존재할까? 중국의 싱크탱크 및 학계에서는 대외 정책, 대미관을 둘러싸고 ① 대미 친화파[왕지쓰(王緝思) 베이징대학 교수 등], ② 중간파[주펑(朱峰) 난징대학 교수], ③ 강경한 현실주의파[옌쉐퉁(閻學通) 칭화대학 교수]의 세 가지로 나뉘고 있는데, 주류는 미국과의 관계의 안정화를 추구하고 미국의 헤게모니에 근본적인 이의신청을 하지 않는 그룹이라고 여겨진다.

즉, 미중 모두 정권 차원, 여론 차원에서는 상대국에 대한 친화적이며 서로에 대한 신뢰로 뒷받침되는 느슨한 컨센서스가 있다. 중일이 지도자 간에서도 국민 차원에서도 불신감이 강하고 불친화감이 80~90%나 되고 있는 것과는 크게 차이가 난다.

마지막으로 미중과 중일 간에는 또 하나의 커다란 차이점이 있다. 양국 관계가 기본적인 안정 상황에 있으면서 1990년대 이래 미중 양국은 정부 간 관계의 '제도화'에 커다란 에너지를 주입해왔으며, 그것에 성공하고 있다. 이 책의 앞부분에서 강조하고 있는 바와 같이, 중일 관계에서의 제도의 취약함, 관계의 인격화와는 본질적으로 다르다. 이것이 두 가지의 양국 간 관계에서 두드러진 차이를 가져오고 있다.

## 미중 관계의 구조적 특징

톈안먼 사건 이후인 1990년대부터 클린턴 정권, 부시 정권, 오바마 정권 시기의 양국 관계의 구조를 살펴보면, 다음과 같은 특징이 있다.

첫째, 1979년의 국교 정상화 이래 안전보장, 위기관리, 경제관계 강화, 문화·인적 교류 등 다양한 영역에 걸친 정부 간의 크고 작은 채널이 구축되고 기능하고 있다. 주축이 되고 있는 것은 2006년 출범한 미중 전략경제대화(S&ED)다. 부시 정권 시기에 5회, 2009년부터 2016년까지 오바마 정권 시기에는 8회, 모두 대단히 정기적으로 개최되고 있다(〈표 6-1〉, 〈표 6-2〉 참조). 또한 미국 측 정보[데이비드 돌라(David Dollar) 세계은행 중국·몽골 국장]에 의하면, 2010년 단계에서 미중 간에는 90개의 정기적인 대화, 협의, 회의, 메커니즘이 움직이고 있다고 한다.

둘째, 지도자 간에 상호 신뢰, 상호 안심이 양성되고 있다. 그것을 보장하고 있는 것은 상대국에 대한 '기본 원칙'이 미국도 중국도 시대를 거치며 계승되어 서로 간에 승인되고 있기 때문이다.

시진핑 정권이 출범한 것은 2012년이었는데, 그는 그 이래 '신형(新型) 대국 관계'의 다음과 같은 네 가지 원칙을 대미 교섭 시에 항상 확인하고 있다. 그것은 ① 대립하지 않고(no confrontation), ② 분쟁하지 않으며(no conflict), ③ 상호 존중하고(mutual respect), ④ 상호 윈윈의 협력(win-win cooperation)이라는 것이다.

한편 미국은 1972년의 닉슨·키신저 외교 이래, '타이완 문제에 대한 미국의 세 가지의 노(No)'를 항상 쌍방에서 재확인하고 있다. 즉, ① 타이완 독립을 지지하지 않고, ② 두 개의 중국, 한 개의 중국·한 개의 타이완을 지지하지 않으며, ③ 국가를 요건으로 하는 그 어떤 조직의 멤버로 삼지 않는다는 것이다. 1996년에는 리덩후이(李登輝)의 총통 선거를 둘러싸고 '타이완 해협의 위기'가 발생했는데, 클린턴 대통령이 재차 확인함으로써 미중 간의 위기의 확대를 피할 수 있었다.

셋째, 엘리트 인재의 '미국화'가 양국 권력 상호 간의 기본적인 신뢰 관계 구축을 밑받침하고 있다. 1980년대부터 중국의 우수한 인재가 하버드대학 법과 대학원과 MBA 과정에서 훈련받았고, 그들의 대다수는 국제기관의 엘리트 또는 중국의 경제 관청의 핵심을 담당하고 있다. 베이징대학 학파, 칭화대학 학파와 나란히 하버드대학 학파가 중국을 통치하는 시대에 들어갔다. 최대의 성과는 미중 간에 걸친 '하버드대학 학파'의 사이에서 육성된 신뢰감이 미중 고위급의 인격적 신뢰 양성에 기여하고 있는 것처럼 여겨진다.

## 2. 미중 관계의 제도화: 안전보장과 위기관리

### 여러 분야의 정기 협의 네트워크

2006년 이래의 미중 대화중에서 특히 중요한 것은 다음의 네 가지다.

- 전략 경제대화(S&ED: 2006년 출범, 외교장관 혹은 부총리급)
- 전략 안보대화(SSD: 2011년 출범, 외교차관·국방차관급)
- 국방차관급 협의(1997년 출범)
- 인적 문화 교류 고위급 대화(2010년 출범)

이상의 네 가지는 많은 경우 연 1회, 전략 경제대화의 전후로 함께 개최되고 있다.

오바마 정권 시기의 제2차 전략 경제대화(2010년 5월)를 살펴보도록 하겠다. 후진타오 주석, 원자바오 총리도 출석했고 연설했는데 전략 안보 분야는 힐러리 클린턴(Hillary Clinton) 국무장관과 다이빙궈 국무위원, 경제 분야는 티머시 가이트너(Timothy Geithner) 재무장관과 왕치산(王岐山) 부총리가 주재했다. 미국 측 대표단은 합계 200명가량이었고, 쌍방에서 500명이 참석한 초대형 회의가 되었다. 안보 영역에서는 미중 군사협의도 이루어졌다. 원자력의 안전에 관한 협력 각서, 셰일가스의 공동개발 협의 등 합계 7개 항목의 합의문서가 작성되었다.

다음으로 국교 정상화 35주년 시에 열린 제2기 제6차 전략 경제대화(2014년 7월)를 살펴보도록 하겠다.

- 전략 대화[존 케리(John Kerry) 국무장관, 양제츠 국무위원]: 116개 항목합의
- 경제 대화[제이컵 루(Jacob Lew) 재무장관, 왕양(汪洋) 부총리]: 미중 투자협정 본격 교섭 개시에 합의

• 병행 협의: 전략 안보대화

　미국: 윌리엄 번스(William Burns) 국무부장관, 크리스틴 워무스(Christine Wormuth) 국방차관

　중국: 장예쑤이(張業遂) 외교부 부부장, 왕관중(王冠中) 부총참모장

• 병행 협의: 인적 문화 교류 고위급 대화

또한 이 밖에 다음과 같은 메커니즘이 움직이고 있다.

• 해양법과 극지(極地) 사무 대화
• 합동 상업 무역 위원회
• 군민(軍民) 사이버 문제 워킹그룹
• 해양보호 특별회의
• 핵 비확산 협력
• 반테러 사무 협의
• 법률 고문협의 등

### 제1·2기 미중 전략 경제대화 리스트

부시 정권 시기, 오바마 정권 시기를 합쳐서 합계 16년간 양국의 대화 채널을 살펴보도록 하겠다.

부시 정권 시기에 5회의 미중 전략대화가 개최되었다. 쌍방은 이 메커니즘을 출범시키는 데 있어서 미중은 ① 어떻게 중국을 보는가, ② 어떻게 미국을 보는가, ③ 어떻게 세계를 보는가, ④ 어떻게 협력을 보는가, ⑤ 어떻게 의견의 차이를 보는가를 의논한다는 것에 합의를 했다고 한다.

2006년에 출범한 미중 전략 경제대화는 오바마·시진핑 정권에 계승되었는데, 이미 13회를 셈하고 있다. 그러한 것은 다음과 같은 특징을 갖고 있다.

우선 이 대화 메커니즘이 외교장관급 내지 부총리급에 해당하는 고위급의

표 6-1_ 제1기 미중 대화(부시·후진타오 정권 시기)

| 일시 | 대화 명칭 | 장소 |
|---|---|---|
| 2006.12.14.~15. | 제1차 S&ED | 베이징 |
| 2007.5.22.~23. | 제2차 S&ED | 워싱턴 |
| 2007.12.12.~13. | 제3차 S&ED | 베이징 |
| 2008.6.17.~18. | 제4차 S&ED | 아나폴리스(Annapolis) |
| 2008.11.4.~5. | 제5차 S&ED | 베이징 |

포괄적인 대화라는 점이다. 세계은행의 중국·몽골국장 데이비드 돌라는 미중의 이 대화 메커니즘에 대해서 이제까지의 메커니즘과 비교해서 이 전략 경제 대화는 최고 레벨이 참가하고, 참여하는 부문이 가장 많고 의제도 가장 광범위하며 "의견의 차이를 컨트롤하고 상호 신뢰를 양성하고 협력을 촉진하기 위한 독특한 플랫폼"을 제공하고 있는 것으로 평가하고 있다(中美印象周報, 第108期, 2016.6.5.). 13회까지는 그러한 평가를 만족시키고 있다.

둘째, 대화 메커니즘이 여러 영역에 걸쳐 있다는 점이다. 〈표 6-2〉에서 볼 수 있는 바와 같이, 도중(途中)부터 전략 경제대화에 맞추어서 미중 간의 중요한 안보대화, 즉 전략 안보대화와 인적 문화 교류 고위급 대화 등을 같은 시기에 개최하고 전자는 이미 6회를, 후자는 7회를 셈하고 있다.

이상과 같은 제도화가 미중에서는 진전되고 있다. 우리가 포착할 수 없는 채널도 있을 것이며, 이 책에서는 다루지 않는 다국 간의 채널과 네트워크도 다수 움직이고 있다. 미국에서는 중국의 부상에 대응하는 데 있어서 반드시 국론이 일원화되고 있지 않다고 말해지는데, 양국 관계 그 자체의 안보 환경은 정비되고 있다고 말할 수 있다. 이 점은 도덕, 감정 및 인간에게만 의존해왔던 중일 관계가 배우지 않으면 안 되는 중요한 포인트라고 할 수 있다.

표 6-2_ 제2기 미중 대화(후진타오-시진핑 정권 · 오바마 정권)

| 일시 | 대화 명칭 | 출석자 |
|---|---|---|
| 2009.7.27~28. | 제1회 S&ED | 왕치산 부총리, 다이빙궈 국무위원,<br>클린턴 국무장관, 가이트너 재무장관 |
| 2010.5.24~25. | 제2회 S&ED | 왕치산 부총리, 다이빙궈 국무위원,<br>클린턴 국무장관, 가이트너 재무장관 |
| 2011.5.9. | 제3회 S&ED<br>제1회 SSD | 왕치산 부총리, 다이빙궈 국무위원,<br>클린턴 국무장관, 가이트너 재무장관,<br>장즈쥔 외교부 부부장,<br>마샤오톈(馬曉天) 부총참모장,<br>제임스 슈타인버그(James Steinberg) 국무부 장관,<br>미셸 플러노이(Michele Flournoy) 국방차관 |
| 2012.5.3~4. | 제4회 S&ED<br>제2회 SSD | 왕치산 부총리, 다이빙궈 국무위원,<br>클린턴 국무장관, 장즈쥔 외교부 부부장,<br>번스 국무부장관,<br>제임스 밀러(James Miller) 국방차관 |
| 2013.7.10~11. | 제5회 S&ED<br>제3회 SSD<br>군민 사이버 문제 작업<br>워킹그룹 | 왕양 부총리, 양제츠 국무위원,<br>장예쑤이 외교부 부부장,<br>케리 국무장관, 루 재무장관, 번스 국무부장관 |
| 2014.7.9~11. | 제6회 S&ED<br>제4회 SSD | 왕양 부총리, 양제츠 국무위원,<br>장예쑤이 외교부 부부장, 왕관중 부총참모장,<br>케리 국무장관, 루 재무장관, 번스 국무부장관,<br>워무스 국방차관 |
| 2015.6.22~24. | 제7회 S&ED<br>제6회 인적 문화 교류<br>고위급 대화<br>제5회 SSD | 왕양 부총리, 양제츠 국무위원,<br>류옌둥(劉延東) 외교부 부부장,<br>케리 국무장관, 루 재무장관 |
| 2016.6.5~7. | 제8회 S&ED<br>제6회 SSD<br>제7회 인적 문화 교류<br>고위급 대화 | 왕양 부총리, 양제츠 국무위원,<br>장예쑤이 외교부 부부장,<br>조 바이든(Joe Biden) 부통령, 케리 국무장관,<br>루 재무장관,<br>토니 블링컨(Tony Blinken) 국무부장관 |

## 트럼프 정권과 미중 관계

대부분의 예상과 달리, 2016년 가을 제45대 미국 대통령에 공화당 소속 '부동산 왕' 도널드 트럼프(Donald Trump)가 선출되었다. 외교의 '베테랑' 클린턴과는 완전히 대조적인 신임 대통령인 만큼 대중 관계의 불안정이 예측된다. 곧 취임하기 전인 12월 2일 차이잉원(蔡英文) 타이완 총통과 직접 전화로 회담을 하고, 12월 중순에는 미디어의 인터뷰에서 "하나의 중국 정책에 대해서는 충분히 이해하고 있지만, 중국과 무역 등에 대해서 합의도 이루어지지 않는 한, 왜 견지할 필요가 있는 것인지 알 수 없다"라는 등 중대한 의심을 논해 중국 정부를 경악하게 했다[News Week(日本語版), 2016.12.12.]. 선거 기간 중에도 중국이 미국의 고용을 빼앗아가고 있다고 비판하고 중국 제품에 대한 관세를 대폭적으로 인상한다고 위협하면서 중국을 차갑게 대했다.

2017년 1월 20일의 취임 연설에서는 "수도 워싱턴으로부터 권력을 국민의 손으로 되돌려주었다"라며 포퓰리즘을 선동했다. 그리고 "자국 군대의 슬퍼해야 할 피폐를 허용하면서 타국 군대를 원조해왔다. 우리 자신의 국경을 지키는 것을 거부하면서 타국의 국경을 방위해왔다"라며, "미국 제품을 구입하고 미국인을 고용한다", 이러한 '단순한 규칙 두 가지'로 '미국 제일'을 사람들의 감정에 호소했다. 트럼프 정권하의 미국이 '비공식적 제국'[후지와라 기이치(藤原歸一)의 발언]의 지위로부터 내려오게 될 것인지는 즉시 판단할 수 없지만, 국제정치 및 아시아의 지역 상황이 불안정해지는 것은 피할 수 없다.

다만 위의 '하나의 중국'을 둘러싼 소동은 백악관의 성명에 의하면 취임 후인 2월 9일 트럼프 대통령이 시진핑 주석에게 직접 '장시간' 전화를 하고 "트럼프 대통령은 시진핑 주석의 요구에 부응하여 우리의 '하나의 중국' 정책을 유지하는 것에 동의했다. 미중 정상은 상호 이익에 관련된 다양한 문제에 대해서 대화와 교섭을 행해 나아간다"라고 합의했다. 시진핑도 우호적으로 "대통령이 하나의 중국 정책에 대해 지지한 것에 중국은 감사한다"라고 논했고, "미국과 중국은 협력적 파트너이며, 공동의 대처를 통해서 양국 간 관계를 역사적인 고도(高

度)로 올릴 수 있다고 믿고 있다"라고 말했다고 한다(≪News Week Japan≫, 2017. 2. 10.).

트럼프의 이러한 궤도 수정에는 렉스 틸러슨(Rex Tillerson) 국무장관 등의 강한 움직임이 있었다고 알려져 있다. 또한 이 사이에 중국이 상당히 냉정하게 대응했던 것은 매우 흥미롭다.

미중 간에는 타이완 문제, 무역 불균형에서의 마찰, 인권 문제 등의 양국 간 이슈 외에, 동아시아의 전략 관계, 해양 질서를 둘러싼 패권 경쟁이 있다. 미중 양국 간 관계는 '하나의 중국' 소동으로 베이징이 냉정하게 대응했던 것이 이야기되고 있는 것처럼, 커다란 파란은 없었을 것이다. 그렇게 말하는 것도 이미 소개했던 바와 같이, 양국 간의 관계는 다양한 분야의 채널에서 제도화되고 있으며 또한 상호 신뢰가 양성되고 있기 때문이다. 무엇보다 중국에는 한국전쟁의 교훈 및 미국과 군사력으로 전면 대결했던 옛 소련이 처참하게 붕괴했던 역사의 교훈이 있다. 미국과 일전을 치르는 위험을 무릅쓸 이유가 없는 것이다.

다만 동아시아의 전략 관계에 대해서는 향후 불안이 따라다닌다. 중일·한일·한중 각각의 양국 간 관계가 많은 문제를 안고 있기 때문에 미국의 안정적 리더십은 불가결함에도 트럼프의 미국이 그것을 제공할 수 없을 것이기 때문이다. 중국도 일본도 미국이 제공하는 안전보장에 지나치게 의존하는 것은 매우 위험하다. 각각이 군비 확장 노선이 아닌 길을 걷고, 교섭과 대화 및 법을 통해서 이 지역에서의 분쟁을 억지하는 메커니즘을 협력하며 구축해 나아가야 할 것이다.•

• 도널드 트럼프 정권에서 조 바이든 정권으로의 이행기에서의 미중 관계에 대해서는 다음을 참조. 가와시마 신·모리 사토루 공편, 이용빈 옮김, 『美中 신냉전?: 코로나19 이후의 국제관계』(한울엠플러스, 2021). _옮긴이 주

## 3. 또 하나의 모델: 제도화된 중러 관계

### 전략 협력 파트너십

중국이 '제도화'에 성공하고 있는 또 하나의 양국 간 관계는 1990년대 후반부터의 대(對)러시아 관계이다. 우선 1991년의 동부 국경 협정, 1994년의 서부 국경 협정, 1996년의 국경 지구(地區)에서의 상호 병력 삭감 협정, 러시아를 포함한 5개국 간의 국경 지구 군사 영역에서의 신뢰 강화 협정, 2004년의 동부 국경 보충 협정 등으로 4,300km의 국경의 안정과 병력 삭감이 행해졌다. 또한 1996년에는 장쩌민 국가주석이 러시아를 방문하여 양국의 '전략 협력 파트너십'이 시작되었다. 2001년 7월에는 선린 우호 협력 조약이 체결되었다. 2011년에는 전면적 전략 협력 파트너십 관계로의 새로운 단계에 진입했다.

1990년대 말부터 2010년대까지 중러 간에는 다음과 같은 메커니즘이 가동되었으며, 정례화되고 있다. 대통령과 국가주석의 정상회담, 총리급의 정기 협의는 1990년대 말부터 20년 가깝게 매년 수차례 행해지고 있다.

- 총리의 정기 협의(1996~): '중러 총리 정기 회담 위원회'를 설치
- 정상회담(1997~)
- 국방장관 정기 협의(1993~): '국방부 협력 협의', '국방장관 정기 회담 메커니즘' 설치, 1994년에 '중러 위험 군사 활동 예방 협정' 체결
- 전략 안보 협의(1997~): 군대 간에 행해지며 2016년 6월에는 제18차 전략 협의가 이루어졌다. 중국 측은 양제츠 국무위원, 쑨젠궈(孫建國) 부총참모장, 러시아 측은 세르게이 루즈코이(Sergey Rudskoy) 부총참모장 참석
- 전략 안정 협의(1998~): 외교차관급이며 2016년 9월에는 제12차 정기 협의가 개최되었음. 중국 측은 멍젠주(孟建柱) 정법위원회 서기, 양제츠 국무위원, 러시아 측은 니콜라이 파트루쇼프(Nikolai Patrushev) 안전보장회의 서기 참석
- 국가 안보 협의(2005.2~): 부총리급

- 중러 동북아시아 안보 협의(2013~): 2016년 7월 제4차 협의가 행해져, 중국 측은 외교부장조리, 러시아 측은 이고르 모르굴로프(Igor Morgulov) 외교차관 참석

이 밖에 다음과 같은 메커니즘도 존재한다.

- 반(半)민간 협력의 제도화(1997~): '중러 우호·평화와 발전위원회' 설치
- 교육 문화 위생 체육 협력위원회(2000~)
- 반테러리즘 공작팀(2001~): 외교차관급
- 국경 주둔 부대 정기 협의 메커니즘(2002~)
- 의회의 정기 협의 메커니즘(2003~): 2006년에 '중러 의회 협력위원회' 설치

## 제도 축적의 효과

이 중에서 특히 주목되는 것은 2005년 2월에 출범한 '중러 국가 안보 협의'다. 이것은 부총리급의 대화 메커니즘으로[탕자쉬안(唐家璇) 국무위원·이고르 이바노프(Igor Ivanov) 안전보장회의 서기], 중국이 오로지 러시아와의 사이에 설치한 채널이다. 같은 해의 5월과 8월에 시작된 대일 전략대화, 대미 전략대화와 비교하면 "레벨이 높고, 종합성이 강하며, 내용이 정치·경제·국방 등 여러 영역에 미치고, 이 메커니즘을 통해서 중러의 지도자는 더욱 깊고 솔직하게 대화하며, 양국 간 관계의 많은 것을 직접 결정할 수 있다"라고 일컬어진다(《環球時報》, 2005.10.21.).

또한 경제 분야에서는 1996년에 설치된 총리 정기 회담 위원회의 아래에서 경제 무역 협력, 과학 기술 협력, 운수 및 자원 협력, 은행 협력, 핵 문제, 통신과 정보 기술 등 10개 분야의 분과회가 가동되고 있다.

'전략 협력 파트너십'을 구가하고 있고, 일부에서는 준(準)동맹이라고 평가되기도 하는 관계이지만, 실은 중러 간에는 다양한 까다로운 문제가 있다. 중국 경제의 대규모 침투와 대량의 합법·불법 이민은 러시아의 극동부·시베리

아 지구에 '중국 위협론'과 중국인 배척의 움직임을 가져왔다. 이 문제에 대해서는 '중러 이민 문제 연합 공작팀' 등을 만들어 대응하고 있다. 또한 중앙아시아의 자원을 둘러싸고 잠재적인 대항 관계도 강하다. 2001년에 상하이협력기구(SCO: Shanghai Cooperation Organization)를 만들었던 것은 대항 관계를 완화시키기 위한 제도 구축에 도움이 되고 있는 것처럼 보인다.

냉전 시기에 중국과 옛 소련의 관계는 대단히 불안정했다. 1950년대의 동맹 관계는 안보상의 이익 불일치와 마오쩌둥과 니키타 흐루쇼프(Nikita Khrushchev)의 개인적 대립을 계기로 하여 불신 관계에 빠졌고, 1960년대에는 이데올로기의 대립이 국가 간 대립으로 연결되었으며, 결국 1970년대에 들어서자 중국은 옛 소련을 '주요 적(主要敵)'으로 설정했다. 냉전 이후 중러 관계의 '제도화'는 과거의 중소 관계가 비제도적으로 오로지 이데올로기와 지도자의 개인적 관계에 의해 만들어졌고, 그 때문에 국가 간의 이해를 둘러싼 분쟁을 처리하지 못하고 극단에서 극단으로 전환되었던 것에 대한 반성으로부터 나왔다. '세트가 된 규칙과 조직 기구가 없고 지도자를 효과적으로 제약하지 못했다'라는 교훈이다. 중국의 한 학자는 1990년대 이래의 중러 관계를 제도 구축, 그리고 제도 축적의 성공 사례로 간주하고 그것이 "중러 관계의 지속적 발전을 보장한다"라고 논하고 있다(楊成, 2007).

물론 글로벌 차원에서도 지역적인 차원에서도 공통의 전략 이익을 갖는 전략 협력 파트너 관계를 심화시키고 있는 중러 관계를 중일 관계의 모델로 삼을 수는 없다. 하지만 대국 간의 관계의 안정화, 지속화 등의 점에서 중러 간의 제도화 프로세스는 참고가 된다.• 제도 구축과 제도 축적 외에는 어떠한 양국 간 관계도

---

• 2019년 중러 양국은 '중러 신시대 전면 전략협력 파트너 관계(中俄新时代全面战略协作伙伴关系)'로 양국 관계를 제고시켰다. 2021년 중러 양국의 무역액은 1,468.87억 달러로 전년 동기 대비 35.8% 증가했으며, 중국은 12년 동안 계속해서 러시아의 제1위 무역 상대국이 되었다. 또한 2020~2021년 '중러 과학기술 혁신의 해'로 삼아

지속적, 안정적 관계를 보장할 수 없다. 실로 일본에 있어서도 중국은 '자리매김' 하기가 어렵고, 중국에 있어서도 일본은 '자리매김'하기가 어렵기 때문이다.

양국 관계를 심화시켰다. 한편 블라디미르 푸틴 러시아 대통령과 시진핑 중국 국가주석은 2023년 3월 21일 모스크바에서 전날에 이어 약 3시간 동안 회담을 했고 양국 정상은 공동성명에 서명하며 대화를 통해 우크라이나 위기를 해결하는 것을 강조했다. 회담이 종료된 이후의 기자회견에서 푸틴은 우크라이나 침공을 둘러싼 중국의 '평화 방안'에 대해 서방 국가들과 우크라이나가 긍정적이라면 해결로 이어질 수 있다고 말하고 대응해줄 것을 요구했다. 또한 4월 4일 리창(李强) 중국 총리는 4월 4일 미하일 미슈스틴(Mikhail Mishustin) 러시아 총리와 전화회담을 하고 양국 간의 협력 강화를 확인했다. 아울러 4월 16일 푸틴은 모스크바에서 리상푸(李尚福) 중국 국무위원 겸 국방부장과 회담하고 중러 양국의 군사협력이 "양국 간 전략적 관계와 신뢰를 강화하고 있다"라고 강조했다. 이에 대해 리상푸는 양국 간 군사협력에 대해 "세계와 지역 안보에 기여하고 있다"라고 지적하며 냉전 시대보다 견고하다고 주장했다. 그리고 4월 18일 리상푸는 세르게이 쇼이구(Sergei Shoigu) 러시아 국방장관과 회담을 하고 "취임 이후 최초로 방문한 국가가 러시아가 된 것은 세계에 중러 관계 발전의 높은 수준을 알리는 것과 함께 양국 군의 전략적 협력 강화를 향한 군은 결의를 보여주기 위한 것이다"라고 말하며 3월에 회담했던 푸틴 대통령과 시진핑 국가주석의 합의에 기초하여 '군사협력, 군사기술협력, 군사무역'을 촉진할 생각임을 보였다. 2022년 2월 우크라이나 전쟁 이후의 중러 관계에 대해서는 다음을 참조하기 바란다. 遠藤誉, 『ウクライナ戦争における中国の対ロシア戦略』(PHP 新書, 2022). _옮긴이주

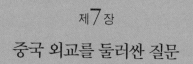

제7장

중국 외교를 둘러싼 질문

## 1. 중국 외교의 전환

핵심어로 파악하기

현대 중국 외교를 독해할 때 핵심어를 파악해보면 중국이 국제 환경과 서 있는 위치의 변화에 맞추어서 민감하고 또한 유연하게 대응해왔던 것을 잘 알 수 있다.

- 전쟁·혁명/평화·발전(냉전 시기·개혁개방 시기)
- 격국(格局, 세력 배치, 1970년대 등장)
- 독립자주(獨立自主, 1982년 등장)
- 구적(球籍, 지구시민의 자격, 1988년 유행)
- 평화적 전복(和平演變, 1990년대)
- 도광양회(韜光養晦, 실력을 숨기며 시기를 기다린다, 1990년대, 덩샤오핑)
- 전략 파트너십(1996년 등장, 장쩌민)
- 책임 있는 대국(1998년 등장, 장쩌민)
- 평화적 부상(平和的崛起, 2003년 등장, 후진타오)
- 조화로운 세계(和諧世界, 2007년 등장, 후진타오)
- 중국의 꿈(中國夢, 2012년 등장, 시진핑)

• 핵심 이익(核心利益, 특히 2010년대부터, 시진핑)

중국은 1950~1970년대의 30년간 전쟁과 혁명의 시대라는 시대 규정으로 국제사회를 대해왔다. 이른바 냉전사고다. 평화와 발전의 시대라는 규정으로 변했던 것은 1978년 말에 채택된 개혁개방 정책이 계기가 되었다. 혁명은 끝났고 건설의 시대에 진입했으며 근대화 정책을 채택한다고 확실히 국책을 확정했던 것은 1980년대 중반이다. 덩샤오핑의 다음의 말이 그것을 상징하고 있다. "과거에 우리는 줄곧 전쟁은 불가피하며 긴급하게 육박해오고 있다고 생각했고 …… 많은 정책이 이 관점으로부터 출발했다. 하지만 최근 수년간의 정세를 자세하게 검토한 결과, 두 개의 초강대국의 어느 쪽도 세계전쟁을 일으키지 않을 것이라는 생각에 이르게 되었다. …… 향후 상당히 긴 기간 동안 대규모의 세계전쟁은 발발하지 않을 것이며, 세계평화의 유지에 희망을 가질 수 있다"(1985년 3월 중앙군사위원회에서의 덩샤오핑의 발언, 『鄧小平文選』 第3卷).

'격국(格局)'은 어려운 용어다. 국제정치에서는 파워 간의 세력 배치를 지칭하는 일이 많으며 유형(pattern), 구조(structure), 레이아웃(lay out) 등에 상당한다. 1972년의 미중 접근으로 중국은 스스로 국제사회의 파워게임(power game)에 들어왔는데, 그 이래 대국 간의 세력 배치, 힘의 균형, 즉 격국이 외교 당국에 있어서의 최대의 관심사다.

'구적(球籍)'은 1988년에 나왔다. 일시 언론계를 석권했던 용어다. 글로벌 시민에 해당하는 자격이라고도 말할 수 있을까? 인권 문제를 포함해서 중국이 세계에서의 이미지에 주목하게 되었다는 것이라고도 할 수 있을 것이다.

### 도광양회
장쩌민·주룽지(朱鎔基)·리펑(李鵬)의 1990년대, 후진타오·원자바오의 2000년대는 핵심어가 대단히 바뀌었다. 중국 외교도 중국의 힘의 성장, 글로벌 대국화의 진전에 맞추어서 변화되어왔다.

‘도광양회’는 그중에서도 가장 중국적인 외교 용어라고 할 수 있다. 중국은 당분간 전면에 나서지 않고 엎드리고 있다가 힘을 충분히 비축한 이후 주도적으로 움직인다는 중국 외교의 사고방식은 1980년대 말부터 1990년대 초, 톈안먼 사건으로 중국이 국제사회에서 고립되고 국제적으로는 사회주의가 붕괴하고 ‘동(東)’의 세계가 쇠락하고 있던 가운데 덩샤오핑 등이 언급했던 사고방식이다. 1990년 12월 24일 덩샤오핑의 “(작금의 혼미한 국제 정세하에서) 제3세계의 일부에서는 중국이 대표를 하면 좋겠다고 요구하고 있지만, 우리는 절대로 선두에 서지 않는다. 좋은 일이 한 가지도 없으며 많은 주도성을 상실해버리게 되기 쉽다”라는 표현이 도광양회의 발단이다. 당시 첸치전(錢其琛) 외교부장이 1995년에 “덩샤오핑의 ‘냉정하게 관찰하고, 입장을 확고하게 견지하며, 침착하게 대응하고, 힘을 숨기며 시기를 기다리고, (때가 되면) 일부 성취를 해내는 것’(冷靜觀察, 沈着應付, 穩住陳脚, 韜光養晦, 有所作爲)의 20자(字) 전략 방침”으로서 정리했고, 1990년대의 중국 외교를 지배했다(錢其琛, 1996).

　문제는 이 도광양회 전략이 중국에서 아직 계속되고 있는지 여부다. 온건하며 리버럴한 왕지쓰마저 2012년에 “(도광양회 전략은) 더 이상 중국의 국익에 걸맞지 않으며 중국의 자세를 포괄적으로 설명하는 것에도 적합하지 않다. 현재 ‘도광양회’가 사용되는 것은 미국에 대한 자세를 말하는 경우에 한정되고 있다”(≪朝日新聞≫, 2012.10.5.)라고 말했다. 한 논자는 확실히 이렇게 말했다. “덩샤오핑 시대에 경제 건설과 좋은 대외 환경을 추구하며 ‘도광양회’ 책략을 채택했다. 영토 문제도 뒤로 미루고, 공동 개발하기로 했다. 이 입장이 2009년까지 계속되었다. 이 시기까지는 민족주의가 중국의 주도적인 국가 정책은 아니었다. 국제사회에의 참여가 중심이었다”라고 한다(丁咚, 2016). 2009년은 중국의 대외전략의 전환기였던 것으로 일컬어진다(이 책의 제9장 제3절 참조).

　‘전략 파트너십’과 ‘책임 있는 대국’이라는 용어는 대국 외교(大國外交)에의 과도기였던 장쩌민 시대의 외교 전략을 반영하고 있다. ‘평화적 부상’과 ‘조화로운 세계'는 힘에 의한 외교보다도 다국 간 협의를 추구했던 후진타오·원자바오 시대(2002~2012), 그중에서도 전반 5년간의 대외전략을 반영하고 있다. 10년간의 후진타오 시기는 전반이 소프트하며 리버럴하고, 후반은 이를테면 강경한 자세로 기울었다.

'중국의 꿈'은 말할 필요도 없이 시진핑 시대의 시작을 보여주는 것이다. '중국의 꿈'과 '핵심 이익'은 2010년대의 강국강병(強國强兵)을 지향하는 당대 중국의 국책을 대표하고 있다. 중국이 '핵심적 이익'을 공식화했던 것은 2011년 9월 6일의 〈평화 발전 백서〉(국무원신문판공실)이다. 동 백서는 '국가의 핵심적 이익'을 ① 국가 주권, ② 국가 안보, ③ 영토 보전, ④ 국가 통일, ⑤ 국가의 정치제도와 사회의 안정, ⑥ 경제·사회의 지속적 발전 등의 여섯 가지로 확정하고 단호하게 이 여섯 가지 이익을 지킨다고 천명했다(이 책의 제9장 제1절 참조).

약 40년의 개혁개방의 시대를 이 12개의 핵심어로 모두 설명하는 것은 불가능하지만, 핵심어로부터 판단하는 한, 중국 외교는 대단히 '중국적'이다. 미국도 일본도 러시아도 40년간의 대외 관계를 수십 개의 핵심어로 논하는 것 등은 생각도 할 수 없기 때문이다. 마오쩌둥 시대를 포함하여 중국 외교는 세계를 번뇌케 해왔다. 어떤 사상(事象)과 변화에 대한 예상 밖의 반응이 많았으며, 무엇보다 정치 결정의 프로세스와 행위자의 투명도가 높아지고 있는 21세기가 되어서도 중국의 그것은 거의 알 수 없는 상황이다. 그 때문인지, 냉전 시기와 탈냉전 시기를 불문하고 자주 오인과 오류를 범해왔다. 여기에서는 한 가지의 사례만을 소개해보도록 하겠다(자세한 것은 이 책의 제6장 제1절 참조).

1989년의 톈안먼 사건(중국인민해방군에 의한 민주화 시위대 무력 진압)에서는 미국의 중국 연구자가 모두 참회했다고 한다. 미국에서도 가장 권위 있는 현대 중국 연구자였던 미셸 옥센버그 미시건대학 교수는 사건 직후에 "많은 동료들도 마찬가지로 생각하겠지만, 나는 앞의 교훈을 곱씹고 있는 중국 관찰자다", 지도부 내의 의견 대립, 꼭대기에서의 정치개혁이 실은 표면적이었을 뿐이라는 것, 지도자 세대 간 동떨어짐이 이처럼 심각했다는 것 등을 간과했다고 고통스러운 고백을 하도록 강요받았다(News Week, 1989.6.19.). 자오쯔양(趙紫陽) 전 총서기 등의 개혁파 지도자, 브레인들의 정치개혁 구상이 순조롭게 실현될 지 모른다고 낙관했으며, 미국형 민주주의가 중국에서도 뿌리를 내리는 것도 기대했다. 자기 가치관의 안경을 통해서 대상을 판단하는 미국인에게 공통되는 소박함이 사태의 심각함을 간과하게 만들었다.

한편 일본에서도 오인이 있었다. 1989년의 5월부터 6월에 걸쳐서 TV, 신문에서 논평했던 중국 연구자의 상당수가 톈안먼 광장에서의 참극 이후 "인민공화국은 해체되었다", "군대 내의 항쟁으로 내전이 일어난다"라고 비극적인 결말을 예상했던 것이다.


## 2. 중국 외교는 공세적인가

### 미국에서의 논쟁

2015년 무렵부터 미국에서는 중국 전략을 둘러싸고 격렬한 논전(論戰)이 있었다. 중국의 실력을 어떻게 평가할 것인가, 중국의 국제 전략을 어떻게 볼 것인가, 작금의 강경 외교에는 권력 내부의 투쟁, 국유기업과 지방이 결부된 이익집단의 돌출이 있는 것이 아닌가, 문민(文民) 특히 외교부의 통제에서 벗어난 중국인민해방군이 독자적인 행동에 내달리고 있는 것은 아닌가 등 의문과 억측이 들끓고 있다. 현재 미국의 중국 전문가를 크게 세 가지 그룹으로 나누면 다음과 같이 분류할 수 있다.

- 비둘기파(온건파)

  비둘기파는 크게 안정된 중국 자체가 미국의 세계 전략과 모순·충돌하지 않는다고 생각한다. 대표 격은 에즈라 포겔(Ezra Vogel) 하버드대학 교수다. 그 자신은 1972년의 미중 화해의 수익자임과 동시에 추진자이기도 한 위에 덩샤오핑 시대의 중국 외교, 미중 관계는 여전히 유효하며 쌍방 모두에게 유익하며 미국의 대중 정책도 크게는 변하지 않는다고 한다.

• 중간파

중간파의 대표 격으로서는 데이비드 샴보와 데이비드 램프턴 등을 들 수 있다. 중국에 대한 안정적이며 냉정한 인식으로 평판이 나 있던 샴보가 "중국공산당 통치의 최종막이 시작되었다"라는 글을 ≪월스트리트저널≫에 기고하여 커다란 화제가 되었다. 엘리트의 해외 탈출, 시진핑에 대한 과도한 권력 집중과 인권파(人權派)에 대한 억압, 해방군의 독립적 움직임으로부터 시진핑 정권의 통치 능력에 커다란 의문을 제기했다. 하지만 그에게 있어서 권력의 붕괴는 천천히 진전되며 가까운 장래의 돌발 사태는 상정하고 있지 않은 것으로 보인다.

• 매파(강경파)

매파로서 거론되는 것은 허드슨 연구소의 마이클 필스베리 연구원 등이라고 할 수 있다. 『차이나 2049(China 2049)』에서 그는 "중국은 우리와 마찬가지의 사고방식을 지닌 지도자가 이끌고 있고, 취약한 중국을 돕는다면 중국은 결국 민주적이며 평화적인 대국이 되며, 그리고 중국은 대국이 되더라도 지역 지배, 실로 세계 지배를 목표로 하지 않는다. …… 이러한 가설은 모두 위험하기까지 할 정도로 잘못되었다. 현재 그 오류가 중국이 행하는 것, 행하지 않는 것에 의해 나날이 명백해지고 있다"라며 이제까지의 대중 유화(宥和) 정책을 철저하게 비판하고 있다(ピルスベリー, 2015). 그의 견해에 의하면, '강한 중국'은 미국에게 위협 외에 아무것도 아니다.

또한 아론 프리드버그(Aaron Friedberg) 프린스턴대학 교수는 작금의 중국은 대국화하여 현상 유지 국가가 아니며, 미국 내에서 의논되고 있는 대중 전략에는 다음 여섯 가지 선택지가 있을 수 있다고 분석한다(フリードバーグ, 2015).

- 중국을 먹이고 길들이기
- 냉전 시기와 마찬가지로 군비 관리 교섭으로 중국의 안전을 보장하기
- 영향권 구상: 키신저의 '태평양 공동체론'
- 이안(離岸) 균형 전략
- 더욱 좋은 균형 전략
- 완벽한 봉쇄

이와 같이 부상 중인 중국에 대한 미국의 인식은 크게 요동치고 있다. 하지만 불확실한 것은 핵심인 중국 자신이 어떠한 외교 목표와 대외 전략(미국과 패권을 다툴 것인지의 여부)을 가질 것인가라고 할 수 있다. 애당초 '트럼프 현상'에서 살펴볼 수 있는 바와 같이, 미국은 그 이상으로 불확실할지도 모른다.

## 3. 여섯 개의 질문과 잠정적인 해답

### 중국 외교는 어디까지 중국적인가

이와 같이 중국의 사상(事象)은 상당히 '중국적'이다. 그렇다면 외교는 어떠할까? 어디까지 중국적인가에 답하기 위해서 다음의 여섯 가지의 질문을 설정하여 매우 간단하게 답해보도록 하겠다.

〈질문 1〉 현대 중국에는 예를 들면 조공 질서와 화이사상과 같은 청나라 왕조 이전의 전통적 대외 인식·대외 행동이 남아 있으며, 그것이 외교 전략과 정책을 규정하고 있는가? 그렇지 않으면 현대 일본과 마찬가지로 근대 주권국가 시스템[베스트팔렌(Westphalia) 시스템]을 전제로 하여 세계를 인식하고 대외 행동을 취하는가? 혹은 이 둘 중의 어느 쪽도 아닌 중간, 예를 들면 냉전 시기에 취해왔던 국제주의 사고 및 '3개의 세계'론으로 세계를 인식하는가?

표 7-1_ 중국의 전략 사고의 변화

| 시기 | 전략 사고 |
| --- | --- |
| 전통 중국(명나라·청나라) | 도덕주의 |
| 중화민국 | 현실주의·실용주의 |
| 마오쩌둥 시기 | 이상주의/도덕주의 |
| 개혁개방 시기 | 현실주의·실용주의 |

　마오쩌둥 시기는 전통의 영향과 새로운 국제주의였다고 개괄할 수 있다. 그렇지만 현대 중국 외교는 이 점에서는 탈(脫)마오쩌둥을 실현했다. 현대 중국 외교의 기본 사고는 속설과는 달리 어디까지나 근대주의 국가 시스템을 모델 및 전제로 하고 있으며 근대 국가로서의 중화인민공화국의 주권이 절대적 과제다. 핵심어를 사용한다면 주권 자체가 '핵심 이익'이다. 그 배후에는 주권이 침해받고 있고, 주권을 완전히 회복하지 못했다는 개념(특히 타이완의 '미회복')이 있으며 주권의 완전 회복을 실현하는 것이 최대의 외교 과제로 인식되고 있는 상황이 있다.

　〈질문 2〉 중국, 특히 최고 지도자들의 전략 사고는 어떠한가?
　국제관계론의 학설에 따라, 현실주의·실용주의, 이상주의, 도덕주의의 세 가지 전략 사고를 설정해보도록 하겠다. 개혁개방 이후의 중국의 지도자들, 주요 지식인의 전략 사고는 현실주의·실용주의다. 〈표 7-1〉과 같이, 중국의 전략 사고는 실은 일원적이지 않다. 일관된 것도 아니다. 혁명과 냉전을 강하게 반영했던 마오쩌둥 시기가 지도자의 개성도 있어서 이상주의와 도덕주의가 지배했던 것에 반해서, 개혁개방 시기부터 현실주의가 지배적이다. 눈에 보이는 이익을 획득하고 지키며 확대해 나아가는 것이 외교의 목적이 되고 있다.

〈질문 3〉 국제정치의 인식 틀에서 '중국적'인 것이 현저해질 것인가?

개혁개방 정책이 시작되었을 때의 국제정치의 교과서(馮特君 外, 1992)에서는 국제정치를 다음의 네 가지 레벨로 분석하며 고려하고 있다. 제1레벨이 세계 시스템, 제2레벨이 시대성·시대 상황, 제3레벨이 광의의 국제정치 시스템[계통(系統)], 제4레벨이 국가 간의 배치[격국(格局)]이다.

제1레벨은 "국제 범위 내에서 각 행위 주체(주로 국가) 간의 상호 정치경제 관계의 작용이 만들어내고 모순된, 또한 통일된 유기적 총체"이며, 러시아 혁명까지는 자본주의 시스템, 제2차 세계대전까지는 두 가지의 정치경제 시스템의 병존과 경쟁, 제2차 세계대전 이후에는 자본주의·사회주의·제3세계의 세 가지의 세계 시스템이 경합해왔다고 한다. 글로벌리즘(globalism)의 시대는 하나의 세계 시스템의 지배에 들어가는 것으로 여기고 있는 것으로 보인다.

제2레벨의 시대성은 말하자면 발전 단계이며, 1950년대까지는 전쟁과 혁명의 시대, 그 이후는 평화와 발전의 시대로 구별된다. 중국의 국제정치관에서는 이 시대성이 대단히 중요한 요소가 되고 있다.

제3레벨이 국제 행위 주체(주로 주권국가) 간의 상호 작용의 집합체인 것에 반해서('계통'이라고 부름), 제4레벨은 국제정치의 각 파워(대국) 간의 상호 작용과 구조이다('격국'이라고 부름). '격국'이란 "국제무대에서의 주요한 정치적 파워 간의 어떤 일정한 시기에서의 상호 관계 및 상호 작용이 만들어내는 구조"이며, 격국의 주체는 "독립적으로 역할을 발휘할 수 있으며 국제정치에 거대한 영향을 지닌 정치 단위"이다. 말하자면 격국이란 "일정한 의미에서 일종의 세력 균형 상태"로 "국제정치에서 주요 강대국 간의 힘 관계가 일정한 균형 상태에 도달했을 때, 일정한 상호 제약 관계가 생기고 일정한 격국 상태가 구성된다"라는 것이다(馮特君 外, 1992).

중국은 평화공존 5원칙을 국제관계에서 마땅히 있어야 할 준칙으로서 삼아 왔다. 특히 1990년대 이래 내정 불간섭을 포함한 5원칙은 제3레벨의 중국 외교의 이론적 '바위'이다. 평화공존 5원칙의 핵심은 국제관계를 평등한 주권국가 사이 관계의 개개(個個) 및 총체라고 인식하는 점에 있다. 그렇기 때문에 제 3레벨에서의 이념적 입장과, 제4레벨의 격국 관념, 세력 균형의 현실주의적 입장은 정합적(整合的)이라고는 말할 수 없다.

네 가지의 레벨로 나누어서 국제정치를 관찰하는 인식 방법은 어떻게 보더라도 중국적이다. 이와 같은 인식 방법과 틀은 마오쩌둥 시대부터 오늘날까지 그다지 변하지 않고 있다. 왕지쓰는 중국 외교 사상에서의 사고의 틀은 다음과 같은 특징을 갖고 있다고 한다.

- 국제정세는 끊임없이 변화한다. 따라서 외교 사상, 외교 정책을 거기에 맞추어서 끊임없이 '조정'한다는 사고방식에 입각해 있다.
- 사고에 있어서의 고도의 추상성이다. 예를 들면 "동풍이 서풍을 압도한다"(1957년 마오쩌둥의 발언), "직면하고 있는 세계의 대문제는 평화와 발전이다"(1985년 덩샤오핑의 발언) 등을 들 수 있다.
- 행위주체로서의 국가 간의 관계에 주요한 관심을 갖는다. 적(敵)과 우(友), 모순의 이용 등에 관심을 갖고 있다. "중국의 대외 정책은 기타 대국과 비교해서 가장 이데올로기 색채가 옅게 된다."
- 강렬한 도덕적 색채가 있다. 높은 이념적 원칙으로 국제관계가 처리될 수 있다고 생각한다. "중국인은 마음으로부터 평화공존 5원칙으로 국제질서를 수립하는 것이 국제분쟁을 해결하는 유일한 방법이라고 생각하고 있다"(王緝思, 1993).

이러한 왕지쓰의 분석을 그 상태 그대로 받아들일 수는 없지만, 개혁개방 시기의 중국 외교가 현실주의와 국가이익만으로 설명할 수 없다는 것만큼은 확실하다.

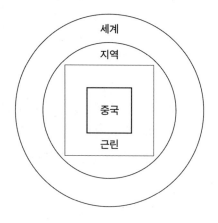

그림 7-1_ 현대 중국과 바깥(外)의 세계(2000년대)

## 중국의 공간 인식

〈질문 4〉 중국의 공간 인식에 '중국성(中國性)'이 있는 것일까?

960만km²의 영토를 지닌 '대륙국가' 중국의 세계와 지역이라는 공간에 대한 인식은 작은 섬나라 일본과 커다란 차이점이 있다. 중국이 아시아를 단순한 자신의 '주변'으로부터 하나의 국제주체·지역으로 간주하고 대응하기 시작한 것은 겨우 1990년대 후반부터의 일이다. 필자는 이제까지 "중국 외교에는 주변은 있어도 지역은 없다"라고 평가해왔으며, 아시아 지역 외교는 존재하지 않는다고 말해왔다. 앞에서 소개한 왕지쓰도 중국에서는 아시아·동아시아 개념이 일반과는 다르며, 이른바 동아시아와 남아시아, 중앙아시아·몽골·러시아 등을 더한 지역을 일괄하여 '주변국가'로 개괄하고 있다고 2004년 출간된 그의 공저에서 지적했다.

그런데 1990년대 중반부터 중국은 북쪽, 서쪽, 동남쪽에 대한 적극적 지역 외교를 전개하기 시작했다. 동남아시아 지역과는 기존의 지역기구 아세안(ASEAN)과 대응했고, 중앙아시아와는 상하이협력기구(SCO)를 2001년부터 세

표 7-2_ **두 가지의 30년 비교**

| | 목표 | 가치 | 모델 | 대외 관계 | 적(敵) | 외교 결정 요인 |
|---|---|---|---|---|---|---|
| 마오쩌둥 시기 | 혁명 | 평등 | 자기희생 | 국제주의 | 제국주의 | 외압 |
| 개혁개방 시기 | 경제성장 | 부 | 축재 | 현실주의 | 테러주의 | 내압 |

위 중국 중심의 지역기구로 삼는 것에 성공했다. 하지만 중국의 공간 인식은 어디까지나 중국을 중심으로 한 '중국적'인 것이다(〈그림 7-1〉를 참조하기 바란다). 세계, 지역, 근린(근린)의 세 가지 공간이 모두 중국을 중심으로 한 동심원상에 위치한다. 그런데 일본은 일본을 포함한 지역과 일본을 포함하지 않는 여러 지역에 지역 외교를 전개하고 있다.

〈질문 5〉 중국의 외교, 대외 정책은 국내 정치·경제와 어떻게 연결되어 있는가? 전자가 후자를 결정하는가? 혹은 그 반대인가?

한 가지의 답은 마오쩌둥 시기와 개혁개방 시기는 다르다는 것이다. 마오쩌둥 시기는 국제관계에 구속받는 외교였던 것에 반해서, 개혁개방 시기가 되면 국내 사정이 대외 관계를 규정하게 되었다. 과거에 연구자들은 마오쩌둥 시기의 외교는 내정과 마오쩌둥 자신의 혁명 독트린에 의해 지배받았다면서 내정 요인을 강조하는 경향이 강했지만, '전쟁과 혁명'이라는 국제 환경이 중국의 내정·중국 외교 전체를 지배했다고 생각하는 쪽이 납득이 된다. 마오쩌둥의 낭만주의(romanticism)은 바깥(外)으로부터의 압력에의 내적 반응이었다고 간주하는 쪽이 합리적이다.

〈질문 6〉 대외 관계의 면에서 마오쩌둥 시기·덩샤오핑 시기·포스트 덩샤오핑 시기는 연속되고 있는가? 혹은 단절되고 있는가?

특히 전반 30년과 후반 30년에서 중국은 180도 변했다는 의논이 많다. 〈표 7-2〉를 참조하기 바란다.

이상과 같이, 두 가지의 시기를 대비해보면, 선명하게 양자가 대립된다. 하지만 두 가지의 시기에 공통되는 것, 연속되는 것을 누락해서 안 된다. 앞에서 소개한 왕지쓰가 언급한 중국 외교 사상에서의 특징은 현대 중국 전체를 통해서 관찰할 수 있다.

또한 예를 들면 정책 결정의 메커니즘은 어떠할까? 1958년 생겨난 중앙영도소조 시스템(수장 자리에 있는 5~7명의 지도자에 의한 정책 결정·정책 조정의 기구로서 그 밖에 재경영도소조, 외사공작영도소조, 정법공작위원회 등이 있음)에 의한 결정과 조정의 메커니즘은 60년간 변하지 않고 있다. 당·국가·군의 세 가지 정치 행위주체가 당조(黨組), 대구부(對口部), 고급간부를 통해서 멋지게 트라이앵글을 만들어내고 있다는 것도 변하지 않고 있다[이 점에 대해서는 毛里和子(2012) 참조]. 하지만 실은 정책 결정의 메커니즘, 회의에서의 의논, 참가자, 결의의 방식 등이 60년간 비밀로 취급되어온 상태 그대로이며 그 불투명성에 연구자는 비애를 느끼게 된다. 1964년 중국의 최고 지도자와 대일 관계자가 장래의 대일 국교 정상화 시에 중국으로부터 배상을 청구하는 일은 하지 않는다고 결정했다는 것이 중국의 '통설'이다(이 책의 제2장 참조). 하지만 누가 그 회의에 참가했고 어떠한 의논을 거쳐 어떻게 결정이 채택되었는가는 명확하지 않다.

위에서 여섯 가지 항목에 걸쳐 논한 바와 같이, 중국 외교는 상당히 '중국적'이며 중국 독특의 성격과 특징을 갖고 있다. 특히 세계를 네 가지의 레벨로부터 고찰하고 그것을 종합한 위에 대외 정책을 구축해가고 있는 것은 중국의 유구한 역사와 깊은 관계가 있다고 할 수 있다.

그런데 중국 외교가 가장 '중국적'인 것은 외교 행위와 군사 행위의 관계에 대한 것이다. 현대 중국은 한국전쟁(1950~1953), 중국·인도 국경분쟁(1959~1962), 중소 국경분쟁(1969), 중월전쟁(1979) 등 수차례에 걸쳐 대외 전쟁 혹은 국경을 초월한 군사력의 행사해왔다. 하지만 한국전쟁을 제외하면 모두 제한전쟁(制限戰爭)이었고, 정치적 목적을 달성하면 바로 병력을 철수시켰다. 요컨대 군사 행위의 목적은 결코 적의 군사적 토벌과 영토의 확대가 아니라 어디까지나 정치적인 것에 국한되었다. 중국의 '전쟁'에 대해서는 이 책의 제8장에서 상세하게 논한다.•

• 2022년 12월 16일 일본 정부는 안보 관련 3개 문서, 즉 '국가안전보장전략(国家安全保障戰略, NSS)', '국가방위전략(国家防衛戰略)', '방위력정비계획'(防衛力整備計画)'에 대한 개정을 각의결정(閣議決定)을 통해 확정했다. NSS는 안보 환경이 "전후(戰後, 제2차 세계대전 이후) 가장 준엄하다"라고 하며 상대방의 영역 안을 직접 공격하는 '적기지 공격 능력'을 '반격 능력'이라는 명칭으로 보유한다고 명기했다. 2013년의 NSS에서는 중국에 대해 "대외 자세, 군사 동향 등은 우리나라(일본)를 포함한 국제사회의 우려 사항이다. 타이완 해협을 끼고 있는 양안 관계에는 안정화의 움직임과 잠재적인 불안정성이 병존하고 있다"라고 간주했으며, 이번에 개정된 2022년의 NSS에서는 "대외적인 자세 및 군사 동향 등은 우리나라(일본)와 국제사회의 심각한 우려사항이다. 전례 없는 최대의 전략적인 도전이다. 타이완 해협의 평화와 안정에 대해서 국제사회에서 급속하게 우려가 고조되고 있다"라고 밝혔다. 또한 2023년도부터 5년간 방위비를 현행 계획의 1.5배 이상이 되는 43조 엔으로 삼는 것 등이 포함되었다. 헌법에 기초하여 전수방위(專守防衛)를 관철하며 군사대국이 되지 않는다고 해왔던 전후 일본의 방위정책이 크게 전환하게 되었다(≪朝日新聞≫, 2022.12.16.). 이에 대해 군사 억지(軍事抑止)의 신화에 기초한 대규모 군비확장은 거꾸로 '타이완 해협'의 긴장을 고조시키는 '외교 패배'이며, 대규모 군비확대는 일본의 쇠퇴를 가속화시킬 가능성이 있고 '잃어버린 30년'에서 벗어나기 위해서는 중국과의 경제 관계의 장래를 주시하는 신뢰 관계의 재구축도 선택지에 넣을 필요가 있다는 지적이 존재한다(岡田充, "'安保3文書決定は台湾有事を煽る外交敗北だ: 日本の衰退を加速させる一方の防衛費増額", ≪東洋経濟≫, 2022.12.24.). 아울러 신도 에이이치(進藤榮一) 쓰쿠바대학 명예교수는 1985년 플라자 합의 이후 미일 동맹의 변질을 언급하고 '전략의 부재'와 '전략적 사고의 결여'를 질타하면서 '중국 위험론'을 초월하여 '아시아 전략공동체'를 형성하기 위한 노력을 기울여야 한다는 의견을 제시하고 있다[進藤榮一, 『日本の戰略力: 同盟の流儀とは何か』(筑摩書房, 2022)]. _옮긴이 주

제8장

외교 행동으로서의 군사력 행사

## 1. 중국의 대외 군사 행동

### 세 가지의 사례

중국은 1949년 10월의 건국으로부터 오늘날(일본어 원서의 초판 출간은 2017년 4월이다. _옮긴이)까지 '국경을 초월한 군사 행동'을 8회 행했다. 이 장에서는 이러한 것을 '무력을 사용한 대외 행동'으로 간주하고, 대외 정책의 분석 대상으로 삼는다.

① 한국전쟁에의 참전(1950.10~1952.7. 중국인민지원군 전체 부대의 한반도로부터의 철수는 1958.10)

② 진먼다오(金門島)·마쭈다오(馬祖島) 포격(1954~1955)

③ 타이완 해협 위기(1958.8~10)

④ 인도와의 국경 분쟁(1959~1962)

⑤ 소련과의 국경 분쟁[1969.3, 전바다오(珍寶島) 사건]

⑥ 남베트남과의 시사제도(西沙諸島)를 둘러싼 군사 분쟁(1974)

⑦ 베트남 '제재'를 위한 제한전쟁(1979.2~3)

⑧ 타이완 해협을 향한 군사 연습·미사일 발사(1995.7~1996.3)

'국경을 초월한 군사 행동'을 엄밀하게 고려해보면, 이 밖에 1950~1954년의 북베트남(베트남민주공화국)의 항불(抗佛)전쟁에 대한 인적·물적 지원, 1964~ 1975년에 걸친 베트남(북베트남·남베트남 해방전선)의 항미(抗美)전쟁(이른바 베트남전쟁)에서의 인적·물적 지원도 포함될 것이다. 하지만 이때 중국의 입장은 전쟁 당사자가 아니라 전쟁 중인 '형제국', '형제당'에 대한 '지원'이었던 점으로부터 '국경을 초월한 군사 행동'에는 포함되지 않는다. 또한 여덟 가지 사례 모두 특히 자료·문헌이 결정적으로 부족하다. 그 때문에 아직까지도 전모가 밝혀지지 않고 있으며, 정책 당국자의 의도를 해명하거나, 정책 결정 과정을 분석하는 것은 거의 불가능하다.

하지만 두 손을 모으고 그저 앉아 있을 수는 없다. 중국의 지도자들은 직접적 군사 행동을 외교의 일환으로서 행한다. 군사력을 외교 도구로서 활용하는 것을 당연한 것으로 여겼던 내막이 있다. 그렇다고 한다면 외교 분석에 대외 군사 행동을 포함시키지 않을 수 없다. 여기에서는 자료·문헌의 상황이 비교적 좋고 선행 연구도 많은 사례, 즉 ① 한국전쟁에의 참전, ② 1979년의 베트남 '제재'를 위한 제한전쟁, ③ 1995~1996년의 제3차 타이완 해협 위기 등의 세 가지 사례를 다룬다.

이 장의 목적은 이하의 네 가지 점을 밝히는 것이다. 첫째, 각각의 대외 군사 행동의 의도는 어디에 있었는가? 둘째, 대외 군사 행동에 공통되고 있는 특징은 무엇이었는가? 셋째, 그 의도는 실현되었는가? 넷째, 당·군부를 또한 포함한 중국의 지도자가 '힘의 행사'를 어떻게 인식했었는가, 그리고 '힘의 행사' 그 자체가 '외교'의 일환이라고 인식했었는가?

우선 중국의 논자가 현대 중국의 무력행사에 대해서 어떻게 인식하고 있는지를 살펴보도록 하겠다. 현실주의자인 옌쉐퉁 칭화대학 교수는 마크 맨콜 (Mark Mancall) 등의 연구를 인용하면서 중국의 안보 전략에 전통의 영향은 대단히 농후하다는 점, 아편전쟁부터 1980년까지 중국이 '휘말려 들었던' 11회의 전쟁(혹은 군사 충돌) 모두 중국은 영토를 확대하거나 적을 섬멸하기 위해서가 아니라 "주로 결의를 보이고 적을 징벌하는 것, 혹은 자위(自衛)를 목적으로 했으며 또한 무력행사의 경우 '도의적 규범', 즉 '정의롭지 못한 전쟁은 반드시 패배한다'라는 원리적 사고가 강했고, 이러한 두 가지에 전통 관념의 강한 영향을 살펴볼 수 있다"라고 지적한다(閻學通, 1995). 이 장에서의 고찰은 이러한 옌쉐퉁의 관점을 지지하게 될까?

## 2. 한국전쟁(1950~1953)

### 요동쳤던 참전 결정

1950년 6월 25일 북한(조선민주주의인민공화국)의 김일성이 이끄는 인민군이 북위 38도선을 돌파하여 한반도 남부를 해방하기 위한 군사 작전에서 발단이 되었다. 같은 해 10월부터 1953년 7월에 휴전협정이 체결될 때까지 중국은 한반도에서의 '국제화된 내전'에 '인민지원군'이라는 명칭을 사용하기는 했지만, 정규군을 보내 전면 개입했다.

북한의 '해방', 한국전쟁에 어떻게 관여할 것인가는 건국한 지 얼마 되지 않은 중국의 근간을 뒤흔드는 중대사였다. 해명되어야 할 수수께끼도 많다. 김일성의 대남 침공에 대해 승낙의 사인을 보냈던 것은 이시오프 스탈린(Isiof Stalin)이었는가, 마오쩌둥이었는가, 혹은 양자의 합의에 의한 것이었는가? 스탈린도 마오쩌둥도 미군의 즉시 전면 개입을 당초 예측했었는가, '미국의 대규모 개입은 없다'라고 생각했는가? 중국이 참전을 결정했던 목적은 무엇인가? 중국이 최종적으로 참전을 결정했던 것은 언제인가? 중소(마오쩌둥과 스탈린)의 전략과 인식은 일치했는가? 1951년 이래 정전 교섭을 정체시켰던 것은 미국·소련·중국·북한 중에 어느 쪽이었는가 등 소련 붕괴 이후 극비 문서가 나오면 나올수록 실은 수수께끼는 증가할 뿐이다. 이 절에서는 중국의 참전 결정의 프로세스와 의도에 주안점을 두고 그 개략을 설명하겠다.

중국의 참전 결정 프로세스는 우여곡절을 거쳤다. 마오쩌둥이 이처럼 주저와 변심을 거듭한 결단을 내린 것도 진귀하다. 한국전쟁에 대해서 가장 치밀한 연구를 하고 있는 화동사범대학 냉전사연구센터 소속 선즈화(沈志華)의 최신 연구, 그리고 중국의 새로운 연구 성과에 입각해 있는 취싱(曲星)에 의하면, 다음과 같은 프로세스를 거쳤다(曲星, 2000).

마오쩌둥은 이미 1950년 7월의 단계에서 남쪽의 부대를 동북 지역으로 이동시키고 '동북변방군(東北邊防軍)'을 편제시켜, 유사시에 대비했다. 하지만 9월 15일 유엔군, 실은 미군의 인천 상륙 이후에도 핵심인 김일성은 중국에 출병할 것을 요구하지 않았다. 김일성이 중국에 직접 지원을 요구했던 것은 유엔군이 38선을 넘었던 10월 1일의 일이다. 마오쩌둥이 "출병한다"라는 스탈린에게 보내는 전보를 썼던 것이 10월 2일, 하지만 이 전보는 모스크바에 발송되지 않은 것으로 보인다. 마오쩌둥은 같은 날 중앙군사위원회 명의로 "준비 공작을 예정보다 서둘러 수시로 출발 명령을 기다리도록 하라"라는 전령(電令)을 동북변방군에 보냈는데, 이날의 정치국 확대회의에서 출석자의 대부분이 출병에 반대 혹은 회의적 태도를 표명했기 때문이다. 내전의 상처가 아물지 않았고 아직 해방되지 않은 지역이 있으며 새로운 해방구에서도 토지개혁이 끝나지 않았고 해방군의 무기 장비가 미군에 훨씬 미치지 못하며 제공권 및 제해권을 장악하지 못한다는 등의 이유였다. 10월 5일 정치국회의는 지원군의 편제, 북한 진입 작전의 준비[펑더화이(彭德懷)를 사령(司令, 사령관)에 임명]를 결정했는데, 소련의 군사 지원과 공군 파견을 확인하기 위해 저우언라이·린뱌오(林彪)를 소련에 보냈다(曲星, 2000).

10월 11일 저우언라이와 스탈린은 "준비할 수 없으므로 출병하지 않는다"라는 방향에서 합의하고, 김일성 군(軍)의 북한 포기, 동북 지방에서의 망명정부 수립도 할 수 없다는 것이 되었다. 저우언라이의 전보를 받은 마오쩌둥은 12~13일에 정치국 긴급회의를 개최하고 지원군은 출동하지만, 장비와 훈련이 정비된 6개월 후부터 공격을 개시한다고 결정했다. 이 연락을 받은 저우언라이는 스탈린에게 중국이 출병한다고 전달했고, 스탈린은 망명정부를 운운하는 김일성에게 보내려는 전보를 취소하고 합쳐서 2개월~2개월 반 이내에 소련 공군을 중국령(領)에 파견한다고 전했다(曲星, 2000). 26만 명의 지원군이 압록강을 넘었던 것은 10월 19일의 일이다. 중국의 '결의'를 알았던 스탈린은 소련 공군에 의한 후방 지원을 준비했고, 11월 1일에 소련 전투기가 압록강을 넘었다(沈志華, 2008). 또한 중국·북한 국경, 북한에 파견된 소련 공군은 전쟁 전체 기간에 12개 사단, 공군 병력 수는 연인원 7만 2,000명, 1952년 절정 시에는 2만 5,000~2만 6,000명에 달했으며 한국전쟁에서 무시할 수 없는 역할을 수행한 것으로 전해진다(沈志華, 2000).

참전으로부터 1953년 7월의 휴전까지 중국이 한반도에 보낸 병력은 연인원 297만 명, 후방 근무 노동자는 연인원 60만 명으로 알려져 있다[2001년 1월 쉬엔(徐炎) 중국국방대학 교수와의 인터뷰]. 미군, 유엔군, 한국군과의 전투는 가열찬 것이 되었고, 중국도 커다란 손상을 입었다. 지원군의 감원은 36.6만 명, 그중에서 사망자가 11.5만 명, 비(非)전투원도 더하여 중국 측의 사망자 수는 17만 명이었고, 소모된 작전 물자는 560만 톤, 전비(戰費)는 합계 62.5억 위안(1950년 한 해 전체의 재정 수입에 상당함)이라는 것이 중국 측의 공식적인 통계 수치다(齊德學·郭志剛, 2007). 또한 1950~1954년 중국은 북한에 7.3억 위안의 무상원조를 공여했고 휴전 이래 1957년까지 경제 회복을 위해 새롭게 8억 위안의 무상원조가 추가되었다(張淸敏, 2001).

### 도의道義와 안전보장

마오쩌둥은 북한 출병으로 엄청난 비용을 지불했다. 특히 타이완 '해방'의 기회를 상실했던 것은 크다. 비용을 각오하면서 마오쩌둥이 출병을 결단했던 것은 우선 해방전쟁에서 싸워왔던 중국이 한반도에서의 '해방전쟁'에 반대할 수는 없다는 도의적 이유에서였다. 1949년 5월 북한의 김일(金一, 인민군 총정치부장)이 김일성의 특사로서 베이징에 와서 '조선 해방'을 지원해줄 것을 요구했을 때, 마오쩌둥은 중국과 소련은 북한의 측에 설 것이며 필요하다면 지원하겠지만 가까운 장래의 북한의 남쪽에 대한 침공은 정세가 좋지 않으며 중국이 내전 중이기 때문에 비현실적이라고 답했다고 한다. 아마도 이것이 마오쩌둥의 본심이었을 것이다. 하지만 1950년 5월 13일 김일성과 회담한 마오쩌둥은 이미 스탈린이 김일성의 남진 계획을 승인했다는 것을 알고 있었다. 이때의 마오쩌둥의 기분을 취싱은 다음과 같이 추측한다. "마오쩌둥 자신은 1945~1949년 중국 혁명의 진행에 대한 스탈린의 2회에 걸친 간여에 불쾌감을 갖고 있었다. '자신이 원하지 않는 바를 타인에게 강요하지 말라'(己所不欲, 勿施於人) …… 마오쩌둥은 외국이 중국 혁명의 진행에 참견하는 것을 바라지 않았다. 조선(북한)이 국내 통일 전쟁을 하고자 한다는 것에 어떻게 반대할 수 있겠는가." 이리하여 5월15일 마오쩌둥·김일성 회담에서 "일단 미군이 38선을 넘는다면 중국은 출병한다는 묵계(黙契)가 이루어졌다"라고 한다(曲星, 2000).

군사 전략적으로는 조기의 선제(先制) 전쟁으로 나중에 있을 수 있는 커다란 전쟁을 방지하는 전략, 이른바 적극방어였다. 출병의 여부를 둘러싸고 분열했을 것임에 틀림없을 10월 12~13일의 정치국 긴급회의에서는 중국이 참전하지 않고 미군이 압록강 부근에 진출하며 김일성 부대가 중국 동북 지역으로 도주하여 망명정부를 만들 경우 어떻게 될 것인가, 그 경우 중국은 전면적으로 전쟁에 휘말려 들게 되는데, 장래 동북 지역에서 중미 간의 전쟁이 일어나는 것보다도 소련 공군의 지원이 없더라도 지금 출진하여 미군을 조선(북한) 내에 붙잡아두는 쪽이 좋다는 등의 의논이 이루어졌다고 한다(曲星, 2000).

중국 외교의 대외 군사 행동에 대해 8의개 사례 연구를 했던 토머스 크리슨텐센(Thomas Christensen)도 위의 견해에 가깝다. 그에 의하면, 마오쩌둥이 가장 두려워했던 것은 한반도를 빼앗기고 반도 전체에 미군의 주둔이 영구화되는 것으로 그것을 저지하기 위해 '마지못해 참전했던' 것이며, 마오쩌둥이든 펑더화이든 그들의 생각은 나중이 되어 대규모 전쟁을 수행하기보다는 단기적인 전쟁을 지금 하는 쪽이 피해가 더욱 적을 것이라는 판단이었다(Christensen, 2006).

출병 결정의 프로세스는 '민주적'이었다. 물론 마오쩌둥이 주도권을 쥐고 있었지만, 귀한 이견(異見)과 반대론에 귀를 기울였으며 신중하게 판단하고 합의에 의한 결정에 맡겼다. 하지만 지불했던 비용은 대단히 많았고 출병해야 했던 것인지 여부는 지금도 아직 답이 나오지 않는 난제이다. 취싱은 중국이 한국전쟁에 '휘말려 들었다'라는 관점에서 서술하고 있으며, 솔직하게 다음과 같이 말하고 있다.

(한국전쟁에 대해서) 사람들은 당연히 다음과 같은 의문을 갖고 있을 것이다. 당시 중국에는 이 전쟁에 휘말려들지 않는 방법이 실제로 없었던 것일까? 제2차 세계대전 이래 가장 잔혹한 전쟁에 참가하기 위해 타국에 군대를 파견할 필요가 실제로 있었던 것일까?(曲星, 2000)

## 3. 중월전쟁(1979.2.17~3.16)

### 중월전쟁

"베트남에 재제와 교훈을 주기" 위해 싸웠던 실질적으로 16일간의 전쟁에 대해서 다음과 같은 중국의 공식 기록의 설명을 소개해보도록 하겠다.

2월 14일, 중공 중앙은 '베트남에 자위 반격하고 변경을 방위하는 전투에 대한 통지'를 냈다. 해당 통지는 최근 수개월 동안 베트남이 중국령을 침범하고 마을을 파괴하며 군민(軍民)을 살해하고 변경 지구의 평화 및 안정을 파괴해왔다. 우리가 계속 인내하고 권고하며 경고해왔지만 이를 마이동풍(馬耳東風)했다. …… 중앙은 반복하여 검토한 결과 자위 반격, 변경 방위의 전투를 추진하고 베트남 침략자에 대해 징벌을 가하며 4개의 현대화 정책의 순조로운 진행을 지키는 것을 결정했다. 2월 16일, 중공 중앙은 베이징에서 당·정·군의 부부장급 이상의 간부

표 8-1_ 1979년 중월전쟁에 의한 손상 비교

|  | 중국 | 베트남 |
| --- | --- | --- |
| 사망자 | 26,000 | 30,000 |
| 부상자 | 37,000 | 32,000 |
| 포로 | 260 | 1,638 |

자료: Chen(1986), p.114.

보고회를 열었고, 덩샤오핑이 중공 중앙을 대표하여 베트남에 자위 반격하는 문제에 대해 보고했다. …… 2월 17일, 광시(廣西)·윈난(雲南) 지구의 변경 방위 부대가 명을 받아 베트남에 대한 자위 반격 작전을 수행했다. 같은 날, 신화사가 중국 정부의 명을 받아 베트남 당국이 중국 영토를 부단히 침범했기 때문에 중국 변경 부대는 어쩔 수 없이 반격에 나섰다는 성명을 냈다. …… 3월 5일, 중국 변경 방위 부대는 명을 받아 국경 안으로 철수했다. 같은 날, 신화사가 중국 정부의 명을 받아 중국 변경 방위 부대는 자위 반격에 내몰렸지만 소기의 목적을 달성했으므로 당일 전체 부대를 중국 영내로 철수시켰다는 성명을 냈다. 3월 16일, 중국 변경 방위 부대의 전체 부대가 중국 영내로 철수했다. 같은 날, 중공 중앙은 대(對)베트남 자위 반격과 변경 방위의 전투가 승리 속에 종결되었다는 통지를 냈다(陳文斌 外 編, 1999).

1979년의 중월전쟁은 중국 측의 논리에 입각한다면, 자위 반격이고 부당한 침략을 수행한 베트남에 대한 '제재'이며 '교훈을 주기' 위한 전쟁으로 최초부터 1개월 동안으로 한정된 전투였다. 3월 5일 철수가 시작되었기 때문에 실제로는 16일간 진행되었을 뿐이다. 도대체 무엇을 위해 6만 명에 달하는 중국 병사와 베트남 병사가 목숨을 잃지 않으면 안 되었을까? 또한 킹 천(King Chen)의 상세한 연구는 1979년 전쟁에 의한 군사적 손상(損傷)은 중국과 베트남이 거의 5 : 5였다고 한다(〈표 8-1〉 참조).

## 중국의 베트남 지원

애당초 중국은 건국 초부터 베트남의 민족 해방·남북 베트남 통일에 깊게 관여해왔다. 대표적인 현대사가 양쿠이쑹(楊奎松) 화동사범대학 교수의 논문으로부터 1950년대부터의 중국의 베트남 항불(抗佛)전쟁 지원의 상황을 살펴보도록 하겠다(楊奎松, 2001).

1949년 12월 베트남 노동당의 호치민(胡志明)이 두 명의 특사를 베이징으로 파견하여 중국에 군사 간부, 3개 사단의 장비, 1,000만 달러의 지원을 요청해왔다. 당시 마오쩌둥은 모스크바에 있었는데, 베트남 원조 공작의 책임을 맡고 있던 류사오치(劉少奇)가 뤄구이보(羅貴波) 중앙군사위원회 판공청 주임을 시찰을 위해 북베트남에 파견했고, 마오쩌둥은 최대한의 지원을 지시했다. 1950년 1월에는 모스크바에서 스탈린, 마오쩌둥, 호치민 간에 당 건설, 통일전선, 군사·외교 등을 협의하고, 중소가 분업하여 베트남의 반불(反佛)전쟁을 전력으로 지원하기로 약속했다. 그 결과 중국은 웨이궈칭(韋國淸)을 단장으로 하는 군사고문단을 조직하고 같은 해 6월에는 뤄구이보가 베트남 측과 수차례나 협의하여 중월(中越)이 공동으로 국경 전역(戰役)을 발동하는 것이 결정된다. 국경 전역은 대승리를 거두었다. 그 이후 제네바 휴전까지 중국은 북베트남에 대해서 군사 원조 외에 1.76억 위안에 상당하는 물자를 원조했다고 한다(張淸敏, 2001).

또한 중국의 반(半)공식 자료에 의하면, 1950년부터 1978년 원조를 정지할 때까지 중국의 베트남에 대한 원조는 당시의 국제시장 가격으로 환산하여 200억 달러에 달하며 대부분이 무조건의 무상원조였다고 한다(薛謀洪 外 編, 1987).

## 베트남의 중국 불신: 제네바 회담

중월의 '형제 관계'에 금이 가게 되는 것은 1954년 제네바 회담에 있어서였다. 베트남 휴전에 대한 중국의 기본 정책은 '싸움을 통해 화(和)를 촉진시킨다'였는데, 디엔비엔푸(Dien Bien Phu) 전투에서 베트남 측이 1954년 5월 7일 압승하자 휴전 방침에 대해서 중월 간에 미묘한 갈등이 생겨났다. 5월 27일, 중국 지도부(저우언라이)가 베트남·라오스·캄보디아의 국경선을 유지한 상태의 즉시 군사 정전을 지시했던 것에 반해서, 호치민은 승인했지만 팜반동(Pham Van Dong) 등이 남북 베트남의 일거(一擧) 통일, 베트남·라오스·캄보디아의 일괄 정전을 주장했다.

베트남과의 양당(兩黨) 회담을 위해 저우언라이는 제네바로부터 급거 귀국하여 7월 2일부터 3일간 광시 류저우(柳州)에서 양당 회의가 개최되었다. "인도차이나 문제는 이미 3국과 프랑스 간의 문제만이 아니며 국제화하고 있다. 이것이 핵심이다. 이 국제화 상황은 한국전쟁을 훨씬 초월하고 있다. …… 동남아시아 전역에 미친다", "마오쩌둥도 '얼떨결에 10개의 국가, 6억 명의 인구에 영향을 미친다'라고 우려하고 있다"라고 하면서 저우언라이가 베트남 측을 설득했다. 호치민, 보구엔지압(Vo Nguyen Giap) 등은 중국의 제안을 승인했고 '제네바 회담에 관한 방안과 교섭'이라는 제목의 양당 회담의 결정은 16도선에서의 잠정적 분단을 넣은 것이 되었다.

하지만 팜반동은 납득하지 않았고, 저우언라이는 7월 12일에 제네바로 날아가, 팜반동과 장시간에 걸쳐 회담하여 "미국에 의한 간섭의 위험을 경시했던 한국전쟁의 교훈 등을 거론하며 반복해서 설득했고 결국 팜반동이 태도를 바꾸었다"라고 한다. 결국 "17도선 이남, 9번 공로(公路) 10여km의 육빈하(六浜河) 이북을 군사 경계선으로 삼는 것"으로 결판이 났다(曲星, 1989).

제네바 회담은 "중국의 외교 정책이 이데올로기 일변도에서 국가이익, 실무 외교로 향하는 중요한 전환점이었다"라고 오늘날 중국의 학자도 평가한다(楊奎松, 2001). 아마도 미국의 개입, 제2의 한국전쟁화를 무엇보다 두려워했을 것이다. 하지만 여기에서의 '17도선 분단'이라는 결판은 그 이후 중국 지도자들의 '트라우마'가 되었던 것으로 보이며, 마오쩌둥 자신은 1963년에 제네바의 인도차이나 문제의 평화적 해결에 대해서 형제당에 수차례나 사과했던 것으로 여겨진다("毛澤東接見越南黨政代表團談話記錄", 1963.6.4.). 또한 저우언라이도

1971년 7월 미중 비밀 교섭을 통보하기 위해 하노이를 방문했을 때, 레두안(Le Duan)에게 "당신에게 사과하고 싶다. 동지, 내가 틀렸다. 이 점에 있어서는 틀렸다"라고 말했다고 한다(華東師範大學冷戰中國網, 2005.6.28.).

한편, 베트남 측에는 강한 불만이 남았다. 중월전쟁 직후에 베트남이 1979년 10월 냈던 중국을 비판하는 내용의 〈백서〉는 제네바 회담에서의 중국의 입장을 "베트남 인민, 라오스 인민, 캄보디아 인민의 혁명 투쟁에 대한, 중국 지도부의 최초의 배신"이라고 비난하고 있다(ベトナム社會主義共和國外務省 編, 1979). 또한 마찬가지로 중월전쟁 이후 레두안이 행했던 당중앙 보고로서 전해진 문서는 다음과 같이 중국을 규탄하고 있다. "우리가 제네바 협의에 서명했을 때, 저우언라이 그자가 우리나라를 두 개로 분단시켰다. …… 남베트남에 대해서 아무것도 하지 못하도록 만들었다. 그들은 우리가 일어서는 것을 금지했다. 하지만 그들은 우리를 저지하지 못했다"(Bulletin, Woodrow Wilson Center).

중월의 두 번째 의견 대립은 1971년 중국이 대미(對美) 접근에 나섰을 때에 발생했다. 대미 접근의 계기는 1969년 국경분쟁 이후의 대소(對蘇) 긴장이었지만 베트남이 1968년부터 중국의 반대를 뿌리치고 파리에서의 대미 비밀 교섭에 들어갔다는 것도 중국의 대미 접근에 순풍이 되었다. 1971년 7월 키신저 보좌관은 국무부에게마저 비밀로 하고 베이징에 날아가 저우언라이와 5회에 걸친 긴장된 회담을 수행했다. 1972년 전반에 닉슨 대통령이 방중하고 닉슨 정권 제2기 전반에 국교를 정상화한다고 키신저는 약속했다. 이때 중국은 대미 교섭에서 베트남의 이익에 반하는 거래를 미국과 했던 것일까? 베트남을 '배신'했던 것일까?

## 미중 접근

1971년 7월 회담, 10월 회담, 1972년 2월의 닉슨 방중 등 합계 13회의 미중 교섭은 미국 측의 정보 공개로 거의 전모가 밝혀지고 있다. 그것에 의하면, 인도차이나·베트남에 대한 중국(저우언라이)의 입장은 베트남 문제에 중국은 개입하지 않는다는 선에서 일관되고 있으며, 미중 교섭에서 베트남의 이익이 직접적으로 침범되는 일은 없었지만, 베트남은 중국에 강한 의혹을 가졌다.

저우언라이는 베트남 그리고 북한에 대해 신경을 썼다. 키신저와의 제1회 교섭을 마치자 바로 하노이로 날아가서 레두안, 팜반동과 회견하고 미중 회담의 상세한 내용을 통보했다.

9월에 베이징을 방문한 남베트남 민족해방전선의 구엔티빈(Nguyen Thi Binh) 외교장관에게 저우언라이는 다음과 같이 말했던 것으로 알려져 있다. "당신들은 파리에 가서 미국과 교섭하고 있다. 나 저우언라이가 워싱턴에 갔던 일은 없다. 그들이 중국에 오는 것이다. 왜 베이징에서 교섭을 해서는 안 되는가? 우리가 원칙을 팔아넘기는 일 등은 있을 수 없다. 실로 친구를 팔아넘기는 일 등은 ······"(曲星, 2000).

또한 1971년 10월 키신저와의 제2회 교섭을 끝내자, 11월 1일 베이징으로 온 북한의 김일성과 회담하고 양국 관계를 조정했고 11월 20~27일에는 팜반동이 이끄는 베트남 당정 대표단을 베이징에서 맞이하고 수차례나 회담했다. 베트남 측은 파리에서의 베트남·미국 비밀 교섭에 대해서 통보했고 저우언라이는 중미 관계에 대한 중국 측의 기본 방침을 설명했다(『周恩來年譜』下).

1972년 2월 닉슨의 출국을 마중 나간 후 저우언라이는 바로 광시의 난닝(南寧)으로 날아갔고, 이튿날에는 하노이에서 베트남 측에 중미 교섭의 내용을 통보했다.

중국이 당시 베트남에 대해 얼마나 신경썼는가는 1971~1973년의 중국의 북베트남에 대한 군사 지원이 급증하고 있는 점으로부터도 뒷받침된다. 1970년 이래 중소 관계가 긴장되고 있는 가운데 중소 간에 베트남 원조를 둘러싸고 치열한 경쟁이 벌어진다. 1970년 9월, 저우언라이는 베트남의 지도자에게 최대한의 원조를 약속했고, 이듬해 1971년 3월에는 중공 중앙이 베트남 원조 증강 방침을 확정했다. 11월, 팜반동과의 사이에서 원조 협정이 체결되었다. 이리하여 1971~1973년의 3년간 중국의 북베트남에 대한 원조는 과거 20년간의 누계를 상회하는 90억 위안에 달했다(李丹慧, 2000). 이 사이 중월 간에는 자주 원조 협의가 행해졌다.

하지만 베트남은 미중 접근을 "베트남 혁명과 인도차이나 혁명을 배신하고, 세계의 혁명을 배신하는 노골적인 전환점이다"라고 받아들이고, "중국은 미국에 베트남을 팔아 넘겼다", "중국은 원조한 인삼을 사용했다"라며 강한 불신감을 품었다(ベトナム社會主義共和國外務省 編, 1979). 이것이 1979년 중월전쟁의 불씨가 되었다.

### 1979년 중월전쟁을 향하여

1979년 2월 대(對)베트남 '제재'를 했던 이유로서 중국이 거론한 것은 ① 1974년 이래 특히 1975년 베트남 통일 이래의 베트남에 의한 중국 국경에 대한 침범, ② 당시 100만 명이 있던 것으로 말해지던 베트남 체류 화교(華僑)에 대한 압박이 '변경 정화(邊境淨化)'라는 명목으로 1977년부터 본격화되었던 것, ③ 1975년 이래 베트남의 '인도차이나 연방' 계획이다[曲星(2000)은 인도차이나 연방에 대한 움직임을 첫 번째 이유로 들고 있다]. 1978년 5월 중국은 베트남에 대한 원조 프로그램의 중단을 통지했고, 6월 베트남에 있던 세 곳의 영사관을 폐쇄하여 관계는 최악이 되었다.

'제재 전쟁'의 직접적인 계기가 된 것은 한 가지는 1978년 6월 베트남의 경제상호원조회의(COMECON: Council for Mutual Economic Assistance) 가입, 8월 소련의 베트남에 대한 무기 지원의 결정, 11월 3일 소련·베트남 상호원조조약의 조인 등 소련·베트남 동맹의 성립이었다. 소련·베트남 조약은 제5조에서 "체약국의 일방이 공격의 목표가 되거나 위협을 받게 되었을 때 양국은 그 위협을 제거하기 위해 즉시 협의하고 상응하는 유효한 조치를 취하여 양국의 평화와 안전을 보장한다"라고 약속했다. 또 한 가지는 1978년 12월 25일 베트남군의 캄보디아 침공이었다.

베트남에 대한 제한적 '제재 전쟁'이 언제, 어디에서, 누구의 주도하에 결정되었는지에 관해서는 특히 자료가 부족하여 알 수 없다. 주로 홍콩의 정보에 의거했던 킹 천(King Chen) 등의 선행 연구, 장샤오밍(張小明)의 연구를 토대로 하여 1978년 말 이래의 결정 프로세스를 살펴보도록 하겠다(Zhang, 2005).

장샤오밍의 결론은 중월전쟁은 대단히 중국적 특색을 지닌 전쟁이며, 지정학적 원인과 함께 '굳건한 우정'으로 맺어져 있던 것으로 믿었던 베트남의 '배신'에 대한 보복 조치이고 덩샤오핑이 '최종 결단자'였다고 한다. 그리고 그것을 '마음이 내키지 않는 강제 외교'라고 표현한다.

제1단계는 1978년 11월 15일~12월 15일의 중앙정치국 확대회의(혹은 중앙공작회의)이다. 동 회의는 베트남에 대해서 징벌성의 전쟁을 수행한다는 쉬스유(許世友) 광둥 군구 사령관의 제안을 채택했다. 회의의 종료 시점인 12월 13일 덩샤오핑은 베트남 '제재 전쟁'을 설명하며, 소련의 대규모 개입은 없고, 국제적 고립을 피할 수 있으며, 대승리도 대파괴도 없고, 목적의 70%를 달성하면 좋다고 논했다고 한다(渡辺孟次, 1979).

1978년 말부터 1979년 초에 이제 막 부활한 덩샤오핑은 중대한 국사(國事)로 분주했다. 평화우호조약 비준을 위한 방일, 태국·말레이시아·싱가포르 방문(11월 5~14일), 중앙공작회의 및 3중전회의 개최, 국교 정상화를 위한 방미 등이다. 이러한 것은 개혁개방을 추진하는 데 있어서 가장 중요한 외교·내정 과제로 베트남에 대한 징벌 전쟁은 이 와중에 틈을 내서 수행된 것이다.

제2단계는 12월 25일 베트남의 캄보디아 침공 이후, 12월 말에 열린 중앙군사위원회이다. 덩샤오핑이 베트남에 대한 징벌 작전을 제안하고 모든 참가자가 지지했으며 덩샤오핑은 쉬스유와 양더즈(楊得志)를 사령관으로 임명했다. 제3단계는 1월 22일 덩샤오핑의 자택에서 열린 회의에서 중앙군사위원회 주요 구성원이 모였다. 장샤오밍은 "이 회의에서 베트남에 대한 작전의 최종 계획과 개전일 디데이(D-day)가 결정되었던 것으로 보인다"라고 한다(Zhang, 2005).

최종 단계가 개전 직전인 2월 8일 덩샤오핑이 귀국하여 9~11일에 덩샤오핑 주재로 열린 중앙군사위원회(혹은 중앙정치국 확대회의)이다. 동 회의는 2월 17일에 베트남에 대한 작전을 개시한다는 지시를 광저우 군구 및 윈난 군구(雲南軍區)에 하달했다.

이리하여 2월 16일 중공 중앙이 베이징에서 열린 당·정·군의 간부 보고회에서 덩샤오핑이 중공 중앙을 대표하여 "베트남에 대한 자위 반격 문제에 대한 보고"를 행했다(『中國共産黨執政50年』; 『鄧小平年譜』上). 덩샤오핑은 이 전쟁이 '동방의 쿠바'에 대해 교훈을 주는 것이라고 강조했고, 위험이 지나치게 크고 4개 현대화를 정체시키며 비난받고 쓸데없는 일이 된다는 등의 걱정을 날려버리듯이 격문(檄文)을 발표했던 것으로 전해진다(施華, 1979). 이튿날 2월 17일 제한전쟁이 시작되었다.

## 중월전쟁에 대한 평가

이 전쟁은 도대체 무엇이었을까? 무엇을 의도했을까? 목표는 달성되었을까? 취싱은 다음과 같이 말한다. ① 소련과 베트남이 남북에서 호응하고 있는 것에 반격하지 않는다면 4개 현대화에 집중할 수 없게 되므로 베트남에 대한 자위 반격 전쟁은 필요했다. ② 군사 투쟁으로서 전략상 가능하고 정치적으로 보았을 때 적절하며 중국의 국가이익에 유리하다고 판단했다. 또한 소련에 대해서는 ③ 대규모 개입은 있을 수 없고 중규모라면 대응할 수 있다고 판단했다. ④ 정치적으로도 베트남에 대한 제재는 국제 여론의 반발을 그다지 사지 않는다는 판단이 있었다고 한다(曲星, 2000).

이 제한 작전에 대해서 덩샤오핑의 살아 있는 목소리에 가까운 것을 소개해 보도록 하겠다. 1979년 2월 26일 교도통신(共同通信)의 와타나베(渡辺) 사장에 의한 인터뷰다. 베트남에 어떠한 교훈을 주었는가 하는 질문에 대해 덩샤오핑은 "우리는 전과(戰果)에 무게를 두지 않는다. 목적은 한정되었고 베트남 사람에게 그들이 생각하는 대로 이리저리 뛰어다녀서는 안 된다는 것을 알려주는 것에 있다"고 분명하게 강조했다. 또한 소련으로부터의 공격이 없는 것으로 상정하고 있는 것 같다는 질문에 대해서는 "우리의 목적은 한정되었고 시간도 길지 않기 때문에 (소련의 중국에 대한 공격의) 위험을 완전히 배제할 수는 없지만, 대체로 무난할 것으로 생각한다"라고 확실히 주장했다. 또한 "(이 상태 그대로라면) 중국인이 연약하게 보이게 되어버린다"라는 속내도 드러난다(≪讀賣新聞≫, 1979.2.27.).

이것을 통해 판단할 수 있는 것은 우선 중국의 자위 반격의 목표가 '징벌한다'라는 대단히 도의적인 것이었고 또한 덩샤오핑의 결의가 확고했던 것, 다음으로 미국의 연약한 모습이다. 정상 회담에서 지미 카터(Jimmy Carter) 미국 대통령이 덩샤오핑에게 반론하고 있지 않을 뿐만 아니라 방미 중에 덩샤오핑이 TV 인터뷰와 미국 상원 의원과의 회담에서도 베트남 제재에 대해 재삼 공언하고 있음에도 카터 정권으로부터도 미국 상원으로부터도 비판받는 일은 없었다. 미국은 중국의 베트남에 대한 징벌 전쟁을 묵인했다. 물론 미국이 당시 취했던 미중 전략 제휴에 의한 소련에 대한 대항이라는 대전략을 위한 것이다.

킹 천은 베트남에 대한 '제재 전쟁'은 "신중하며 단계를 밟는" 프로세스로 결정되었고 덩샤오핑의 리더십이 결정적이었던, 실로 '덩샤오핑의 전쟁'이었다고 한다. 그 위에서 한정적 능력, 제한 전쟁이었다는 점에서 1962년 중국·인도 분쟁과 매우 유사한 패턴이며, "중국식 위기관리"인 것과 동시에 제재 전쟁 그 자체가 1949년 이래의 베이징의 외교 정책의 대표적 사례라고 주장한다. 중국군은 베트남에 '교훈'을 주기 위해 국경을 넘었다(Chen, 1986).

중국의 전략 문화, 군민(軍民) 관계 문화, 군사조직 문화로부터 중국 외교에서의 군사 행태를 분석한 앤드류 스코벨(Andrew Scobell) 미국육군대학 교수는 제재 전쟁 그 자체를 "강제력에 의한 외교"로 간주하고 "한정적으로 성공했다"고 보고 있다. 또한 덩샤오핑과 같은 최고 지도자의 승인 없이는 일어날 수 없었던 전쟁, 하지만 회상록 등이 이 전쟁에 대해 거의 언급하고 있지 않은 점으로부터도 알 수 있는 바와 같이, 이 전쟁은 절대 성전(聖戰)이 아니고 그다지 자랑스러운 전쟁도 아니었다고 평가한다. 하지만 권력의 장악과 개혁개방의 추진을 도왔다는 의미에서 덩샤오핑에게 있어서는 잃은 것보다도 얻은 것이 많았다는 것이 스코벨의 견해다(Scobell, 2003).

또한 베이징의 전략사고를 '기회의 창', '취약성의 창'이라는 시각에서 보았던 크리스텐센은 중월전쟁은 중국의 무력행사 중에서 분석이 가장 어렵다고 하면서 다음과 같이 말한다. 이 전쟁에는 다분히 ① 강제력을 보여주는 정치적 메시지, ② 베트남의 캄보디아 침공을 군사적으로 저지한다는 두 가지의 목적이 있었다. 하지만 요컨대 베이징은 영토 등의 직접적 목적을 위해서가 아니라 오히려 정치적인 이유로부터 전쟁이라는 위험을 불사했다는 상징적 사례를 만들어냈다고 한다(Christensen, 2006).

### '덩샤오핑의 전쟁'

나아가 장샤오밍은 '덩샤오핑의 전쟁' = 중월전쟁에 대해서 ① 중국 지도자는 일반적으로 군사력의 사용에 대해서 신중하며 또한 충분히 계량(計量)한다. ② 하지만 일이 국가이익에 관련되는 것으로 판단되면 전쟁의 위험을 주저하지 않는다. ③ 그들은 '군사적 승리'의 의미를 전장(戰場)에서의 작전상의 성과라기보다는 지정학적 결과로부터 판단한다고 정리하고 있다. 중국의 견지에서 보자면, 베트남에 대한 정치적 제재가 가능했다고 판단이 들면 중월전쟁은 승리했다는 것이 되는 것이다.

그런데 21세기에 들어서 여론, 특히 인터넷 여론은 과거 중국의 전쟁 전략, 전후 처리의 '오류'를 엄하게 비판하는 것이 많다. 아래에서는 그중에서 장청하오(江程浩)의 논의만을 소개해보도록 하겠다.

1979년의 중월 분쟁은 베트남을 징벌한다는 완전히 비(非)군사적 의도에서 전쟁을 일으켰고 보름 후에 '승리한' 중국은 모든 군대를 철수시켰다. 한마디로 '덩샤오핑의 전쟁'이다. 장청하오에 의하면, 중국은 아무런 조건도 없이 철수했고 전략 요지인 '높은 산' 노산(老山) 등을 베트남에게 빼앗겨 결국 그것을 되찾기 위해 수년 후에 다시 전투를 해야 했다. "중국의 베트남 출병의 목적은 대단히 애매하고 한정적이었다. 게다가 당시 지도자(덩샤오핑)의 대외 전쟁관에 의해 영향을 강하게 받았다"라는 것이 장청하오의 결론이다(江程浩, 2004).


## 4. 제3차 타이완 해협 위기(1995~1996)

### 타이완 해협을 향했던 군사 연습

우선 무슨 일이 일어났는가? 1979년 1월 중국은 '타이완의 해방'이 아니라 '평화 통일'을 일순위로 삼는 정책으로 전환했다. 1월 1일 전국인대 상무위원회의 명의로 발표된 "타이완 동포에게 보내는 글"은 타이완과의 통항(通航)·통우(通郵) 및 경제 관계를 호소했다. 또한 같은 날, 쉬샹첸(徐向前) 국방부장은 1958년부터 계속되고 있던 진먼다오·마쭈다오 등에 대한 포격을 정지한다고 발표했다. 이러한 새로운 타이완 정책은 1978년 말부터의 4개 현대화 정책에 호응하는 것이었다.

1995년까지 중국·타이완 관계는 기본적으로 위의 '평화 통일' 정책을 기초로 하여 비교적 안정된 것이었다. 1992년의 '남순강화(南巡講話)'를 계기로 덩샤오핑 시대에서 장쩌민 시대로 들어가는데 1995년 1월 30일의 장쩌민의 강화 "조국 통일 사업의 완성을 위해 분투하자"는 평화 통일, 경제 등의 교류, 평화 통일을 위한 교섭, '중국인은 중국인과 전쟁하지 않는다'라는 등의 온화한 방침을 제기했다(이른바 '장쩌민 8항' 제안).

하지만 타이완 내부의 상황은 유동적이었는데, 1994년 이래 '중화민국 타이완'의 국제적 인지를 확대시키기 위한 리덩후이의 '실무 외교'가 왕성해졌다. 중국·타이완 관계를 바꾸어놓았던 것은 1995년 6월 리덩후이가 모교인 미국의 코넬대학을 개인적으로 방문한다는 명목으로 방미했던 일이다. 이것에 강하게 반발했던 중국은 7월 21~26일 동중국해 공해상에서 지대지(地對地) 미사일 6발의 실탄 발사훈련을 실시하며 압력을 가했다.

1996년 3월 23일의 타이완에서의 총통 선거를 함께 조준하며 3월 8일부터 25일까지 해방군은 전후하여 동중국해, 남중국해 해역과 공역(空域)에서 미사일 발사 훈련, 해군·육군의 실탄 연습, 타이완 해협에서의 육·해·공군 연합 군사 연습을 실시했다. 장완녠(張萬年) 중앙군사위원회 부주석은 군사 연습을 참관하며 다음과 같이 주장했다. "…… 우리는 일관되게 평화적 통일에 노력하지만, 무력 사용의 포기에 대한 약속을 절대로 하지 않는다. 만약 외국 세력이 중국의 통일과 타이완 독립에 간섭한다면 우리는 군사 수단을 포함한 모든 수단을 사용하여 단호하게 조국 통일을 지키고, 국가 주권과 영토 보전을 수호하며 ……"라고 했다(『中國共産黨執政50年』).

이에 대해서 타이완 측은 펑후다오(澎湖島), 마쭈다오, 둥인다오(東引島)에 미사일을 긴급 배치했고, 한편 미국이 3월 10일에 제7함대 소속 함선 2척의 긴급 파견을 통보함으로써 한때 타이완 해협은 상당히 긴장되었다(제3차 타이완 해협 위기). 중국은 '하나의 중국, 하나의 타이완'으로 실질적인 독립을 추진하는 리덩후이가 높은 득표율을 얻는 것을 저지하기 위해서 군사 연습을 통해 타이완을 위협했다. 하지만 결과는 두 명의 친(親)통일파 후보가 10%, 15%의 표밖에 얻지 못했던 것에 반해서, 리덩후이의 득표율은 54%로 예상을 초월했다. 이 점에서는 위협 작전은 실패했다.

## 군의 압력은 있었는가

1995~1996년 중국이 타이완에 행한 위협의 프로세스는 수수께끼이지만, '목적은 무엇이었는지', '결정 프로세스에서 당과 군의 사이에 대립이 있었던 것은 아닌지' 등에 대해 다양한 견해가 있다. 주로 홍콩 정보에 의거한 비젠하이(Bi, 2002), 마이클 스웨인(Swaine, 1996)의 연구 등을 토대로 개관해보도록 하겠다. 비젠하이는 당시 군과 당(내지 외교부)의 사이에 의견 대립이 있었으며 아직 불안정한 권력 기반밖에 갖고 있지 못했던 장쩌민이 군의 지지를 확보하기 위해 군이 요구하는 타이완에 대한 강경한 정책을 채택했다는 관점에 입각해 있다.

우선 포스트 덩샤오핑 시기로 이행하고 있던 1990년대 전반, 해방군은 대외 정책과 예산의 배분을 둘러싸고 정치에 상당히 개입했던 것으로 보인다. 1994년 3월 전국인대 개최 시에는 100명의 '군 대표'가 "국방비를 일정한 GDP 비율로 고정하도록" 요구하는 문서를 제출했고, 또한 특히 외교부(타이완 문제 판공실)의 타이완 정책과 대미 정책이 유화적이라고 자주 비판하며 첸치천 외교부장의 파면까지 요구했다(Bi, 2002; Swaine, 1996).

1995년 1월에는 장쩌민 8항 제안과 동시에 군이 타이완 해협 군구(軍區)에 미사일 전력을 배치했고, 5월 클린턴 정권이 리덩후이에 대한 비자 발급을 결정하자, 국방부장 등이 중앙군사위원회 측에 "미국의 도발에 대해서 단호한 대응을 타이완에의 결정적 수단을 취할 것"을 요구하는 서간을 제출하는 등 민감한 반응을 했다고 한다. 또한 1995년 6월 10일 군 관계자가 열었던 항일전쟁 50주년 기념 심포지엄에서 퇴역 군인이 장쩌민의 미국 및 타이완에 대한 저자세를 비판했고 중공 중앙·국무원·중앙군사위원회 측에 "타이완과 미국에 강경한 자세를 채택하고 타이완 문제를 힘으로 처리할 것"을 요구하는 서간을 제출했다(Bi, 2002).

위와 같은 움직임으로 1995년부터 군은 여론의 동원, 중앙에의 직접적인 움직임 등의 방법을 통해 타이완·미국에 대해 강경한 정책을 취하도록 압력을 가했다. 그 핵심 인물은 중국인민해방군 해군 상장(上將) 출신의 류화칭(劉華淸) 중앙군사위원회 부주석이었다(Bi, 2002).

그런데 현재까지의 자료 상황으로는 이러한 점을 검증하는 것은 불가능하다. 하지만 덩샤오핑 체제로부터 장쩌민 체제로의 권력 이행기라는 점, 1995~1996년 타이완 내에서 이제까지 존재하지 않았던 새로운 움직임이 발생했다는 점 등을 함께 고려해보면, 선행 연구가 주장하는 것과 같이 군이 움직였다는 것은 있을 수 있다. 하지만 스웨인은 이것과는 다른 견해를 갖고 있다. 그의 기본적 논점은 다음과 같은 것이다.

① 1980년대까지 타이완 정책은 마오쩌둥·덩샤오핑 등의 절대적 지도자의 손에 완전히 통제되었다.

② 타이완에 대한 정책의 내용과 결정 구조가 변해가는 것은 1993~1994년, 즉 덩샤오핑에서 장쩌민으로의 권력 이행기다. 정책 결정의 주체도 과거의 '타이완 문제 영도소조'로부터 정치국 상무위원회, 중앙군사위원회로 이동해갔다.

③ 당·군·정부의 지도자 간에는 타이완 정책에 대해서 기본적 합의가 있었다. 군과 장쩌민·외교부 사이에 원칙적 대립이 있었다고 보는 것은 잘못된 것이며, 1994년 이래 장쩌민이 권력을 장악했다는 사실을 과소평가하고 있다(Swaine, 2001).

## 한 가지의 교훈: 국방법의 제정을 향해

결정에 관계된 자료가 전혀 공개되지 않고 있는 이상, 위와 같은 의논에 최종 판단을 낼 수는 없다. 다만 타이완 해협에서의 미사일 연습으로 타이완을 위협하는 전략은 1995년 1월의 장쩌민 8항 제안과는 다르다는 점, 1994~1995년 군이 정치적 로비를 멋지게 행하고 있다는 점은 사실이며, 1996년 연습에 대해서는 군 혹은 일부 군인이 회부했을 가능성은 부정할 수 없다. 군은 타이완에 대한 전략 외에 국방 예산이 증가하지 않는 것도 불만이었던 것으로 보인다.

또한 타이완 해협 위기가 발생한 그 이듬해 1997년 3월의 전국인대에서 채택된 국방법은 "중국의 무장력은 중국공산당의 영도를 받는다"라고 확실히 규정했다. 국법(國法) 중에 당의 지도를 규정하는 것에 신중했던 중앙이 왜 군대에 대한 당의 지도를 적나라하게 규정했을까? '덩샤오핑 이후' 당·군 관계에 갈등이 있었다는 것을 추측할 수 있으며, 1996년의 '위기'에 현저했을지도 모른다.

군사 연습을 통해 타이완 사람의 리덩후이에 대한 지지율은 오히려 높아졌고, 중일 관계의 견지에서 말하자면 일본의 대중 여론의 급격한 악화를 가져왔다(친밀하다고 느끼는 일본인, 중일 관계를 양호하다고 보는 일본인이 전체의 70%에서 40%대로 급격하게 감소했다. 이 책 제3장의 〈그림 3-2〉 참조). 하지만 거꾸로 스코벨이 말하는 바와 같이, 실제의 전투 없이 타이완의 독립을 향한 움직임을 강하게 견제했고, 타이완에서 유사시 중국군의 미사일 사용의 가능성과 의지를 보여주었다는 것 등 '강제 외교', '선제 외교'의 효과를 보여주었던 점도 지적해두지 않으면 안 된다(Scobell, 2003).

## 5. 외교로서의 대외 군사 행동

### 정치적 행위

이 장에서는 세 가지의 '국경을 넘은 군사 행동'을 검토했다. 핵심 질문은 대외 군사 행동의 의도는 어디에 있었는가, 공통되는 특징은 무엇인가, 의도는 실현되었는가, 당·군부도 포함한 중국의 지도자가 '힘의 행사'를 어떻게 인식하고 있는가 등이다.

한국전쟁에서 중국의 지도자는 재삼 주저하던 끝에 압록강을 넘었다. 군사적 결정에 대해서 긴 이력을 지니고 있던 마오쩌둥 자신도 이럴 정도로 당혹스러운 가운데 내린 결단은 없었을 것임에 틀림없다. 커다란 희생을 지불하더라도 군사 개입을 했던 것은 ① 형제인 북한에 대한 '국제적 의무', ② 미국이 한반도를 제패한다면 중국의 안전이 근본부터 위협받는다는 안전보장의 우려 때문이었다. 군사 전략적으로는 초기 단계에서 군사적 '결의'를 보여줌으로써 이후 대규모 전투를 미연에 방지한다는 것이었던 것으로 보인다. 하지만 이 전쟁으로 중국 지도자는 결정적인 것을 배웠다. 미국과의 직접 대치는 절대로 회피하고, 미군의 전면 개입을 초래할 수 있는 전략의 결정은 절대로 하지 않는다는 것이다. 1954년 철저한 항전(抗戰)을 주장하는 베트남을 억누르며 제네바 회담에서 남북 베트남 분단의 휴전협정을 실현시켰던 것은 인도차이나 분쟁의 '한국전쟁화'를 어떻게든 회피하고자 하는 강한 결의에 의한 것이었다고 여겨진다. 1958년의 진먼다오·마쭈다오 포격도 대미 직접 대결은 하지 않는다는 정치적 메시지였던 것으로 보인다. 또한 1964~1965년 북폭으로 베트남 상황이 최대의 위기에 빠졌을 때마저 중국 지도자는 결코 베트남에 대한 출병은 고려하지 않았다. 한국전쟁의 경험은 중국의 그 이후 대외적 군사 행동의 틀을 결정했다.

'덩샤오핑의 전쟁'이라고 불리는 1979년의 베트남 제재를 위한 '자위 반격 전쟁'은 당초부터 지역적, 전략적, 공간적, 시간적으로 대단히 한정되어 있었다. 이 전쟁의 목적은 '배신한 베트남'에 대해 징벌하는 것이었고, 소련에 의한 대(對)중국 포위를 선제적으로 억지하는 것이었다. 군사적 목적보다도 정치적, 도의적 목표에 의해 싸웠던 것이다. 중화 중심적인 전통적 국제 질서관을 살펴볼 수도 있다.

1995~1996년 타이완에 대한 무력 위협을 베이징의 지도자는 군사 행동으로 고려하고 행했던 것은 아니다. 독립을 향해 움직이는 타이완, 그것을 지지하는 미국에 대해서 중국의 '단호한 결의'를 보여주는 정치적 행위였다. 포스트 덩샤오핑 시기로의 권력 이행기였던 점도 영향을 미쳐, 현대 중국의 군사적 결정에 있어서 예외적으로 군이 주도권을 잡았던 흔적을 엿볼 수 있다.

## 두 가지의 신화

크리스텐센은 한국전쟁, 제1차 타이완 해협 위기, 제2차 타이완 해협 위기, 중국·인도 분쟁, 베트남전쟁(1964~1965), 1969년 중소 국경분쟁, 1974년 시사 군도 분쟁, 1979년 중월전쟁 등 여덟 가지의 '전쟁'을 사례로 하여 '베이징의 힘 행사'를 분석했다. 그는 이러한 것에 대해서 기회의 창, 취약성의 창이라는 논리 및 예방 전쟁 및 선제 전쟁의 전략 이론을 원용하고 있다. 그 결과 베이징의 전략적 사고를 ① 만약 힘이 가까운 장래에 행사되지 않는다면 취약성이라는 위험한 창이 열려 어떤 목적 달성을 위한 기회의 창은 영구히 닫혀버리게 된다는 신념, ② 만약 힘이 사용되지 않는다면 강한 적은 갈수록 강해진다는 인식, ③ 힘의 행사는 전략 문제의 해결을 위해서라기보다 전략 정책의 장기 설계를 위해 행해지는, 대증 요법이라기보다 치료법이라고 말할 수 있다고 정리하고 있다. "많은 경우 취약성의 창이 열리고 기회의 창이 닫혀버리게 되었다고 베이징이 생각할 때, 중국의 '힘의 행사'는 행해졌다"라는 것이 그의 결론이다(Christensen, 2006). 크리스텐센이 말하는 '선제 전쟁'은 중국 연구자가 말하는 방식을 빌리자면 '적극방어'이기도 하다. "중국 혁명은 시종일관 적이 강해지고 아군이 약한 상황에서 싸웠다. 소극방어를 한다면 혁명 세력을 크게 만들수 없을 뿐만 아니라 세력 보존마저 불안정해지게 된다. 오랜 전쟁 경험을 지닌 장군들의 뇌리에는 적극방어의 관념이 깊게 익숙해져 있다"(劉國新, 2004)라는 성향은 덩샤오핑까지의 제1세대의 지도자에게 공통되고 있다.

한편 스코벨은 현대 중국의 지도자는 평화적이고 방어적이며 온건한 문인(文人) 정치가가 매파의 군으로부터 끊임없이 압력을 받고 있고, 문인이 우위에 있고 무인(武人)이 열위에 있으며, 또한 무력에 의지하지 않고 국체(國體) 문제를 해결해온 중국사의 전통은 지금도 계속되고 있다는 '통설'에 과감하게 도전한다. 그가 선택한 사례는 한국전쟁, 문화대혁명에 대한 군의 개입, 1979년 중월전쟁, 톈안먼 사건과 군, 그리고 1995~1996년의 타이완 해협 위기 등 다섯 가지이며, '전략문화'의 이론적 접근을 사용했다. 결론으로서 그는 군사에 관한 두 가지의 신화[장성(長城)이 상징하는 평화적·방어적 전략, 장정(長征)이 상징하는 군인은 문인에게 종속된다는 것]는 어디까지나 신화에 불과하며 현대 중국이 채택한 군사 행동을 살펴보면, 현실 정치와 유교적 전통의 결합이며, 그것이 만들어낸 '방어 숭배'(중국 문명은 항상 방어적이라는 신념)에 다름 아니라고 한다. 그리고 자신에게 있어서는 방어적이라고 해도 공격을 받는 자의 입장에서 결코 방어적이 아니라는 사실을 받아들이려고 하지 않는다고 한다(Scobell, 2003).

이 장에서 분석한 사례로부터 말할 수 있는 것은 ① 중국은 대외 군사 행동을 군사적 목표와 영토 확장적 목적을 위해 행했던 것은 아니며 항상 정치와 도의(물론 중국의 도의)가 선행되고 있고, ② 군사 전략적으로는 선제 전쟁(적극방어) 전략의 발상이 강하며, ③ 어떤 정치적 목적물을 수중에 넣기 위해 군사적 수단을 사용했던 쪽이 더욱 유효하다고 판단되면 군사적 수단의 채택을 불사한다는 점이다. 단적으로 말하자면, 현대 중국에서는 '국경을 넘은 군사 행동'은 어디까지나 외교의 연장, 정치의 연장이다. 다만 이것이 제5대 지도자 시진핑의 시대에도 해당되는지 여부는 명확하지 않다.•

• 양보장(楊伯江) 중국사회과학원 일본연구소 소장은 2010년 이후 현재까지의 중일 관계는 '모순의 확산 및 전략경쟁 시기'에 해당하는 것으로 평가하고 있다(楊伯江, "中日邦交正常化: 50年發展軌迹及對未來的智慧啓迪", ≪外交≫ 第144期(2022), pp.132~136). 한편 한 네티즌은 "자위대의 임무에는 국민의 생명을 지킨다는 것이 명기되어 있지 않다"라고 지적하면서 "자위대법 제3조에서 자위대의 임무는 자국의 평화와 독립을 지킨다고 되어 있는데, 여기에서 말하는 평화란 정권 여당(자민당)의 평화인가? 결코 '국민의 생명과 생활을 지킨다'라는 것이 명기되어 있지 않다. 그 결과 국민의 생명 따위는 어떻게 되든 관계없고 정권의 유지만 고려할 뿐"이라고 주장했다["台湾総統, 自民の世耕氏と会談 安保3文書改定を評価"(時事通信, 2022.12.28.)의 댓글에서 인용]. 실제로 일본 자위대법 제3조는 "자위대는 우리나라(일본)의 평화와 독립을 지키고 국가의 안전을 유지하기 위해 우리나라(일본)를 방위하는 것을 주요 임무로 삼으며, 필요에 응하여 공공의 질서 유지를 맡는 것으로 한다"(自衛隊は, 我が国の平和と独立を守り, 国の安全を保つため, 我が国を防衛することを主たる任務とし, 必要に應じ, 公共の秩序の維持に當たるものとする)라고 되어 있으며, 자국민의 생명 보호에 대한 언급이 전혀 없다. _옮긴이 주

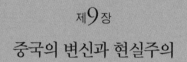

제9장

중국의 변신과 현실주의

## 1. 10년의 주기

1949년에 사회주의를 지향하는 신생 국가로서 탄생한 중국의 외교는 그 이후 거의 10년 주기(cycle)로 변화해왔다. 국가 목표, 외교를 구속하는 조건(외적 환경 혹은 국내 정치), 전략론, 국제 시스템에 대한 태도(기존 시스템의 변경을 추구하는가, 현상유지인가), 국제 시스템에 대한 사상적 접근(마르크스·레닌주의부터 현실주의까지)의 변화를 10년마다 살펴보면 대단히 흥미롭다. 중국 외교가 기본적으로는 시대 상황(전쟁·혁명인가, 평화·발전인가)에 의해 크게 좌우되어 왔던 것, 자국이 처한 지위 및 국내 상황에 부응하여 국가 목표를 10년마다 '조정'하고 시대와 환경에 반응해왔던 것을 알 수 있다(〈표 9-1〉 참조).

### 중국 외교의 현실주의

1990년대 초, 냉전 종식과 함께 중국은 새로운 전략에 나선다. 그 근저에는 국제정치의 전략 균형을 판단하고 자신의 역량도 신중하게 분석한 현실주의가 있다.

한 가지는 덩샤오핑의 남순강화로 대표되는 것과 같은 개혁개방과 시장화의 가일층 추진이다. 그것에 의해 소련과 같은 붕괴를 피하지 않으면 안 되었다. 또 한 가지는 대외적으로 은인자중(隱忍自重)하는 전략을 취했다. 이것이

표 9-1_ 중국 외교 60년간의 추이

| | 국가 목표 | 외교를 구속하는 조건 | 전략론 | 국제 시스템에 대한 태도 | 국제 시스템에 대한 사상적 접근 |
|---|---|---|---|---|---|
| 1950년대 | 혁명 | 국제정치 환경 | 대소 일변도· 2개 진영론 | 시스템 변경 | 마르크스주의 |
| 1960년대 | 혁명 | 국제정치 환경 | 대소 일변도· 2개 진영론 | 시스템 변경· 반(反)시스템 | 종속론 |
| 1970년대 | 경제성장 | 국제정치 환경 | 반소 일조선· 3개 세계론 | 선택적 시스템 변경 | 종속론 |
| 1980년대 | 경제성장 | 국내압력· 경제성장 | 독립자주 | 시스템 유지· 활용 | 현실주의 |
| 1990년대 | 성장·대국화 | 국내압력· 경제성장 | 도광양회 | 시스템 유지·활용 | 신기능주의 |
| 2000년대 | 대국화·패권 | 국내압력· 국제환경 | 전략적 파트너십 | 시스템 창출 | 신기능주의· 신현실주의 |

1980년대 말에 덩샤오핑이 제기했던 것으로 알려진 '도광양회'(韜光養晦, 전면에 나서지 않고 시기를 계속 기다리기) 전략이다.

이 전략은 국내적으로는 톈안먼 사건으로 중국이 국제사회에서 고립되고 세계적으로는 사회주의가 붕괴하여 '동(東)'의 세계가 쇠락했던 가운데 생겨났다. 1990년 12월 24일 덩샤오핑의 "(작금의 혼미한 국제 정세 아래에서) 제3세계의 일부에서는 중국이 대표가 되어주었으면 좋겠다고 요구하고 있지만, 우리는 절대로 선두에 서지 않는다. 좋은 것이 한 가지도 없으며 많은 주도성을 상실하게 되기 때문이다"라는 말이 단적으로 '도광양회' 전략의 핵심을 말해주고 있다(『鄧小平文選』第3卷). 당시 중국의 첸치천 외교부장은 1995년 "덩샤오핑의 '냉정하게 관찰하고, 입장을 확고하게 견지하며, 침착하게 대응하고, 힘을 숨기며 시기를 기다리고, (때가 되면) 일부 성취를 해낸다(冷靜觀察, 沈着應付, 穩住陳脚, 韜光養晦, 有所作爲)'라는 20자(字) 전략 방침"으로서 정리했고 '선두에 서지 않는다', '패권을 제창하지 않는다'는 것으로 1990년대 중국 외교를 지배했다(錢其琛, 1996).

하지만 이 '도광양회'가 시행된 것은 10년 남짓이었고, 1990년대 말부터 중국 외교는 다시 변하기 시작했다. 마침 개혁개방 정책이 멋지게 성공하여, 동아시아에서의 대국을 향한 길을 걷게 되었다. 이 무렵부터 중국은 일단 이데올로기, 이상(理想) 등에서 멀어지고, 오로지 현실주의와 국가이익의 외교로 전환해 나아가게 된다.

## 국가이익과 핵심적 이익

1950~1970년대 중국의 외교 사상에 국가이익의 관점은 없었다. 국제주의와 가난한 제3세계와의 연대가 중심이었다. 1990년대 후반, 국가이익론을 표방하며 중국의 국제정치학계에 등장했던 것이 옌쉐퉁 칭화대학 교수다. 그는 마르크스주의로부터도 국제주의로부터도 자유로운 형태의 생물처럼 이익을 계속 추구하며 움직이고 그 이익을 확대해 나아간다는 국가의 의지를 논했다. 그의 논점은 다음과 같이 정리할 수 있다(閻學通, 1996).

- 국가이익에 계급성은 없고, 그 어떤 국가도 이익을 추구한다.
- 국가이익과 개인이익은 통합된다.
- 국제이익은 국가이익이 변형된 것으로 그 연장선 위에 있다.
- 국가이익은 시대, 국가의 행방에 의해 변화하고, 또한 대외 활동이 확대되면 국가이익도 확대된다.
- 국가이익은 국경 안으로 한정되지 않는다.
- 국가이익에는 긴박(緊迫), 중요(重要), 차요(次要)의 구별이 있다.
- 국가이익의 종류에는 경제이익, 정치이익(주권과 권리), 문화이익(민족 정체성) 등이 있다.

중국의 국제정치학계는 옌쉐퉁의 이론을 둘러싸고 자주 활발한 의논을 했다. 당초에는 비판적인 사람이 압도적이었지만, 순식간에 국가이익론이 대세가 되었다. 그 이후 그의 국가이익론은 정부의 공식 정책 가운데 핵심이 되어간다.

이 철저한 현실주의를 부연하자면, 중국이 확대하고 세계로 진출하면 할수록 지켜야 할 국가이익은 확대된다. 19세기 말, 일본에서 야마가타 아리토모(山縣有朋) 등이 생명선(生命線)론, 이익선(利益線)론을 주장하고 군부가 생명선, 이익선을 지키기 위해서 군사 행동을 확대하고 수렁 속의 전쟁에 빠져든 사실(史實)은 주지하는 바와 같다. 옌쉐퉁의 의논은 일본 군부 내지 독일 파시즘의 군사이론을 상기시킨다.

그 이후 '핵심적 이익'론이 등장했다. 2009년 7월, 다이빙궈 국무위원은 미중 전략경제대화에서 다음과 같은 세 가지 사항의 핵심적 이익을 언급했다.

① 국가 주권과 영토 보전. 구체적으로는 타이완 문제, 하나의 중국 원칙, 티베트 독립운동 문제, 동투르키스탄 독립운동 문제, 남중국해 문제[9단선(九段線)·남해제도(南海諸島)], 센카쿠 열도 / 댜오위다오 문제
② 국가의 기본 제도와 안보의 유지
③ 경제·사회의 지속적이며 안정된 발전

2011년 9월 〈평화발전백서〉에서는 '핵심적 이익'이란 다음의 여섯 가지라고 확실히 정의하고 있다. 즉, ① 국가의 주권, ② 국가의 안전, ③ 영토의 보전, ④ 국가의 통일, ⑤ 중국의 헌법이 확립한 국가의 정치제도와 사회 전체의 안정, ⑥ 경제·사회의 지속적인 발전의 보장 등이다.

센카쿠 열도, 동중국해, 남중국해 등 구체적 지역을 지칭하며 '핵심적 이익'이라고 언급하는 것은 피하고 있지만, 2013년 4월 26일 중국 외교부의 화춘잉(華春瑩) 부보도국장은 처음으로 센카쿠를 '핵심적 이익'이라며 "댜오위다오의

문제는 중국의 영토 주권에 관계되어 있다. 당연히 중국의 핵심적 이익에 속한 다"라고 말했다. 중국이 센카쿠 열도를 타협의 여지가 없는 국익을 의미하는 '핵심적 이익'이라고 공식적으로 호칭한 것은 처음 있는 일이었다. 또한 중국 의 지도부 내에서 센카쿠를 핵심적 이익으로 간주할지 여부를 놓고 논쟁이 있 다고 전해졌다(チャイナ·ウォッチ, 2013.4.30.).

## 2. 중국 외교론

### 매파(강경파)의 의논

지금 중국은 공식 외교에서는 '핵심적 이익'론에 입각하여 현실주의와 힘의 외교를 선택하고 있다. 오늘날의 중국이 가장 지켜야 할 진정한 핵심적 이익으 로 간주하고 있는 것은, 그중에서도 국가 주권, 영토, 현행 정치체제(regime)의 세 가지다.

이 '핵심적 이익'론 자체는 초현실주의(ultra-realism)라고 말할 수 있다. 하지 만 중국의 국제정치학계에서 득세를 하고 있는 매파 논객은 모두 현실주의자 이다. 옌쉐퉁의 의논을 소개해보도록 하겠다.

그는 2011년 시점부터 도광양회론은 더 이상 시대에 맞지 않다고 확실히 말 하고 있다. "중국의 학자 중에서는 '도광양회'의 견지가 주류이고 나는 비주류 다. 중국은 더 이상 '도광양회'를 채택해서는 안 된다. …… 중국이 세계 제2위의 초강대국이 되었고 (지금은 도광양회의) 폐해가 커지고 있다"라고 말했다(≪日本 經濟新聞≫, 2011.1.13.). 또한 같은 날, 같은 신문에서 리버럴한 국제정치학자 왕 이저우(王逸舟) 베이징대학 교수는 "중국의 기본적인 방향은 패권을 제창하지 않고 우두머리의 위치에 서지 않는다는 것이다. …… '도광양회'를 포기해야 한 다고 주장하는 사람은 강경파이고, 나는 국제파다"라고 반박했다.

특히 옌쉐퉁의 일본론은 격렬하다. 2014년 4월 11일 ≪아사히신문≫과의 인터뷰에서 그는 지금 중국에는 네 가지 유형의 양국 간 관계가 있다고 논하고 있는데[① 우호·협력 관계(러시아), ② 보통의 관계(독일·프랑스 등), ③ 신형 대국 관계(미국), ④ 대항 관계], 그중 일본만을 대항의 관계로 규정하여 필자를 놀라게 했다. 중국의 언론계에서 일본을 대항 관계 속에서 파악한다고 공언하는 것은 오로지 옌쉐퉁 혼자만이 아닐까 한다.

또한 같은 해 말, 그는 부상하는 중국이 직면하는 외교적 딜레마 중에서 특히 대일 관계를 다루면서 "중일 간의 전략 모순은 미국이 없더라도 존재한다. 미국의 개입 및 비개입과 상관없이 중일 간에는 고유한 전략 모순이 있다"라고 판단했고(閻學通, 2014), 일본과의 전쟁 가능성에 대해서는 다음과 같이 말했다. "일본의 군부에 …… 권한 확대의 요구가 강하게 나오고 있다. 댜오위다오에서 충돌이 발생했을 때, 만약 군에 결정권이 주어지면 대단히 위험하다." 다만 중미 간에 핵 억지력이 작동하기 때문에 중일 간의 전쟁 가능성은 적고, 단지 "아베 총리의 재임 기간에는 중일 간 관계가 개선될 가능성은 대단히 적다. 최대라고 해도 지금의 수준을 유지할 뿐일 것이다"라고 현실주의자의 모습을 발휘하고 있다(≪日本經濟新聞≫ 中文網, 2016.3.29.).

또한 옌쉐퉁은 여러 국가 간의 협의보다 양국 간 관계, 특히 동맹 관계를 선호한다. 맹우국(盟友國)의 영토 내에 중국의 군사기지를 만들어야 하고, 경제 원조보다 군사 원조 쪽이 효과적이며 효율적이라고 공연하게 주장한다(閻學通, 2016). 그가 염두에 두고 있는 것은 파키스탄이다.

중국의 국제정치학계에서 국가이익을 둘러싼 의논이 정점에 도달한 것은 1999~2000년에 걸쳐서였는데, 그 결과 현실주의자가 우위를 차지하게 되었고, 중국의 공식 노선을 지배하게 된다. 2004년부터 2005년에 걸쳐서는 확장하는 해외 이익을 어떻게 지켜 나아갈 것인가를 둘러싸고 국제정치학자가 열심히 의논했다. 그 사이 2002년의 중국공산당 제18차 당대회가 '밖으로 나아가는 전략(走出去戰略)'을 처음으로 제기하고, 향후에 해외로 향해서 자본과 재화, 이어서는 다국적기업을 전개하는 전략으로 전환했다. 2004년 7월 '재외 사절단 회의'에서는 후진타오 주석이 재외 이익의 보호 능력을 강화하도록 제기했고, 같은 무렵 외교부에 국(局) 레벨의 '섭외 안전 사무국'을 설치하여 활동을 시작했다. 중국 해군은 2008년 12월에 소말리아 앞바다에서 해양 권익을 보호할 것을 요구하는 시위도 벌였다.

국제정치학자인 먼홍화(門洪華) 통지대학(同濟大學) 교수 등은 중국이 해외이익을 확대하는 가운데 확장하는 국내외의 여러 이익을 확보하기 위한 외교활동을 강화할 것을 주장하는 논진을 펼쳤다. 먼홍화에 의하면 해외 이익은 국가이익의 현장선 위에 있는, 이익의 핵심이다. 그리고 해외 이익에는 해외 정치이익, 경제이익, 안보이익, 문화이익 등 전체가 포함된다(門洪華·鍾飛騰, 2009).

## 비둘기파(온건파)의 일본론

애당초 비둘기파가 없는 것은 아니다. 앞에서 소개한 왕이저우는 리버럴의 대표이며, 왕잔양(王占陽) 중국사회주의학원 교수는 일본론에 대한 매파의 의논, 그리고 침략자론 일변도를 비판하고 다음과 같은 온건한 일본론을 전개하고 있다.

일본 인식에 있어서 장기간 방법론적 오류가 있었다. 그 때문에 일본은 다시 군국주의 국가가 된다는 오해로 연결되었다. 일본에 거주했던 적이 있는 중국인은 모두 일본이 군국주의의 길을 다시 걷는다고는 생각하지 않으며, 일본이 평화의 길을 걷는다는 것이 실제의 모습이라는 것을 잘 알고 있다.

또한 "제2차 세계대전 이후 일본의 길을 결정하는 요소가 모두 변화했다. 평화주의, 민주 법치, 경제적 요청, 재정적 구조, 미군의 주둔, 중국의 부상 등으로 인해 일본은 군국주의의 길을 다시 채택할 수 없게 되고 있다". 그리고 일본에서는 내정과 외교가 밀접하게 결부되어 있으며, 일본 외교는 내정이 결정하고 있고, 향후에 일본은 군국주의의 길을 걷지 않게 될 것으로 본다(王占陽, 2014).

나아가 일본에 체류하는 중국인 연구자 장커스(姜克實) 오카야마대학 교수는 역사 교육의 마땅히 있어야 할 모습에 대해 중일 쌍방을 향해 문제 제기한다. 그에 의하면, 일본의 학교에서의 역사 교육은 단편적 사실을 가르칠 뿐이고, 역사를 구조와 인과(因果)로서 가르치지 않는 결함을 갖고 있으며, 평화 교육에서는 원자 폭탄과 오키나와 전쟁 등의 피해 사실에 대한 교육에 편중되는 등의 문제가 있다고 한다. 한편 중국의 역사 교육도 이미 전쟁이 발생한 때로부터 4세대나 지나가고 있음에도 전쟁에 대한 원한·증오를 더 강하게 교육하고 있고, 사실 중국과 일본 모두에게 필요한 것은 정확한 역사 사실을 가르치는 것이라고 하면서, "청년들이 기억해야 할 것은 역사의 원한이 아니라 역사의 사실이다"라고 한다(姜克實, 2017).

장기간 유럽에서 외교관으로 활동한 우젠민(吳建民) 중국외교대학 원장은 2010년 이래 중국을 석권하고 있는 포퓰리즘, 배외적 민족주의에는 대단히 비판적이다. 그에 의하면, 편협한 민족주의의 표현은 두 가지가 있다. 한 가지는 중국이 국제 협조 레짐의 희생자라는 주장, 다른 한 가지는 덩샤오핑이 주장한 '분쟁을 뒤로 미루고 공동개발 한다'라는 사고방식에 도전하고 무력을 통한 해결을 제창하고 있는 것이다(吳建民, 2016).

또한 딩둥(丁咚) 프리랜서 정치평론가는 △ 지금의 남중국해·동중국해를 둘러싼 중국의 (공격적인) 정책은 덩샤오핑의 '도광양회'를 부정하고 야심 가득한 외교와 국방 정책을 전개하는 것이고, △ 강경한 정책을 취하고 있지만 그 결과에 대해서 대비하고 있는 것인지 의문시되며, △ '동아시아의 결맹(結盟)' 등을 제창하는 사람이 존재하지만, 동아시아 여러 국가 간의 상호 불신감은 대단히 깊고 화해는 어려운 것으로 보고 있다(丁咚, 2016).

하지만 이러한 비둘기파(온건파)의 주장은 감정적인 인터넷 여론에 의해 매국노 등으로 일축되고 배척되어버린다.

## 3. 전환점으로서의 2009년

### 대외 사절 회의

그런데 중국 전문가 사이에서는 2009년부터 2010년에 걸쳐서 중국 외교가 강경한 자세로 전환했다고 보는 논자가 많다. 그 표현으로 다루어지는 것이 2009년 7월에 베이징에서 열린 대외 사절 회의, 그리고 거기에서 행해진 '후진타오 강화'다. 우선 일본의 시미즈 요시카즈(清水美和)의 논의를 소개해보도록 하겠다. 또한 2009년 7월 2일의 ≪인민일보≫에 의하면 정치국 성원, 국무위원·외교부장·외교부 부부장 외에 각국 주재 대사 및 총영사, 국제기구의 대표, 중앙국유기업 책임자, 1급 행정구의 외사(外事) 책임자로 다이빙궈, 양제츠, 왕광야 등이 이 회의에 출석해서 연설했다. 군 관계자가 출석했는지 여부는 확인할 수 없다. 또한 '후진타오 강화'의 일부가 공표되었다.

이 대외 사절 회의에서는 후진타오 주석이 기존의 온건 노선(도광양회)을 대신하여 기회가 도래했으므로 "적극적으로 해야 할 것은 한다(積極有所作爲)", "대국 외교를 전개하라", 주변 국가들에 대해서는 지세학(地勢學)적 전략 거점을 구축해야 한다는 등의 적극 자세로의 전환을 제기했다(清水美和, 2011).

또한 시미즈 요시카즈는 후진타오의 이러한 적극적 공세의 배경에 대해서 중국의 저명한 국제정치학자 진찬룽(金燦榮) 중국인민대학 교수가 2010년 10월 도쿄에서 행한 강연 내용을 소개하고 있다.

"첫째, 현실주의 학자들로부터 유화 외교(宥和外交)가 국익을 훼손시키고 있다는 비판이 나왔다. 둘째, 중국의 국가 권익이 해외에서도 증가하고 있고 그 보호가 필요하다는 현실이 있다. 셋째, 국내에 '이익집단'이 존재하며 외교상의 안이한 타협이 국내정치에서 받아들여지지 않는다." 또한 진찬룽은 중국의 3대 국유 석유기업이 이익집단으로서 부각되고 있다며 다음과 같이 말한다. 석유기업의 "외교에 대한 영향력이 비교적 돌출되고 있고 해외에 회사로서 투자하지만, 투자 이후에는 (해외 권익의) 보호를 외교부에 요구한다. 이러한 상황은 중국에서는 '한 개의 회사, 두 개의 제도'•라고 부르고 있다"라고 한다 (清水美和, 2011).

이익집단에 대해서는 다음의 제4절에서 분석하는데, 그것이 외교를 크게 좌우한 사례로서 지적되는 것이 2008년 6월의 동중국해의 가스전 공동개발에서 중국과 일본이 합의하자 군(軍) 등으로부터 외교부에 대한 강렬한 반대가 나왔던 사례를 들 수 있다. 가스전에 대한 중일 합의에서는 일본이 주장하는 중간선을 넘는 북부 가스전의 공동개발을 추진하는 것에 합의하고, 동시에 이미 중국이 개발하고 있던 가스전 '춘샤오'에 일본이 출자하는 것도 포함되었다.

이것에 대해서 중국 국내에서 맹렬한 반발이 있었다고 한다. '춘샤오'는 중국이 진출해 이미 조업 직전에 있었고, 중국해양석유공사도 일본의 출자는 필요 없다고 했다. 반대가 표면화된 것은 인터넷 등에서였을 뿐이지만, 석유 관련의 이익집단이 당·정·군 내에서 맹렬한 압력을 가했던 것으로 보인다. 1895년 시모노세키조약(청일전쟁의 패전으로 청나라가 일본에 타이완을 할양했음) 이래의 '매국 외교'라고 비난하는 목소리마저 나왔다고 한다(清水美和, 2011).

또한 미국의 온건한 중국 연구자인 데이비드 샴보도 2009년부터 2010년 말에 걸쳐서 "중국 정부는 지역과 세계 전체의 양방에서 강경한 자세로 돌아왔다. 공격적인 언사, 정책상의 의견 대립, 양국 간과 다국 간의 대결 자세 등이 형태화되어 나타났다"라고 지적한다. 계기가 된 것은 강렬한 중국 애국주의, 금융 위기의 외중에 있던 구미와 달리 성장을 계속하는 중국의 모습, 필리핀·베트남·일본 등 근린 국가들과의 영토 분쟁이었다고 한다(シャンボー, 2015).

리버럴한 왕지쓰도 2009년 7월 후진타오의 '중국 외교에 대한 중요 연설' 이래 중국 외교가 강경해졌던 것을 강조하고 있다. 2010년 12월 다이빙궈 국무

---

• '두 개의 제도'란 자본주의하에서 큰돈을 버는 것, 사회주의하에서 리스크를 피하는 것을 의미한다.

위원의 핵심 이익에 대한 해설[핵심 이익은 ① 중국의 국체(國體)·정체(政體)와 정치 안정, 즉 중국공산당의 영도, ② 주권 안보·영토 보전·국가통일, ③ 지속적 경제 발전]이 강경한 자세의 한 가지 표현이라고 한다(王緝思, 2016).

## 해양 권익

이제까지의 관찰을 통해서 결정적인 증거는 발견하지 못했지만, 확실히 2009년 7월의 회의 전후부터 중국의 대외 자세는 전례 없이 공세적이 된다. 2009년 12월 코펜하겐에서 개최된 제15차 유엔(UN)기후변화협약 당사국 총회 (COP 15)에서는 온난화 가스 배출량 삭감 수치 목표를 부과 받는 것을 피하려고 선진국과 대결하는 강경한 자세를 보였다. 또한 2010년 3월 중국 외교부는 미국 국무부 장관에게 남중국해의 해양 권익을 신장(新疆) 등과 마찬가지로 '핵심적 이익'이라고 주장하고 미중 관계를 긴장시켰다. 가장 확실히 했던 강경한 자세의 사례는 이미 논한 바와 같이 군이 주도해서 동중국해의 유전 개발에 대한 중일 합의에 저항한 강경 노선이다.

다소 소급되지만 2008년 12월에는 해양 권익 확대와 일본에의 대항을 강조하며 해양 관리의 권리 독점을 노리고 있다는 중국 국가해양국의 중국 해감총대(海監總隊)가 센카쿠 열도 주변의 일본의 영해를 배회하는 사건을 일으켰는데, 이것에 대해서는 정부와 당중앙의 지시가 아니라 현장 해감총대의 독단적인 행동이었다는 관찰도 많다(清水美和, 2011).

또한 미국에서 중국의 좌파이자 매파로 저명한 장원무(張文木) 베이징항공항천대학 교수가 해양 주권이 핵심적 이익이라고 주장하는 『중국 해권(中國海權)』(海軍出版社)을 간행했던 것도 2009년이다. 장원무의 기본적인 관점은 국제사회의 최대 모순은 "자원의 절대적 유한성과 자본의 절대적 무한성 간의 모순이다"라는 바와 같이, 지정학이다. 그는 중국에 있어서 최대의 안보 문제는 타이완 문제이고 타이완 문제의 핵심은 일본이므로 중국에 있어서 중일 관계가 제일 모순이라고 말한다. 또한 "댜오위다오의 회복과 타이완의 통일은 중국이 절대로 양보할 수 없는 핵심 이익이다. 동시에 중국이 미국의 봉쇄를 돌파할 것인지 여부에 관련된 관건의 문제다", "동중국해 문제의 본질은 일본 문제이고 남중국해 문제의 본질은 미국 문제다"라는 그가 생각하는 '중국의 꿈'은 동해 함대, 남해 함대, 북해 함대의 3대(三大) 함대를 하나로 하여 '서태평양 함대'를 만들어내는 것이다(張文木, 2015).

## 4. 이익집단

우선 국제 시장에서의 중국 기업의 위치를 확인해보도록 하겠다. 중국의 거대 기업의 '해외 이익'을 살펴보고 싶기 때문이다. 〈표 9-2〉는 ≪포천(Fortune)≫으로부터 얻은 정보로 2016년 기준 글로벌 10대 거대 기업의 순위다. 중국 기업이 상위에 3개가 진입해 있다. 3개 기업 모두 종업원 20만 명을 넘는 중국 최대의 국유기업이다. 석유 계통이 압도적으로 강하다.

### 석유 계통 기업과 군수산업

중국의 석유·에너지 관련 기업은 아래의 3개 회사로 모두 눈부시게 해외로 전개하고 있다.

- 중국석유천연가스그룹(中國石油天然氣集團, CNPC)
- 중국해양석유총공사(中國海洋石油總公司, CNOOC)
- 중국석유화공그룹(中國石油化工集團, SINOPEC)

뒤에서 소개하는 바와 같이, 중국의 거대 기업과 외교의 관계에서 우려되는 것은 거대 석유 관련 기업이 외교에 개입하고 있는 것만은 아니다. 거대 군사 기업(중앙 및 지방의 국유기업)이 무기의 생산, 판매, 수출에 관여하고 또한 그것

표 9-2_ 글로벌 10대 거대 기업(2016)

표 9-2_ 글로벌 10대 거대 기업(2016)

| 2016년 순위 | 2009년 순위 | 기업 명칭 | 본사 | 업종 | 매상고 (100만 달러) |
|---|---|---|---|---|---|
| 1 | 3 | 월마트(Walmart) | 미국 | 소매업 | 482,130 |
| 2 | 15 | 국가전망공사(國家電網公司) | 중국 | 송전(送電) | 329,601 |
| 3 | 13 | 중국석유천연가스그룹(CNPC) | 중국 | 석유 | 299,271 |
| 4 | 9 | 중국석유화공그룹(SINOPEC) | 중국 | 석유 | 294,344 |
| 5 | 1 | 로열 더치 쉘(Royal Dutch Shell) | 네덜란드 | 석유 | 272,156 |
| 6 | 2 | 엑슨 모빌(Exxon Mobil) | 미국 | 석유 | 246,204 |
| 7 | 14 | 폭스바겐(Volkswagen) | 독일 | 자동차 | 236,600 |
| 8 | 10 | 도요타 자동차(Toyota) | 일본 | 자동차 | 236,592 |
| 9 | 253 | 애플(Apple) | 미국 | 전기 | 233,715 |
| 10 | 4 | BP(British Petroleum) | 영국 | 석유 | 225,982 |

주: 2016년 세계 500대 기업 중에 미국 134개, 중국 108개, 일본 52개 회사가 각각 포함됨
자료: *Fortune*, 2016.7.21.

을 독점하고 있다는 점이다.

이러한 기업의 전신(前身)은 기계공업부로서 그 이후에는 핵공업총공사, 항천공업총공사, 항공공업총공사, 선박공업총공사, 병기공업총공사로 기업화되었다. 1990년에 북방공업총공사를 모체로 하여 중국병기공업총공사가 생겨났고, 1999년에 이 병기공업총공사를 모체로 하여 병기장비집단공사가 생겨났다. 남방공업총공사라고 통칭되는 기업이다.

병기공업총공사(북방)는 종업원 30만 명에 달하며 중국병기장비총공사(남방)는 20만 명을 보유하고 있는 거대 기업이다. 무기 생산이라는 성격, 거대하며 독점에 의한 절대적인 권력·권한을 가진 것으로 추측된다. 또한 2010년 시점에서 무기 생산에 독점적인 위치를 차지하고 있는 거대 기업은 핵공업집단공사, 핵공업건설, 항천과기, 항천과공, 항천공업제일, 항천공업제이, 선박공업, 선박중공업, 병기공업(북방), 병기장비(남방)의 10대 회사이다.

그럼 중국의 무기 수출을 살펴보도록 하겠다. 스웨덴의 스톡홀름 국제평화연구소(SIPRI)가 발표한 무기 거래에 관한 보고서에 의하면, 2011~2015년의 중

국에 의한 무기 수출량은 2010년까지의 5년간에 비해서 88%가 증가했다. 수출량은 세계 전체의 5.9%를 차지했고, 세계에서 미국, 러시아에 이어 제3위였다. 미국 및 러시아와 중국의 수출량이 현저하게 증가하고 있다. 또한 중국의 무기 수출에서의 절반 이상은 아시아와 오세아니아를 향하고 있다. 파키스탄이 35%, 방글라데시와 미얀마가 그 뒤를 잇고 있다. 그런데 중국의 2015년 국방예산은 공표된 것에 의하면 전년 대비 10% 증가한 8,869억 위안(약 1,414억 5,000만 달러)이었다. 2004년부터 10년간 4배의 증가 추세를 보이고 있다(チャイナ·ウォッチ, 2016.2.22.).

## 이익집단

그런데 영토·영해 문제에서 군을 포함한 이익집단의 모습이 어른거리게 된 것은 1990년대 초부터이다. 교도통신의 니시쿠라 가즈요시(西倉一喜)는 내부 정보를 사용하여 1992년에 전국인대에서 영해법을 채택할 때의 격렬한 내부 항쟁을 소개하고 있다. 이 책의 제5장 제1절에서 논한 바와 같이, 1991년 11월부터 외교부가 작성한 영해법 원안에 대해서 전국인대의 법제공작위원회에서 격렬한 의논이 벌어졌다. 영해법의 '영토' 표기 중에 댜오위다오를 열거할 것인지의 여부였다. 결국 외교부 등 온건파는 법제공작위원회에서 "타이완 및 댜오위다오를 포함한 부속 각 도(島)"를 영해법에 기입한다는 군부 계열의 주장에 전면적으로 굴복했다고 주장한다. 또한 1996년 타이완에서의 총통 선거를 앞두고 리덩후이에게 압력을 가하고자 실시했던 타이완 해협에서의 미사일 실험을 둘러싸고도 외교부는 실력 행사를 주장하는 군 등의 강경파로부터 냉엄한 비판을 받았던 것으로 전해지고 있다(이 책의 제8장 제4절 참조).

1990년대 후반부터 이익집단이 움직이기 시작했다. 리버럴한 사회학자인 양판(楊帆) 중국정법대학 교수는 2010년경 국가 독점자본·국제자본·민영자본의 3대 이익집단이 생겨나고 있으며 또한 국유기업 개혁의 와중에 국제자본과 국제 패권국은 중국에 대리인을 두고 훈련, 출국, 공동 연구 등의 방식으로 중국의 학술계와 각 부문의 정책 결정에 커다란 영향력을 행사하고 있다고 우려했다(楊帆, 2009; 楊帆 外, 2010).

중앙당교에 소속되어 있는 덩위원(鄧聿文)은 2010년대 중국에는 다음과 같은 일곱 가지의 이익집단이 있으며, 개혁의 발걸음을 다양하게 가로막고 있다고 분석한다(鄧聿文, 2013).

① 중앙정부 부문 및 그 관료
② 지방정부 및 그 관료
③ 국유 독점기업, 특히 중앙기업, 지방 중요기업과 그 리더 집단
④ 다국적 자본 및 그 국내 대리인[일명 양매판(洋買辦)]
⑤ 토지 부동산 개발업자
⑥ 대형 민영기업
⑦ 상기 각 집단에 유착해 있는 전문가 및 학자

또한 루쉐이(陸學藝) 등의 사회학자는 신흥 자본집단이 지식인 엘리트 집단, 신흥 권력집단과 손을 잡고 '철의 삼각형'을 만들어 악성 팽창하고 있다고 비판하며 다음과 같이 말한다. "중국의 전력, 교통, 전신, 에너지 등의 독점 기업이 장기간에 걸쳐 공공 자원을 독식하며 이윤을 독점하고 사회가 함께 나누어야 할 성과를 부문의 이익으로 바꾸며 고수입, 고복리(高福利)를 향유하고 있다. …… 기간산업을 차지하고 있는 국유 독점기업이 특수한 이익집단이 되고 그 대표 격인 특정한 지도자를 통해서 내외 정책을 좌우하는 폐해(가 출현하고 있다)"라고 지적했다고 한다(淸水美和, 2011).

## 이익집단의 외교 개입

그렇다면 이러한 이익집단이 외교에 어떻게 관여하고 있을까? 정보, 자료는 거의 없지만, 아래 네 가지의 사례를 소개해보도록 하겠다.

① 왕이저우는 다음과 같이 경고한다. 일부 대형 기업의 해외 행위는 정책의 규정을 벗어났고 외교 방침에 합치되지 않는다. 외교를 방해하고 있으며 일종의 부담이 되고 있다. 과거에 미국에서 석유 자본 등 거대한 이익집단이 CIA, 군대, 외교 자원을 사용하여 '국가를 납치한' 일이 있었는데, 중국에서도 그러한 기미가 보인다. 경계해야 한다(王逸舟, 2014).

② 2012년에 세계은행과 국무원 발전연구센터가 공동으로 제출한 〈중국 2030년: 시장화를 추진하자〉라는 보고서가 나왔다. '50인의 경제학자' 등 개혁파가 지도했던 당초의 초안에 대해서 국유기업을 총괄하는 기관에 해당하는 국유자산감독관리위원회가 맹렬하게 저항했고, 공업 생산에서의 시장화의 비중(2030년 목표 수치)이 30%에서 10%로 하향 수정되었다.

③ 2012년 7월 18일, 중국해양석유총공사(CNOOC)가 남중국해의 베트남과의 분쟁 해역에서 외국 기업과의 공동개발 계획을 제시했다(최초의 사례). 중국의 해외 경제 활동에 대한 정책 전환이 아닌가 하고 주목되었다(青山瑠妙, 2013).

④ 하이난성(海南省)이 2003년부터 적극적으로 해양 강국 전략을 제기하며 활동하고 있다(석유자원 개발, 어업, 관광 사업 등). 2006년에 전국인대의 하이난성 대표(하이난성 성장은 원래 CNOOC 사장 출신)가 전 해군 부사령관 장쉬싼(張序三)과 '해양 강국 플랜'을 공동 제안했고 석유·천연가스 기업의 유치 등의 활동을 했으며, 또한 "남중국해 해양 권익 강화와 옹호에 관한 선언"을 내도록 중국인민정치협상회의(전국정협)에 압력을 가했다고 전해진다(青山瑠妙, 2013).

이미 소개한 바와 같이, 중국 기업의 해외 활동에 주목하고 있는 주펑(朱峰) 난징대학 교수는 다음과 같이 위기감을 표명하고 있다.

중국석유화학그룹처럼 국유 대기업이 자신의 이익을 위해 보다 폭넓은 국가 이익을 훼손시키고 있다. 이러한 종류의 국유기업은 거대한 이익집단이 되고 있으며, 수단(Sudan)에서의 중국 외교의 이익을 공중납치하고 있다. 나는 그것을 매우 우려하고 있다(Financial Times, 2008.3.16.).

이상과 같이 중국 외교는 거대 석유기업으로부터의, 그 밖에 다양한 이익집단으로부터의 개입에 노정되고 있다. 국가·정부의 외교 권한은 그럴 정도로 약하고 또한 동요도 많아지는 것으로 여겨진다.

위에서 논한 하이난성의 사례가 보여주는 바와 같이, 지방정부는 최대의 이익집단이다. 2011년의 한 문헌에 의하면, 전반적으로 지방정부가 '회사화'하고 있으며, 방대한 이익을 탐하고 있다고 한다.

> 본래의 지방정부는 사회 관리와 공공복리를 직능으로 삼으며 사회의 공공 이익의 제조자이자 수호신이다. 하지만 중국의 일부 지방정부는 시장에 의해 통제되지 않는 커다란 회사가 되고 있다. …… 지방정부는 내재적으로 확장하려는 충동을 갖고 있다(官希魁, 2011).

이익의 최대화, 재정 수입의 증가를 열망하고 있는 지방정부, 해외 자산을 증가시키고자 하는 석유 관련의 거대 국유기업, '강한 군대'와 힘에 의한 외교에 나서기 쉬운 군, 이 삼자가 일체가 되어 군산지(軍産地) 복합체로서 외교에 개입한다. 이러한 가능성을 항상 내재하고 있는 것이 작금의 중국 외교다.


## 5. 중국 신외교의 특징

### 다원화하는 국제정치관

그런데 이 장을 마치기 전에, 중국의 국제정치관이 최근 다원적이 되는 상황을 소개하고, 이에 입각하여 중국 외교의 근미래를 고려해보도록 하겠다.

데이비드 샴보는 2015년 시점에서 중국의 국제 정체성(identity)에 대한 중국 지식인의 견해를 다음과 같이 일곱 가지로 분별하고 있다.

첫째, 배외주의. 샴보는 이것을 신좌파의 외교관으로 규정하고 있다. 1990년대에 나온 쑹창(宋强) 등의 『노(No)라고 말할 수 있는 중국(中國可以說不)』이 그 선례를 열었다. 2009~2010년에 베스트셀러가 된 쑹샤오쥔(宋曉軍)·왕샤오둥(王小東) 등 5명에 의한 『중국은 불쾌하다(中國不高興)』가 그 대표 격이다. 중국사회과학원 정치학연구소의 팡닝(房寧)도 이 그룹에 들어갈지도 모른다.

둘째, 현실주의. 단호한 애국주의인데, 타자보다도 실용주의적이며 배척적이지는 않다고 한다. 2008~2009년의 국제 금융위기가 중국에서 이 그룹을 활기차게 만들었다. 옌쉐퉁 칭화대학 교수, 선딩리(沈丁立) 푸단대학 교수, 장루이쟝(張睿壯) 난카이대학 교수 등이 이 그룹의 대표 격으로, 중국의 국익을 협소하고 또한 이기적으로 해석한다고 한다. 해방군 및 그 보수적 장군들이 지지 기반으로 보인다.

셋째, '주요국주의(主要國主義)'라고 샴보가 명명한 그룹. 중국을 대국으로 규정하고, 대국 간의 패권 경쟁[격국(格局)]에서 중국 및 중국 외교를 고려한다. 열성적으로 '중국 모델(中國模式)'을 처음으로 제창한 판웨이(潘維) 베이징대학 교수, 평위쥔(馮玉軍) 중국현대국제관계연구원 교수 등 작금에는 대미 협조보다도 러시아와의 연대를 강화하는 경향이 강하다고 한다.

넷째, 아시아 제일주의(第一主義). 중국 외교를 가장 가까운 주변 및 아시아 지역에 집중시키고자 한다. 중국이 아시아를 파트너로서 중시하기 시작한 것은 결국 1990년대 후반부터의 일이었다. 주펑은 "어떤 대국도 자신의 마당은 자신이 지키지 않으면 안 된다"라고 논하며, 특히 아시아의 지역주의에 강한 관심을 기울이고 있다. 이 밖에 아시아주의파라고 여겨지는 것은 친야칭(秦亞靑) 중국외교대학 교수, 장윈링(張蘊嶺) 중국사회과학원 아시아태평양연구원 교수 등이 있다.

다섯째, 샴보가 '글로벌 사우스(global south)'라고 명명한 사람들. 중국은

1980년대까지 '3개 세계론'을 표명했고 스스로를 제3세계로 규정하며 북(北)에 대항하자고 주장했다. 그 명칭이 지금도 존속되고 있으며 상하이국제문제연구원의 위신톈(兪新天) 등이 신흥 공업국, 일반 발전도상국, 후발 발전도상국의 세 가지로 분류되고 있는 제3세계에 대한 일괄적인 대응이 어려워지고 있는 점을 우려하면서 이러한 국가들의 중국에서의 중요성을 강조한다.

여섯째, '선택적 다국간주의(多國間主義)'라고 불리는 그룹. 중국은 국제적인 문제에 대한 관여를 증가시켜나가야 하지만 무리하지 않고 중국의 국가이익이 직접 관계가 있는 분야만 국제 협조를 해야 한다고 주장한다. 중국은 아직 초국가적이며 비전통적인 안보의 개념은 받아들이지 않고 있으며, 인도적인 분야에서 국제적 안전보장 행동에 관여하는 것에는 강한 저항감을 느끼고 있다고 샴보는 지적한다. 그가 제시하는 이 그룹의 대표 격은 『중국은 무턱대지 않는다』*의 저자 창궁(長弓)이다.

마지막으로 일곱째, 글로벌리즘을 지지하는 그룹. 샴보에 의하면, 이 그룹은 "사상적으로는 인도주의를 지지하고, 글로벌화를 분석적으로 받아들이며, 초국가적 과제에는 초국가적인 협력 관계가 필요하다고 생각한다". 이것에 가까운 논자로서 진찬룽 중국인민대학 교수가 거론된다(シャンボー, 2015).

샴보가 말하는 바와 같이, 중국에서는 국제관계의 견해에 대해서 의견의 분기가 크며, 도저히 하나의 유파(流派)로 집약하는 것이 불가능하다. 하지만 2009년의 강경한 외교로의 전환 이후 좌파, 현실주의의 접근 및 관념이 중국 외교에서는 지배적, 공식적이 되고 있다는 점도 부정할 수 없다.

---

• 長弓, 『中國不折騰: 中國的態度, 全球角色及別折騰』(九州出版社, 2009). _옮긴이 주

## 중국 외교의 핵심은?

그럼 근미래의 중국 외교에 대해서 그 방향을 살펴보도록 하겠다. 고려되는 장래에 중국 외교의 핵심은 다음과 같은 여러 요소로 구성되는 것으로 여겨진다.

첫째, 주권 지상주의(主權至上主義)다. 주권 원리와 국가이익은 중국 외교 담당자에게 있어서 금과옥조이다. 1950년대에 '평화 5원칙 외교'를 내세운 이래 중국의 첫 번째 국시(國是)는 국가 주권의 옹호였다. 30여 년간의 개혁개방으로 세계 2위의 경제력을 지닌 거대한 강국이 된 이후부터 가일층 그 주권 지상주의가 확고해지고 있는 점은 〈평화 발전 백서〉(2011.9.6.)가 여섯 가지의 국가 핵심 이익 가운데 첫 번째로 주권을 거론하고 있는 점으로부터도 뒷받침된다.

그런데 건국 이래 중국은 냉전 시기에는 다른 신국제 시스템을 구축하고자 했고, 1970년대 이후 탈냉전 시기에는 추격(catch-up), 경제성장에 의해 국제적 등장을 이루고 싶다는 목표로 전환했다. 그렇다면 거의 그것을 실현하게 된 21세기, 글로벌 대국화를 목전에 두고 있는 중국은 무엇을 목표로 하게 될까?

대표적인 국제정치 연구자 왕지쓰는 "중국은 1등 국가로서 마땅히 대우받아야 한다"라고 하고(≪朝日新聞≫, 2012.10.5.), 현실주의자의 대표 격인 옌쉐퉁은 "중국 외교의 목표는 국가 존엄의 문제를 해결하는 것"이라고 한다(≪朝日新聞≫, 2014.4.11.).

"중국은 아직 세계적 리더가 될 용의가 없다", "미들 파워(middle power) 혹은 지역 대국으로 생각하는 편이 좋다"라는 샴보의 평가에 필자는 찬성하고 싶다. 문제는 중국이 진정한 글로벌 파워가 되었을 때 국가 주권과 국가이익에 매달리게 될 것인가? 그렇지 않으면 '제국(帝國)의 풍격'을 보이게 될 것인가?

둘째, 〈표 9-3〉에서 보이는 바와 같이, 실로 실용주의적으로 국제정치에 대한 모든 이론 및 수법을 상대방과 이슈로 나누어 활용하고 있다는 점이다. 그러한 구분 사용은 멋지며, 중국이 '외교 대국'이라는 점을 느끼게 만든다. 예를 들면 일본에 대해서 전쟁책임과 역사 인식에서는 도의(道義)로 대응하는 한편, 영토·영해 등 이익과 파워가 충돌하는 영역에서는 때로는 격렬하게 대항적으

**표 9-3_ 중국의 국제정치관**

| | |
|---|---|
| 영토·자원 문제 | 현실주의 |
| 경제 협력 | 구성주의 |
| 지구적 과제 | 제도주의 |
| 대국에 대해서 | 현실주의 |
| 일본에 대해서 | 도덕주의, 대항 게임 |
| 지역에 대해서 | 구성주의, 현실주의 |
| 국제기구에 대해서 | 제도주의 |

로 된다. 그런데 이것이 21세기 초에 있어서 중국의 대일 자세가 될 것인가?

셋째, '외교는 파워이며, 예술이다'라고 간주하는 '외교 대국'이다. 21세기에 진입한 이후의 중국의 국제관계 연구의 융성한 모습과 외교 요원의 충실한 모습은 이웃나라 일본으로부터 보자면 부럽기마저 하다. 해리 하딩 버지니아대학 교수는 1970년대 말 미국은 중국과 함께 소련에 대항하는 전략 관계를 구축하고자 했고 군사 교류도 왕성하게 행해졌지만, 이것은 잘못된 것이었고, 중국이 선보이는 파워, 자신을 크게 보이는 '예술'에 눈이 현혹되었던 것이라고 몹시 반성하고 있다고 했던 것을 생각나게 만든다.

넷째, 외교의 수단으로서 필요할 때에는 군사 행동을 불사하는 '압력 외교'이다. 어느 정치적 목적물을 지키고 혹은 수중에 넣기 위해 군사적 수단을 사용하는 쪽이 효과적이라고 판단하면, 그 사용을 주저하지 않는다. 이 책의 제8장에서 분석한 바와 같이, 1979년 중국의 베트남에 대한 '징벌 전쟁'은 군사 목표가 있었던 것도 영토 목표가 있었던 것도 아니었고, 중국을 거역하는 베트남을 '징벌하기' 위한 정치 행위였다.

다섯째, 21세기에 진입한 이후의 새로운 상황이다. 다양한 이익집단이 중국의 외교에 강한 압력을 가하게 되었다.

또한 외교 능력에 대해서 중국 내에서의 매우 흥미로운 의논을 소개해보도록 하겠다. 중국사회과학원 세계경제와 정치연구소의 쉐리(薛力)는 외교 인재의 무력한 모습을 한탄하고 있다. 정치국 상무위원에 외교 담당이 없고, 외교부장의 등급이 낮으며 존재감이 희미하고, 외교에 책임을 지닌 국무위원마저 정치국 멤버가 아니며, 전체 등급에서 30위 이하라고 한다. 그 때문에 "과거 언젠가 있었던, 객관적 효과를 결여한 몇 가지의 외교 행위는 이상과 같은 외교부 부처의 등급의 낮음, 인재의 부족 등과 중대한 관계가 있고", "정책 집행 시에 권위 있는 주도 기관이 없기 때문에 해양 사무를 관리하는 데 있어서 과거의 오룡요해(五龍鬧海, 다섯 마리의 용이 큰 바다에서 시끄럽게 움직이는 것)의 곤란한 상황이 발생했다"라고 한다(薛力, 2017).

마지막으로, 중국 외교의 특징에 대해서 결정적인 포인트를 하나로 정리해 보도록 하겠다. 21세기의 중국은 거대한, 주권 원리를 신봉하는 일원적 국민국가이다. 그러한 의미에서 지금의 중국은 19세기까지 번영했던 전통 왕조로서의 중국과는 근본적으로 다르며, 20세기 후반에 번영했던 '비공식 제국' 미국처럼 세계적 역할, 보편적 가치와도 인연이 없다. 중국에 있어서의 과제, 관심은 어디까지나 주권 국가, 자국의 이익, 현 체제의 존속인 것이다.•

---

• 악화일로를 걷고 있는 중일 관계의 흐름에 대해서 일본경단련(日本經濟團體聯合會)의 도쿠라 마사카즈(十倉雅和) 회장은 "세계는 중국 없이는 번영할 수 없고, 중국은 세계로부터 분리될 수 없다"라고 말했으며, 일본 정부의 한 고문은 "미국은 멀리 떨어져 있고 중국과의 전쟁에서 살아남을 수 있다. 우리의 이익(일본과 미국 간의 이익)은 정확히 일치하지 않는다"라고 피력했다("East Asia's big beasts are getting on badly: Security gripes are increasingly undermining Chinese-Japanese economic ties", *The Economist*, December 12, 2022). 한편 2023년 4월 2일 베이징에서 이루어진 중일 외교장관 회담에서 친강(秦剛) 중국 국무위원 겸 외교부장은 "일본이 중국에 대한 올바른 인식을 확립하고 대립점을 적절하게 관리 통제하며 양국 관계의 장해를 경감시키고 신시대의 요구에 합치되는 중일 관계를 구축하기를 희망한다"라고 말했고, 하야시 요시마사(林芳正) 일본 외상은 "일중 양국에는 다양한 가능성이 있지만, 동시에 수많은 과제 및 심각한 우려에 직면하고 있으며 일중 관계는 대단히 중요한 국면에 있다"라고 말했다. _옮긴이주

제 10 장

21세기 글로벌 강대국의 행방

## 1. 중국의 자화상: 거자오광葛兆光의 『중국 재고中國再考』로부터

### 중국의 자화상

2010년 국내총생산(GDP)에서 일본을 능가하여 세계 제2위의 경제대국이 된 이래, 중국은 자신을 '누구'라고 인식하고 있을까? 혹은 '어떤 국가가 되고 싶다'고 생각하고 있을까? 20세기 말, 상하이에서 매우 젊은 여성 저널리스트로부터 "선생님께서는 앞으로 중국이 어떤 국가가 되면 좋겠다고 생각하고 있습니까?"라고 수차례나 집요하게 질문을 받아, 놀라고 당혹스러웠던 일이 생각난다. 필자에게는 구미, 중국의 지식인에게 "어떠한 일본을 바라고 계십니까"라는 것 등을 듣고 싶다고 생각했던 적은 한 차례도 없기 때문이다.

돌연 글로벌 대국이 되어버린 중국은 자화상을 잘 그려내고 있지 못하고 있는 것처럼 여겨진다. 거대한 제국의 꿈과 현실이 구별되지 못하고 있으며, 과거의 화이 세계(華夷世界)와 조공 체제의 '허(虛)의 중국'을 자화상으로 삼고 있는 경우도 있는가 하면, 꿈과 국체(國體)는 크지만 뒤처진 개발도상국의 현실 사이에서 흔들리고 있는 자국상(自國像)을 주체하지 못하고 있는 경우도 있다. 그러한 가운데 역사가 거자오광 푸단대학 교수는 정체성(identity)의 탐색에 도전하고 있는 한 사람이다(葛兆光, 2014).

당대 중국 일류의 지식인에 해당하는 거자오광은 중국이란 어떤 존재인가를 고려할 때에 다음과 같은 세 가지 사항을 강조한다.

- 중국에는 핵심적인 문화 영역은 있지만 기본적으로는 다양한 출자(出自)와 다원적인 문화를 갖고 있다. 거자오광은 전통주의자에게 뿌리 깊은 '대일통론'(大一統論, 커다란 중국은 줄곧 하나로 통일되어왔다는 가치를 우선시하는 것)에 회의적이다.
- 중국과 주변 국가는 이미 조공 체제 아래에 있지 않다. 책봉 체제에서의 종주국도 아니다. 거자오광은 제2의 대국이 되어 조공 체제 구축에 필사적인 현재의 움직임에 대해 냉담하다.
- 문명은 하나의 규율이며 상하의 구별이 있다. 하지만 문화는 습관으로 상하의 구별이 없다. 중국 문화는 실은 다원적인 것에 의해 구성되어 있다고 생각한다.

그러한 위에 다음과 같은 것을 '역사적인 관점이 없는 잘못된 견해'라며 뿌리치고 있다.

① 동아시아에는 공통의 문화가 있으며, 중국이 일관되게 동아시아 문화의 중심이었다고 생각한다.
② 아시아의 정치상의 차이와 영토 분쟁, 문화 경쟁의 배경을 무시한다.
③ 아시아의 각각의 국가, 국민이 지닌 고유의 이질적인 문화와 가치관을 이해하지 못한다.

21세기가 된 이후부터 중국의 '팽창'[거자오광은 '굴기(崛起)'라는 용어를 선호하지 않는다고 하며 특별히 '팽창'이라고 언급함]이 서구에서와 같은 민족국가가 아니고, 또한 전통 시기에 있는 것처럼 여겨지는 중화제국과도 다른, 그 자체의 고유한 것이라며 다음과 같이 말한다.

- 하나의 국가로서의 '중국'의 성질은 유럽의 전통적인 '제국'과, 유럽 근대의 '민족국가'의 정의와 이론을 통해서는 간단히 이해할 수 없다.
- 현대의 이 중국은 …… '제국'에서 '민족국가'로 도달한 것이 아니라 무한한 '제국' 의식 중에 유한한 '국가'가 있다는 관념 가운데 유한한 '국가'라는 인식 중에 무한한 '제국'의 심상(心象)을 남기고 있다. 즉, 이 근대적 민족국가는 전통적 중앙제국으로부터 변신한 것이며, 근대적 민족국가로서 여전히 전통적 중앙제국이라는 의식을 남기고 있다.

즉, 거자오광은 중국의 지식인이 의지하고 있는 전통 그 자체가 지닌 위험성을 지적하면서, 당대 중국이 아직 16세기부터 형성된 제국과 19세기 말부터 계속되고 있는 근대 민족국가 형성의 연속선 위에 있다는 자기 인식이 있는 것으로 보인다. 이것은 다음과 같이 정리할 수 있다.

① 현대 중국의 '민족국가'에 여전히 전통적 중국의 '제국의 기억'이 남아 있다.
② 중국에 관한 역사적 영역은 끊임없이 변화하고 있으며, "어떤 곳은 '유사 이래 중국의 영토'이다"라는 것 등으로 간단히 말할 수 있는 것이 아니다.
③ 문화적으로는 중국은 상당히 안정된 '문화 공동체'를 유지해왔다. 거(車)는 같은 궤도, 서(書)는 같은 문자, 행동은 같은 논리를 계속 지녀왔다.
④ 중국에서의 권력과 국가의 관계는 애매하다. 정치적 정체성, 역사적 정체성, 문화적 정체성은 일치하지 않는다.

### 끊어지지 않고 이어지는 전통과 현대

그의 의논을 천착해보면, 중국에서는 전통 제국과 근대 민족국가의 명확한 구별이나 경계를 찾기 어렵고 "중국은 무변(無邊)의 제국 의식 안에 유한의 국가 관념을 가지며 유한의 국가 인식 안에 무변의 제국 이미지를 남기고 있다". 전통적인 관념 안에 있는 '천하(天下)'는 단순한 상상에 불과하다는 것이다.

그러한 위에 중국인은 ① 전통 중국이라고 일컬어지는 시대(상고부터 명나라·청나라에 이르는 시기) 및 "자신이 중심이라고 보는 상상의 시대", ② 서양으로부터의 충격 속에서 단지 한 개의 거울만 있던 시대(청나라 말기부터 중화민국 시기), ③ 지금 시작된 시대, 즉 많은 거울을 보고 자신을 인식하고자 하는 시대 등의 세 가지의 단계를 거쳐왔다고 한다. 이와 동시에 거자오광은 16세기 이래의 동아시아가 '편견, 적의(敵意), 불신감'으로 가득하며 그것이 오늘날까지 계속되고 있다고 강조한다.

거대한 중국이 자화상을 제대로 그려내지 못하고 있는 것처럼, 동아시아의 이웃나라인 일본도 한국(아니면 북한?)도 자화상을 그려내지 못해 고뇌하고 있는 것처럼 여겨진다. 21세기의 동아시아는 각각이 '자기 탐색'이라는 성가신 과제에 번뇌하고 있으며, 상호 간에 분쟁과 충돌을 반복하게 되는 것이다.•

또한 중국 지식인에게 독립된 지적 척도가 결여된 점이 자화상을 잘 그려내는 것을 어렵게 만들고 있다고 생각하며, 중국 싱크탱크의 장래를 비관하고 있는 것이 정융녠(鄭永年)•• 싱가포르국립대학 교수이다. 그에 의하면, 사회과학 분야에서의 중국 지식인의 지적 척도는 모두 서양의 것이며, 그 결과 대다수가 "서양의 감귤(orange)을 보고 중국의 사과(apple)라고 생각하고 있다"라고 호되게 질책한다(鄭永年, 2017).

---

• 동북아시아에서의 인식론적 권역(圈域)의 형성이 중요하다는 논의로는 다음을 참고하기 바란다. 이용빈, "동북아시아 역사문제로서의 북중 관계: '한반도 신뢰 프로세스' 외연 확대를 위한 시론", ≪동북아역사문제≫(2015년 9월호), pp.22~29. _옮긴이 주

•• 현재 홍콩중문대학 세계와 당대중국고등연구원(全球與當代中國高等研究院) 원장 및 교수이다. _옮긴이 주

## 2. '사화私化'되는 중국의 '국國': 마틴 자크Martin Jacques로부터

### 경제를 통제하는 국가

21세기에 진입한 이후부터 특히 후진타오 치세의 후반기(2007~2012년)부터 중국에서는 시장화를 억제하고 국유(國有) 섹터가 득세하여 국가자본주의적 상황이 관찰되었다. 아래에서는 그러한 '국가자본주의'화의 일단을 소개하고 중국에서의 '국가'의 불가사의한 존재 양식에 대해서 고려해보도록 하겠다. 또한 일본의 경제학자 사이에서는 작금의 중국 경제에 대해서 국가자본주의화를 강조하는 학자, 또한 시장화의 방향으로 움직이고 있다고 보는 학자로 나누어지고 있는 것으로 보이는데, 어쨌든 전자의 대표 격이 가토 히로유키(加藤弘之), 후자의 대표 격이 마루카와 도모(丸川知雄)로 구분해보고자 한다. 필자는 어느 쪽인가 하면 전자의 입장에 공명(共鳴)하고 있다.

덩샤오핑의 남순강화 이래 시장화, 국유기업의 민영화가 순조롭게 진행되고 있는 것으로 여겨졌다. 하지만 2006년 전후부터 민영화의 속도가 추락하고 반대로 기간산업, 전략 부문에서 국유기업의 독점 상황이 진전되었다. 이른바 '국진민퇴(國進民退)'이다. 그 계기가 된 것이 1999년 9월의 중공 중앙의 통지 "국유기업의 개혁·발전에 대한 약간의 중대 문제의 결정"(1999년 결정)과 2006년 12월의 국무원 국유자산감독관리위원회의 "국유 자본의 조정과 국유기업 재편에 대한 지도 의견"(2006년 지도 의견)이다. 전자는 국유기업이 통제해야 할 업종과 영역을 "국가 안보에 관련된 업종, 자연 독점에 관련된 업종, 공공 산품(産品) 및 서비스를 제공하는 업종 및 지주 산업과 중핵 산업 중의 중요 기업"으로 삼았다. 국민 경제의 명맥에 관련되는 7대 업종 및 영역, 구체적으로는 군사공업, 송배전(送配電)·전력, 석유석화, 전기통신, 석탄, 항공수송, 해운을 국가의 강한 통제 아래에 둔다고 했다. 또한 '2006년 의견'은 국가의 비교적 강한 통제 아래에 두는 분야로서 설비제조, 자동차, 전자·정보, 건축, 철강, 비철금속, 화학, 자원 탐사·설계, 과학기술을 설정했다(新華社, 2006.12.18.).

이리하여 중앙은 국유자산감독관리위원회를 통해서 중요한 전략 자원의 대부분을 장악했다. 2012년 3월의 시점에서 국유자산감독관리위원회가 통제하고 있던 중앙국유기업은 117개, 그 지배하에 있는 자회사는 1만 개를 넘었다고 한다(三浦有史, 2012).

이러한 '국진민퇴' 상황에 비판적인 민간 연구기관인 톈쩌경제연구소(天則經濟研究所)는 2010년의 보고서에서 다음과 같이 경종을 울렸다.

'국진민퇴'는 개별적인 현상이 아니라 노도와 같은 풍조(風潮)다. 개별 기업의 단독 행위가 아니라 국유기업, 특히 중앙국유기업의 공동 행동이다. 민생이라든지 안보에 관련된 산업뿐만 아니라 경쟁적인 업종에 거의 모두 미치고 있다. ……따라서 (1930년대, 1950년대에 이어서) 세 번째 '국유화 운동'이라고 말할 수 있는 것이다(楊帆 外, 2010).

중국식 '국가자본주의'의 생명력, 국제 경쟁력은 앞으로도 계속될 것이다. 특히 글로벌한 경쟁에서 유리한 입장에 서기 위해서는 국유 및 국가 지주기업에 의한 경제의 주도가 가장 빠른 길인 이상, 다음과 같은 미우라 유지(三浦有史)의 예견처럼, '중국식 국가자본주의'는 한동안 계속될 것이다.

① 애당초 중국공산당은 시장 경제화 = 국퇴민진으로 규정하고 있지 않다. 전략, 자원, 중핵 산업에 대한 국가의 주도를 결정한 1999년의 '결정', 2006년의 '의견'은 중국 당국의 기본적·장기적 입장이다.
② 중국 정부는 시장 경제화에 의해 시장에 대한 지배력을 약화시키는 것을 전혀 의도하고 있지 않다.
③ 국가자본을 경제의 근간에 관련된 분야에 집중시킴으로써 경제 전체에 대한 지배력을 강화하고, 나아가 세계 시장에 진출하는 전략을 취하고 있다(三浦有史, 2010).

## '국國'이라는 명칭으로 불리는 것

그런데 국유 혹은 국가가본주의의 '국(國)'이란 무엇인가? 국유 경제의 담당자는 구체적으로 무엇을 말하는가? 국가기구 그 자체인가, 국가라는 이름을 쓰는 공적 집단인가, 국가를 참칭하는 거대한 사적 집단인가, 국가라는 이름을 쓰는 거대한 개인인가? 국가는 그들에 의해 찬탈되었던 것인가?

중국에 있어서 '국(國)'이란 도대체 무엇인가 하는 것은 상당히 까다로운 문제다. 이 영원한 난문(難問)에 대해 중국 경제사 분야의 한 전문가가 제기한 내용을 소개하며 일단 답해보도록 하겠다.

영국의 칼럼니스트 마틴 자크는 중국의 국가가 지닌 '고유성'을 밝히고자 하며 중국의 국가를 고유한 여덟 가지의 특징을 다음과 같이 지적한다.

① 중국의 국가는 국민국가가 아니라 문명국가이다.
② 대(對)동아시아 관계에서 조공 시대의 과거가 부활하고 있다.
③ 특유의 민족관·인종관을 지니고 있으며 한족은 단일민족이라고 여긴다.
④ 대륙 규모의 스케일에 입각한 국가 운영을 행해왔다.
⑤ 국가가 다른 사회 세력과 권력을 함께 나누는 것이 아니라 국가만이 최고 권력으로서 사회를 지배한다.
⑥ 작금에는 초고속의 경제 발전의 결과, 과거와 미래가 현재 속에 공존한다.
⑦ 중국공산당 정권과 유교 지배가 함께 공존하고 있다.
⑧ 장기간 선진국과 개발도상국의 두 가지 성격을 합쳐서 지니고 있다.

위의 '특징' 가운데 몇 가지인가에 대해서는 이론도 있겠지만, 중국의 '국가'가 서구 국가와 근본적으로 다르다는 다음과 같은 지적에는 공명되는 바가 있다.

첫째, 서양 근대의 원리에서는 정당성은 국가가 담보하는 것이 아니라 민주주의가 담보하는 것이라 고찰한다. 하지만 중국의 경우, 그에 전혀 합치되지 않는다. 민주가 존재하지 않더라도 국가는 절대적인 정당성을 가질 수 있다.

둘째, 서양에서는 국가는 (사회 혹은 성원에게 있어서) 국외자, 침입자이다. 하지만 중국(인)에게 있어서는 국가는 국외자가 아니라 가(家)가 커진 것이며, 그들은 국가를 사회의 내재적 구성 부분이라고 고려된다. 국유기업은 한국과 일본의 그것과 중국의 것이 서로 다르다.

셋째, 중국 국가는 고도의 합법성, 유구한 통치의 전통, 국가가 지닌 탁월한 전략 능력, 내재적 연속성, 국가와 시장의 독특한 결합 등 그 어느 곳에서도 모방할 수 없는 고유성을 지녀왔다(マーティン・ジャック, 2011; 2014).

이러한 마틴 자크의 지적에 입각하여 그 위에서 '국가자본주의' 상황에서 추이하고 있는 지금의 중국에서 실은 '국(國)'은 무한히 '사화(私化)'하고 있는 것이 아닌가, '거대한 사(私)'가 '국(國)'을 찬탈하고자 하고 있는 것이 아닌가 하고 생각된다. 21세기에 들어선 이후부터의 중국 외교는 그와 같은 불가사의한 '사화(私化)하고 있는 국(國)'에 의한 영위가 아닐까?


## 3. '제국'론

### 네 가지 종류의 제국

중국이 '팽창'해 나아감에 따라 국내외에서의 전통적인 중화제국과 결부시켜 당대 중국을 고려하는 경향의 사람도 국내외에 많아지게 되었다. 중화의 동심원 위에 세계를 묘사하고 중국의 황제가 천하를 호령했던 조공 체제를 통해 세계 질서를 고려하는 것은 중국 지식인에게 있어서 결코 불쾌한 일은 아니다.

21세기의 중국이 어떻게 될 것인가? 세계는 트럼프하의 미국과 마찬가지로 중국에 흥미와 불안을 품고 계속 관찰하고 있다. 중국은 제국이 될 것인가?

현대 제국에 관한 연구 성과인 후지와라 기이치(藤原歸一)의 『민주주의의 제국: 미국, 전쟁, 현대 세계(デモクラシーの帝國: アメリカ·戰爭·現代世界)』(岩波

書店, 2002)에 입각하여, 우선 '제국'이란 무엇인가를 고려해보도록 하겠다. 역사상 네 가지 종류의 '제국'이 상정될 수 있다.

첫째, 광대한 영토와 인구를 지배하는 국가로서의 제국, 즉 로마 제국 혹은 한나라·당나라의 중국 왕조 등의 전통 제국이다. 그 영역에서 이러한 제국에 대항할 수 있는 국가는 주변에 존재하지 않았다. 중심으로부터 주변을 향함에 따라 통제력이 강해지고 주변의 자율성은 강해지는데, 그 중심과 주변을 합친 영역이 제국의 세력권을 구성했다. 또한 후지와라가 말하는 바와 같이, "힘(力)의 균형은 적어도 제국의 권력에 대항하는 형태로는 존재하지 않았다. (근대 세계에서처럼) 힘 관계(力關係)가 밑받침하는 평화가 아니라 제국이 유지하는 권력이 크기 때문에 평화가 밑받침되는" 것이 된다.

둘째, 다민족이 거주하는 영토를 지배하는 유럽의 제국이며, 특정 민족을 기초로 하여 만들어진 국민국가와는 대극(對極)에 있는 것으로 고려된다. 후지와라에 의하면, 합스부르크 왕조와 로마노프 왕조, 오스만 왕조 등에서 보이는 것과 같은, 왕조 명칭을 국가 명칭으로서 내세웠던 제국은 그 다민족성 때문에 시대에 뒤처져버리게 된다. 19세기 후반 이탈리아 통일, 독일 통일이라는 두 가지의 국민국가의 형성을 거쳐 제국의 시대는 종언을 고한다.

이러한 종류의 제국에서는 청나라 왕조를 예로 들자면 주변부에서는 간접 통치 및 '이민족 격리'가 이루어지고, 종교도 합쳐서 느슨하고 관용적인 통치가 행해졌다(왕조가 문화에 기초를 두었으며, 변경의 주변까지 통치하는 물리적 능력이 결여된 것 등의 사정에 의한다). 제국은 계층 질서를 중시했는데, 실은 "신민(臣民)의 문화적 동일성에는 관심이 없었고 오히려 대단히 자주 그들의 문화적 다양성으로부터 은혜를 얻었다"(村田雄二郎, 1994).

즉, 의식적인 다원주의가 아니라 해도, 일반적으로 제국의 질서에 일정한 개방성·다원성이 있었다는 점은 중화제국 및 러시아 제국, 오스만 제국에 대해서도 지적된다. 소극적인 방치이기는 했지만, 중심이 주변에 대해서 관용과 개방성을 갖고 있었던 점을 부정할 수는 없다. 이러한 제국이 모두 200년 이상이나 지속된 가장 큰 이유도 거기에 있었다고 할 수 있다(상세한 내용은 毛里和子(1998) 참조).

현대 중국은 주권을 제일 요건으로 삼는 국민국가라는 것에 최대의 가치를 두고 있다. 반면 크고 하나로 수렴되는 것이 통합(대일통)되는 역사적 짐도 엄청나게 무거우며 해결하기 어려운 딜레마를 안고 있다. '느슨하고 관용적인 제국'으로 되돌아가는 것은 대단히 어렵다.

셋째, 식민지를 지닌 제국, 그에게서 나오는 '제국주의'이다. 19세기의 영국과 프랑스는 국내적으로는 국민국가로의 변신을 마쳤다. 하지만 유럽 세계의 바깥에서는 광대한 영토를 보유하고 식민지 제국으로서 군림했다. 1930년대부터의 일본도 이러한 '제국'이었다. 후지와라에 의하면, "본국은 국민국가이면서 해외에서는 이민족을 지배한다는 '이중 구조'가 전통적인 제정(帝政)으로부터 근대의 '식민지 제국'을 구별하는 기준"이다.

그러나 제국은 방대한 재정 지출로 인해 식민지를 유지할 수 없게 된다. 특히 제2차 세계대전 이후가 되자, 식민지 통치를 계속하는 군사적·재정적 조건을 잃게 되고, 제국은 식민지 영유를 포기하지 않을 수 없게 되었다. 21세기에 들어서 아프리카에 진출한 중국의 움직임을 '신식민지주의'라고 평가하는 경향도 있지만, 자본·노동력·자재(資材) 등을 세트(set)로 한 '진출'이라고 하더라도 21세기에 식민지 영유가 허락될 리는 없고, 식민지형 제국은 성립되기 어렵다.

넷째, 마이클 하트(Michael Hardt)와 안토니오 네그리(Antonio Negri)가 제기하는 '신제국'이다. 후지와라에 의하면, 이 신제국은 "자본의 흐름에 더하여 정보의 흐름을 장악하고, 그 자금과 정보의 네트워크에 개별 주권국가를 편입시켜 가는 세계 규모의 과정"이다. 여기에서의 제국이란 미국 등의 개개의 국가와 정부가 아니라 "통합된 세계 시장의 운영을 맡은 정부와 국제기구 등을 합친 총체"를 지칭한다고 한다. "시장주의, 세계화, 정보화의 세 가지의 기둥으로 구성된 '세계규모의 민주주의 제국'"이라고 후지와라가 표현하는 이 신제국은 하지만 각국주의(各國主義)가 석권하고 있는 작금의 상황으로부터 보면(트럼프 현상, 영국의 EU 탈퇴 등), 매우 먼 장래의 일처럼 생각된다. 실로 '주권국가교(主權國家敎)'를 신봉하고 있는 중국이 신제국을 목표로 삼을 것이라고는 생각하기 어렵다.


## 4. 중국은 '제국'이 될 것인가?

### 제국의 요건

마지막으로 '제국이 되기 위한 자격 조건'을 고려해보도록 하겠다. 요건은 후지와라 기이치 및 야마모토 유조(山本有造)에 의하면, 아래와 같이 네 가지를 상정할 수 있다(藤原歸一, 2002; 山本有造 編, 2004).

① 세계에 '공공재'를 제공할 수 있는지의 여부
② 세계에 '문화력'(지배적 가치)을 제공할 수 있는지의 여부
③ 주변국에 자율적 국민 경제를 허락하지 않는 글로벌한 경제력을 제공할 수 있는가
④ 세계 질서를 수호하는 경찰관에 해당하는 '제국'이 되고자 하는 욕망을 갖고 있는가

'비공식적 제국'이었던 미국의 사례로부터 고려해보면, 우선 첫째인 공공재로는 세계에 통용되는 '통화'가 있고, 국제기구에 대한 이니셔티브(주도력)과 세계·지역의 안전을 밑받침하는 '안전보장력'이 있다. 즉, 달러·거버너빌리티(governability)·군사력이다. 제2차 세계대전 이후부터 미국은 이 세 가지 공공재를 지역 및 때로는 전 세계에 제공해왔다. 둘째로는 세계 및 지역 질서, 세계의 논리를 밑받침하는 소프트 파워(soft power), 소프트 밸류(soft value)이다. 20세기 말에 '냉전'을 대신하여 세계화 시대가 시작되었다고 생각하면, 그 이래

시장 경제와 민주주의가 그것에 해당한다고 할 수 있다. 특히 인권 등의 '보편적 가치'는 '비공식 제국'에 해당하는 미국의 사명으로서 세계가 거의 받아들여지고 있는 바가 되었다. 셋째로는 글로벌한 경제력, '기축 통화' 달러와 가장 고도의, 그리고 가장 광역적인 시장·자본을 제공할 수 있는지의 여부이다. 미국은 20세기 후반의 50년간 그러한 것을 제공하고자 해왔다고 할 수 있다. 마지막으로 넷째로 세계 질서의 '제국'이 될 의사와 욕망을 갖고 있는지 여부이다. 제2차 세계대전의 결과 세계의 부(富)를 집중한 미국이 반세기 동안 그 의사와 욕망을 계속 가져왔다는 점은 부정할 수 없다.

### 중국을 속박하는 신화

문제는 미국을 대신할 '제국'이 생겨날 것인가, 중국이 새로운 '제국'의 자리를 지향하고 있는가, 수중에 넣을 수 있을 것인가이다. 아래에서 중국에 있어서 느슨하며 관용적인 '제국'의 길이 있을 수 있는지의 여부를 고려해보도록 하겠다. 필자는 현대 중국에는 역사로부터 계승해왔던 '3개의 신화'가 있으며 이 신화에 속박되어 '자승자박'하는 것은 아닌가 생각된다.

- 첫 번째 신화: 주권은 유일하고 절대적이며 불가침이다.
- 두 번째 신화: 중국은 일체(一體)라고 보는 '대일통'론은 무조건 옳다.
- 세 번째 신화: 반드시 정치(당)가 군을 통제한다고 확신한다.

주권 신화는 19세기 중엽 이래의 굴욕의 역사가 '일등 국가'가 되는 것을 통해서 불식된다면 뒷전으로 물러나게 될지도 모르며, '잃어버린 타이완'을 회복함으로써 극복될지도 모른다. 하지만 모두 상당히 긴 시간이 필요할 것이다. 중국의 역사책을 펴서 읽어보면, 제국의 주변 통치는 결코 일원적이지 않았으며 '대일통'은 결코 현실에서는 존재하지 않았음에도 '대일통' 신화의 흡인력은 대단히 강하다.

그런데 현대 중국의 민족정책에는 다음과 같은 세 가지 종류의 접근을 상정할 수 있다. ① 현대판 대일통 접근[동화론(同化論)], ② 민족 식별·민족 언어·구역 자치의 3대 정책을 기둥으로 하는 한정적인 다원주의 접근(옛 소련식), ③ 연방주의·국민주의 접근(미국식)의 세 가지 종류가 상정될 수 있는데, 그중에서 현대 중국이 현실에서 채택해왔던 것은 ②의 한정적 다원주의이다. 하지만 21세기에 들어서 티베트의 라싸 폭동(2008), 신장위구르의 우루무치 폭동(2009)에 대한 국가의 과민한 반응을 살펴보면, 오히려 ①의 동화주의에 가깝게 되고 있다. 최근 2011~2013년에 걸쳐서 중국의 학계에서는 민족정책에 대해서 논쟁이 일어나고 있으며 ②의 옛 소련식 접근은 실패했고 제2단계의 민족정책, 즉 미국식 연방주의·국민주의로 바꾸어야 한다는 사고방식도 일부 나오고 있는 가운데 실제의 정책은 '대일통'의 억압 정책이 기승을 부리고 있다. 타이완, 신장, 티베트는 '국가의 핵심적 이익'으로 간주되고 있는데 '대일통'의 흡인력은 대단히 강한 것이다.•

---

• 현대 중국의 정치와 외교, 그리고 중일 관계에 대한 추가적인 논의는 다음을 참조. 모리 가즈코, 이용빈 옮김, 『현대 중국의 정치와 외교』(한울엠플러스, 2023). _옮긴이 주

# 맺음말

2016년 9월, 미국의 조지타운대학을 경영하는 가톨릭 예수회가 1838년에 행했던 노예 매각에 관해 사죄했다는 기사(≪News Week Japan≫, 2016.9.2.)를 읽고 충격을 받았다. 역사적 '죄'에 대한 '사죄'에는 시효가 없다는 것을 다시 한 번 생각하도록 만들었기 때문이다. 해당 예수회는 소유하고 있던 노예 272명을 팔아 대학의 재정 위기를 구제하고자 한 것이었다. 대학은 사죄할 당시 매각된 노예의 자손에 해당하는 학생에게 입학하기 쉽게 하는 우대 조치를 하고 또한 당시의 학장 이름을 딴 건물의 명칭을 바꾸고, 노예제의 역사를 배우는 기관도 창설한다고 한다. 실로 180년 만의 '용기 있는 사죄'라고 생각한다.

한편 일본의 ≪아사히신문≫은 95세의 전 나치 친위대 대원이 이미 폴란드에서 금고형 4년을 받았음에도 또다시 전쟁범죄 재판에 회부되었다고 전했다(≪朝日新聞≫, 2016.9.13.). 2011년 독일에서는 대량 학살을 목적으로 했던 수용소와의 관계를 증명할 수 있다면 고발·재판할 수 있게 되었다. 이것도 전쟁범죄에는 '시효가 없다'라는 점에서 충격적이었다. 친위대 대원은 나치 독일 말기 포로수용소에서의 2개월간의 학살 행위를 추궁 당하게 된다.

이 책은 10년 이상 전의 기존 저서 『중일 관계: 전후에서 신시대로』의 속편이다(일부 중복되는 부분이 있다는 것을 밝혀둔다). 이 책에서 지향했던 포인트가 두 가지 있다. 한 가지는 국교 정상화에서 시작되는 중일 관계가 질적으로 크게 전환된 21세기에 중점을 두면서 현실주의의 눈으로 분석하는 것이다. 또 한 가지는 2010년에 일본을 제치고 세계 제2위의 경제대국이 된 중국의 공세적 외교, 패권적 행위의 내실, 특히 해양 신전략을 독해하는 것이다.

대항 관계에 진입하기 시작한 중일 관계를 어떻게 다룰 것인가? 일본에 있어서 최소한 필요한 것은 몇 가지가 있다. 그중의 한 가지, 관계의 전제가 되는 것이 실은 전쟁책임의 문제를 어떻게 마무리 지을 것인지가 아닐까? 이것이 이 책의 최후에 전했던 첫 번째의 메시지다.

중일 관계는 결국에 있어서 일본의 문제로 귀결된다. 2014년 3월 '새로운 중일 관계를 생각하는 연구자의 모임(新しい日中關係を考える研究者の會)'의 심포지엄 '현대 중일 관계의 원류를 모색한다'의 마지막 부분에서 필자는 다음과 같이 논했다.

중일 관계의 80%는 줄곧 일본 문제라고 생각하고 있다. 그러한 문맥에서 1972년에 대한 뭔가 떼어지지 않는 생각의 한 가지는 일본인에게 있어서 전쟁책임의 문제를 어떻게 마무리 지을 것인지가 여전히 애매한 상태라는 점이다. 이것이 오늘날의 중일 관계에 그림자를 드리우고 있으며 중일 관계를 음울하게 긴장된 것으로 만들고 있다고 생각한다(高原明生 外 編, 2014).

전후 70년에 걸쳐 시대 환경도 세대도 지도자의 질도 크게 변했다. 전쟁의 기억은 70년 동안의 거대한 변화 속에 매몰되어버린 듯하다. 일본의 침략으로부터 중일 관계를 생각하는 사람보다도 센카쿠 열도 해역에서 현상을 변경시키고자 필사적인 중국(군)의 실력 행사를 보면서 "중국은 두렵고, 위협이다"라고 느끼며 친밀감을 느끼고 있지 않은 사람들이 90%를 넘었다고 한다. 단적으로 말해서 이제까지의 양국 관계는 일본이 역사에 대해 사죄하고 중국이 그것을 용서한다는 '도의(道義)상의 관계'였다. 그것이 향후에는 동아시아에서 어느 쪽이 힘을 과시할 것인가, 패권을 장악할 것인가의 '힘의 관계'가 되어갈 것으로 보인다. 하지만 그 전에 일본으로서는 전쟁책임 문제의 마무리를 향한 길을 열어나가는 것이 필요하지 않을까 하고 필자는 지금 생각하고 있다.

주지하는 바와 같이, 쇼와 천황은 점령군의 정책 등에 의해 전쟁책임을 면책 받았다. 그 쇼와 천황이 전쟁책임에 대해서 공적으로 말했던 것이 있다. 1975년 10월 31일 방미한 이후 귀국했을 때의 내외 기자단과의 회견이다. 이른바 전쟁책임에 대한 생각을 묻는 말에 쇼와 천황은 다음과 같이 대답했다.

그러한 말의 표현에 대해서 나는 그러한 문학(文學) 방면은 별로 연구하지도 않고 있으므로 잘 알지 못하기 때문에, 그러한 문제에 대해서는 답변을 할 수 없다(≪每日新聞≫, 1975.11.1.).

원폭 투하를 받았던 것에 대해서 어떻게 생각하는가 하는 기자의 질문에 대해서는 다음과 같이 대답했다.

나는 원자폭탄이 투하된 것에 대해서는 유감으로 생각하지만, 이러한 전쟁 중의 일이기 때문에 부디 히로시마 시민에 대해서는 딱한 일이지만 어쩔 수 없는 일이라고 생각하고 있다(≪每日新聞≫, 1975.11.1.).

적어도 이 문답에서 이해하는 한, 이 시점에서의 쇼와 천황에게는 개전·패전·피재(被災) 등에 대한 책임을 생각할 기분은 없다. 헨미 요(辺見庸)는 최근 재차 이 기자회견을 다루며 이것에 충격을 받지 않은 사람이 있다는 쪽이 충격적이라며 다음과 같이 분노를 쏟아 부었다.

미국 방문을 마치고 이제 막 귀국한 쇼와 천황이 일본의 모든 언설·사상의 전체 관절을 일발(一發)로 어긋나게 하여 탈골시키고 모든 것을 걸쭉하게 용해시켜 버렸던 것이다. 참으로 놀라운 일이 아니겠는가?(辺見庸, 2015)

쇼와 천황의 의제(義弟)인 미카사노미야(三笠宮, 1915~2016)는 비교적 자유로운 입장이었기 때문이었는지는 몰라도 쇼와 천황과는 다른 사고방식을 갖고 있었던 듯하다. 그는 나라시노(習志野) 기병대의 중대장을 거쳐 중일전쟁이 시작되자 난징의 지나파견군(支那派遣軍) 총사령부의 참모로서 참전하여 직접 보고를 들었다. 1945년 8월 12일 전쟁 종결을 천황이 설명하고 협력을 구했던 황족 회의의 자리에서 미카사노미야는 육군의 반성을 강하게 요구했다고 말해지고 있으며, 전후의 추밀원 회의(1946.6.8.)에서는 다음과 같이 일본은 '침략적 행위'로부터 평화주의로 전환하지 않으면 안 된다고 말했다고 한다.

만주사변 이래 일본의 표리 불일치·언행 불일치의 침략적 행동에 대해서는 전 세계의 사람들을 극도로 불안하게 만들고 또한 전 세계의 신뢰를 잃어버렸던 것은 대동아전쟁에서 일본이 완전히 고립됨으로써 명료하다. 따라서 장래 국제관계의 대열에 합류하기 위해서 일본은 진정으로 평화를 사랑하고 절대로 침략을 행하지 않는다는 표리 일치한 성심(誠心)이 담긴 언동을 함으로써 세계로부터의 신뢰를 회복하지 않으면 안 된다. …… 헌법에 명기하는 것은 확실히 그 첫걸음이다(岩井克己, 2016).

또한 미카사노미야는 1998년 당시 장쩌민 중국 국가주석 초청 시의 궁중 만찬회에서 당시 천황으로부터 소개받았을 때 "옛 육군의 군관으로서 난징에 주재하며 일본군의 폭행을 직접 보았다.• 지금에 이르기까지 양심에 가책을 느

• 난징 대학살(일명 '아시아 홀로코스트') 발발 85주년이었던 2022년 12월 13일, 시진핑 중국 국가주석은 추도 식전에 5년 연속으로 참석하지 않는 모습을 보이며 대일 관계에 배려하는 모습을 보여주었다. 이날 추도 식전에는 차이치(蔡奇) 중국공산당 중앙서기처 상무서기가 참석하여 "신시대의 요구에 부합하는 중일 관계를 구축해 나아가자"라고 호소했다. _옮긴이 주

끼고 있다. 중국인들에게 사죄하고 싶다"라는 인사말을 건넸다고 중국의 문헌은 전하고 있다(鍾之成, 2006). 이 행위는 전쟁이 벌어졌던 세대의 공인에 의한 마지막 '사죄의 말'일지도 모른다.

또 한 가지 쇼와 천황의 전쟁책임에 대해 다루어보도록 하겠다.• 가토 노리히로(加藤典洋, 1997)는 일본이 침략했으며, 천황은 그 책임이 있다고 인정하면서 다음과 같이 말한다.

> 전쟁의 책임이란 신민에 대한 책임이며 무엇보다 그 이름 아래에서 죽었던 자국의 병사들에 대한 책임과 다름없다. 2,000만 명의 아시아의 사망자들에 대한 책임은 우리 일본 국민에게 돌아가는 데 그것을 포함해 그 이상으로 300만 명의 자국의 사망자에 대한 책임의 절반을 천황은 역시 면할 수 없는 것이다.

인용된 부분은 《군상(群像)》 1995년 1월호의 최초의 발언부터 2년 후에 가토 노리히로가 수정한 것이다. 가토 노리히로는 천황의 책임은 법적인 것이 아니라 기본적으로는 '자국의 병사들'에 대한 것, 도의적인 것에 한정되는, 따라서 재판을 운운하는 것은 문제가 되지 않으며 '퇴위'의 문제로 결부된다고 한다. 이것에 대해서는 다카하시 데쓰야(高橋哲哉, 2005)가 강하게 비판을 전개하고 있다.

쇼와 천황의 전쟁책임을 의논하고자 한다면 도의적 책임인가, 법적 책임을 포함하는가, 어떠한 형식으로 그 책임을 질 것인가 등의 문제가 출현하게 된다. 일본의 국민에 대한 책임인가, 침략했던 아시아 사람들의 피해에 대한 책임은 어떻게 되는가 하는 문제도 있을 것이다.

---

• 당시 일본 천황의 무책임한 행태에 대해서는 다음을 참조하기 바란다. Christopher Andrew, *For the President's Eyes Only*(HarperPerennial, 1996), pp.154~155. _옮긴이 주

필자는 제2차 세계대전 이후에 소학교에 들어갔던 '천황제' 이데올로기와는 인연이 없는 세대이지만, 전전(戰前)·전중(戰中) 세대에게 있어서 '천황'의 존재는 매우 무겁다. 전후 자유주의자의 대표 격인 마루야마 마사오(丸山眞男, 1914~1996)는 쇼와 천황의 책임을 준엄하게 규탄했는데, 천황제의 속박에서 벗어나는 프로세스는 고난으로 가득했다고 1989년에 회상한 바 있다.

> 패전 이후 반년이나 고뇌하며 생각한 끝에, 나는 천황제가 일본인의 자유로운 인격 형성 ─ 자신의 양심에 따라 판단하고 행동하며 그 결과에 대해서 스스로 책임을 지는 인간, 즉 '응석 부리기'에 의존하는 것과 반대의 행동 양식을 지닌 인간 유형의 형성 ─ 에 있어서 치명적인 장애가 되고 있다는 귀결에 결국 도달했다. …… 천황제의 '저주로부터의 해방'은 그와 같을 정도로 나에게 있어서 용이하지 않은 과제였다(丸山眞男, 1989).

필자 자신은 쇼와 천황에게는 전쟁에 대해서 법적 책임이 있고, 침략한 상대국의 사람들에 대한 중대한 책임도 물론 있다고 생각한다. 하지만 전후 70년을 맞이하여 시대는 변했고 세대도 담당자도 실로 바뀌었다. 물리적으로 말하더라도 이러한 문제에 마무리를 짓는 일은 절망적으로 어려워지고 있다. 어쨌든 시대를 초월하여 전쟁의 어두운 유산을 계승해나간다는 각오가 필요한 듯하다. 하지만 적어도 국민 차원에서 국민의 전쟁책임에 대해서 어떻게 생각할 것인가, 어떻게 하면 그 책임을 수행할 수 있는가에 대해서 최소한의 합의를 만들어내고 싶다고 생각한다. 이 책이 그런 자리의 하나가 된다면 매우 다행스러울 것이다.

이 책의 마지막에 전해주고 싶었던 두 번째 메시지는 배타적인·정적인 민족주의('적나라한 민족주의'라고도 말할 수도 있음)로부터 중일 양국 국민들이 하루빨리 '졸업'하면 좋겠다는 생각이었다.

2012년의 센카쿠 열도 / 댜오위다오를 둘러싼 충돌 시에 무라카미 하루키

(村上春樹)는 '영토 민족주의'는 싸구려 술을 삼키고 취하여 구토를 하는 것과 같은 것이라고 멋지게 갈파했다.

　　영토 문제가 실무 과제라는 것을 초월하여 '국민감정'의 영역으로 들어오게 되면, 그것은 종종 출구가 없는 위험한 상황을 출현시키게 된다. 그것은 싸구려 술을 마시고 취한 것과 비슷하다. 싸구려 술은 실로 몇 잔으로 사람을 취하게 만들며, 머리에 핏줄을 올라오게 만든다. 사람들의 목소리는 커지고 그 행동은 조잡하고 폭력적이 된다. 논리는 단순해지고 자기반복적이 된다. 하지만 떠들썩하게 소란을 일으킨 이후 해가 떠서 보면 나중에 남는 것은 짜증나는 두통뿐이다(≪朝日新聞≫, 2012.9.28.).

　　필자는 이 분석과 표현에 완전히 찬성하며 '훌륭하다'라고 생각한다. 하지만 그렇다고 해도 술에 취한 이후 구토하며 느끼게 되는 두통은 집요하고 아직 진정되지 않고 있기 때문에 주의가 필요하다.

　　한편 중국의 사상가 충르윈(叢日雲, 중국정법대학)의 '배외적 민족주의'에 대한 비판은 준엄하며 또한 논리적이다. 그에 의하면, 중국에서의 오늘날 민족주의에는 세 가지의 차원이 있다. ① 조국에 대한 열애와 충성, 즉 애국주의라고 하기보다는 애국의 정(情), ② 세계화의 깊은 영향하에 있는 지금 중국의 민족 이익을 지키고 민족 문화를 부흥시키고자 하는 감정으로 대항하는 것, ③ 극단적이며 과격한 민족주의, 즉 배외·보복 감정과 호전적인 행위로 나타난다.

　　그가 과격한 민족주의의 배경으로 파악하고 있는 것은 1994년부터의 '애국주의 교육'이다. 그에 의하면, 애국주의 교육은 '원한(怨恨) 교육'으로 그 결과 불건전한 피학(被虐) 심리가 강해지고 "보통의 외교상의 분쟁, 무역 마찰, 문화충돌, 그러한 것이 애국주의 교육의 그늘에서 모두 정치화되어버린다"라고 한다. 또한 자기 민족에 대해서는 신화(神話, 신격화된 이야기)를, 타민족에 대해서는 '귀화(鬼話, 거짓된 이야기)'를 말하는 것이 중국의 역사 교육이라고 한다. "단적으로 말하자면, 과격한 민족주의는 극권주의(極權主義) 이데올로기의 사고방식, 언어 습관, 행위 모델의 한 가지 변종이며, 극권주의의 사고방식이 결함이 있는 애국주의와 결합하면 과격한 민족주의의 근원이 된다"라고 분석한다.

일본의 정부개발원조(ODA)가 20년간 중국의 근대화를 도운 것에 대해 당시 원자바오 총리가 방일 시에 일본 국회 연설(2007.4.12.)에서 감사를 표명했는데, 그 ODA를 둘러싸고 중국의 국민감정이 '뒤틀려 있는 모습'을 충르윈은 다음과 같이 지적한다.

> 일본이 원조했을 때 중국 국민은 그 사실을 알지 못했으며 원조가 중단되었을 때 그것을 비로소 알고는 분노했다. …… 원조는 감사의 감정을 가져오지 않았고 원조 중단이 분노를 유발했다(叢日雲, 2012).

사상가 리쩌허우(李澤厚) 등이 말하는 바와 같이, 1996년에 『노(No)라고 말할 수 있는 중국』[쑹창(宋強) 외 지음]이 세상에 출간된 이래 '대중 민족주의', '과격한 민족주의'가 석권하고 애국주의 교육이 그 불에 기름을 뿌렸다. 그중에서 2000년대 초의 대일 관계를 재검토하자는 '대일 신사고'를 주도했던 마리청(馬立誠)의 중일 관계론에는 설득력이 있다.

그는 "중일 관계에서 핵심적인 것은 관용이다. 일본은 독일처럼 철저하게 역사를 반성할 수 있는가 아닌가, 중국은 프랑스인과 마찬가지로 기개와 너그러움을 가질 수 있는가 아닌가? …… 후진타오 주석은 2008년 와세다대학에서의 강연에서 다음과 같이 호소하지 않았는가? '우리는 역사를 새기지 않으면 안 된다고 강조하지만, 한(恨)을 계속 지녀서는 안 된다'". 마리청이 말했던 것은 단지 "증오에는 미래가 없다"라는 것이다(馬立誠, 2013; 2014).

동아시아의 환경, 중일 양국 간 관계는 모두 낙관을 허락하지 않는다. 한중일 간의 불신과 대항이 강해지게 될 가능성이 크다. 생각건대 동아시아의 주요 3국은 모두 대단히 젊은 국민국가다. 메이지 유신 이래 150년의 일본은 근대

국가로서는 '맏형'의 입장이었다. 그러한 일본을 포함해서 모두 사춘기에 있는 것으로 보인다. 청년, 숙년(熟年)에 도달하기에는 아직 긴 과정이 필요할 것이다. 사춘기의 3국이 어떠한 관계를 맺을 것인가? 현저한 비대칭과 대항심에 의해 지배받기 쉬운 중일 양국 간의 관계에 대해 중일 쌍방에 다음의 세 가지 사항을 지적하며 글을 마치고자 한다.

① 관계의 제도화와 이성화다. 아무리 영토 문제와 역사 문제로 격렬하게 언쟁을 하더라도 대화의 채널은 결코 닫지 않고, 어쨌든 채널을 열어두는 것이다.
② 미중 관계·미일 관계를 살펴보면서 중국(혹은 일본)과의 관계를 다국 간의 협력 관계에서 고려하는 것이다.
③ 힘에 의한 대항, 군사적 확장으로 연결되는 움직임을 억지하는 양국 간, 다국 간 메커니즘을 최대한 일찍 구축하는 것이다.

이 책이 세상에 출간되는 데 있어서 많은 분들에게 신세를 졌는데, 특히 이와나미쇼텐 신서 담당 나카야마 에키(中山永基) 씨는 우수한 편집자로서 필자의 역부족을 보완해주었다. 기록하여 마음으로부터의 사의를 표하고자 한다. 또한 나이가 들자 억측과 부주의에 의한 실수가 어쨌든 많아지게 된다. 이에 대해서 독자 분들의 관용과 질정을 바란다.

벚꽃이 활짝 핀 날에
모리 가즈코

# ┃ 옮긴이 후기

"安民之本, 在於擇交"_『전국책(戰國策)』

2008년 3월, 당시 도쿄의 와세다대학에 있는 모리 가즈코 교수님의 연구실을 직접 방문하여 인사를 드리고 약 1시간 동안 인터뷰를 하면서 여러 가지 가르침을 받은 바가 있었습니다. 교토에서 불쑥 연락을 하고 찾아뵈었던 필자를 반갑게 맞이해주면서 여러 가지 유익한 가르침을 전해주셨던 온화한 모습이 아직도 선명하게 기억납니다.

그러던 중 2012년 상반기에 『현대 중국정치』(제3판)가 출판되었다는 소식을 접하게 되었습니다. 그리고 일본 나고야를 방문하여 나고야대학출판회의 담당자를 직접 만나 책을 살펴보면서 향후 번역·출간 작업을 계획하고 진행하여 결국 2013년에 한국어판이 출간되었습니다.* 해당 책은 일본에서의 '현대 중국의 정치'와 '현대 중국의 외교'에 대한 연구의 기본적인 흐름과 수준을 대표적으로 보여주는 독보적인 연구 서적이며, 국내에서도 광범위하게 읽히며 학술적으로 커다란 기여를 해왔습니다.

그리고 그로부터 약 10년이 지난 시점에서 이와나미쇼텐(岩波書店)에서 출간된 『중일표류(日中漂流: グローバル・パワーはどこへ向かうか)』의 한국어판을

---

* 모리 가즈코, 이용빈 옮김, 『현대 중국정치(제3판)』(한울, 2013).

펴내게 되었습니다. 이 책은 일본에서의 현대 중국의 정치 및 외교 분야와 관련된 학술연구에 있어서 1인자로 일컬어지고 있는 모리 가즈코 와세다대학 명예교수가 중일 관계와 관련하여 이와나미쇼텐에서 2004년『중일 관계를 어떻게 구축할 것인가: 아시아의 공생과 협력을 지향하며(日中關係をどう構築するか: アジアの共生と協力をめざして)』, 2006년『중일 관계: 전후에서 신시대로(日中關係: 戰後から新時代へ)』, 2014년『(공동 토의) 중일 관계에 무엇이 문제인가: 1972년 체제의 재검증(共同討議 日中關係なにが問題か: 1972年體制制の再檢証)』을 출간한 이후 그러한 흐름에 입각하여 2010년대 후반까지의 최근 중일 관계를 다루고 있는 역작입니다.

이 책의 저자인 모리 가즈코 명예교수는 현대 중국의 정치와 현대 중국의 외교•에 대해서 각각 다양한 형태로 여러 책을 집필해왔습니다. 이러한 학문적 통섭을 토대로 하여 현대 중국의 정치와 현대 중국의 외교를 통합적인 시각에서 입체적으로 다루고 있는 이 책『중일표류』는 중일 관계와 관련하여 '중국 정치'와 '중국 외교'가 분리되어 연구되고 설명되어왔던 기존의 흐름을 초월하고 있다는 점에서, 그리고 '일본 정치'와 '일본 외교'를 상호 대비하며 살펴볼 수 있다는 측면에서 학술적, 정책적, 연구사적 차원에서 매우 중요한 의미를 갖는 학술서라고 할 수 있습니다.

21세기는 '힘의 대항'의 시대인가, 중국은 자신을 '누구'라고 인식하고 있고 '무엇'이 되고자 하는가, 그리고 전환기를 맞이하고 있는 중일 관계와 대국화하고 있는 중국에 '어떻게 대처할 것인가'라는 문제제기를 하며, 이 책의 저자는 미중 관계와 중러 관계도 시야에 넣으면서 현대 중국의 정치와 외교의 실상을 다각적으로 독해하며 정립되어야 할 중일 관계의 양태를 심층적으로 모색하고 있습니다.

• 가와시마 신·모리 가즈코, 이용빈 옮김,『중국외교 150년사』(한울, 2012).

구체적으로 이 책은 제1장에서 중일 '국교 정상화' 40년 남짓의 역사를 회고하고, 제2장에서 이른바 '1972년 체제'를 고찰하고, 제3장에서 중국에서의 '반일' 기류를 논하고, 제4장에서 중일 관계의 제도화를 위한 시도를 평가하고, 제5장에서 중일 양국 간의 영토 및 영해를 둘러싼 충돌 양상을 살펴보고, 제6장에서 중일 관계의 모델로서의 '미중 관계'를 검토하고, 제7장에서 중국 외교를 둘러싼 문제제기를 논하고, 제8장에서 외교 행동으로서의 중국의 군사력 행사를 분석하고, 제9장에서 중국의 변신과 현실주의에 대해서 논하고, 종장에서 21세기 '글로벌 강대국' 중국의 행방을 전망하고 있습니다. 특히 이 책은 중일 관계를 설명하면서 미중 관계와 중러 관계를 함께 시야에 넣고 설명하고 있기에, 각 부분(이슈·쟁점)에 대해 중점적으로 관심이 있는 독자들이 다양한 형태로 탐독할 수 있다는 점도 매우 유용하며, 다음과 같은 장점을 갖고 있습니다.

　첫째, 이 책은 정치학 및 국제정치학 연구의 관점에 입각하여 '현대 중국의 정치'와 '현대 중국의 외교'의 변용과정을 입체적으로 다루면서 중일 관계에 대해 공시적 분석과 통시적 검토를 통해 체계적으로 분석한 역작입니다.

　둘째, 일본의 중국 정치 및 중국 외교 연구를 이끌고 계신 대표적인 석학 모리 가즈코 명예교수가 40여 년 동안에 걸쳐 '중국 정치 및 중국 외교 연구'에 대해 꾸준히 관찰하고 분석하여 중일 관계를 중심으로 학문적 총정리를 한 대표적인 서적입니다.

　셋째, 이 책은 지역연구, 비교정치와 국제정치의 시각에서 중국 정치 및 중국 외교를 포괄적으로 검토하면서 '중일 관계'를 유기적으로 살펴볼 수 있게 함으로써, 평면적이며 단절적인 중국정치 및 중국외교 연구에서 벗어나 유기적이며 융합적인 관점에서 연구할 수 있는 새로운 지평을 제공해주고 있습니다.

　특히 책 후반부에 정리되어 있는 참고문헌을 살펴보면 국내외의 중국 정치 및 중국 외교 연구와 관련된 주요 저작들을 살펴볼 수 있을 뿐만 아니라, 중국 정치 및 중국 외교 연구의 주요 내용을 일목요연하게 이해할 수 있습니다. 따라서 후속 연구자들에게 매우 유용한 연구 지침서가 될 수 있을 것입니다.

넷째, 주요 지도자 위주의 설명이나 통사적 서술에 기반을 둔 설명 등이 주종을 이루었던 기존의 접근법을 넘어서, 제3자의 입장에 서 있는 일본 연구자의 시각을 통해서 '중일 관계'의 구조, 내용 그리고 발전과정을 객관적으로 살펴볼 수 있다는 점은 이 책의 핵심적인 장점 중에 하나입니다.

다섯째, 이 책은 2006년에 출간된 『중일 관계: 전후에서 신시대로』의 속편에 해당하는 책으로서 그 이후 약 10년 동안에 걸쳐 이루어진 현대 중국의 정치와 현대 중국의 외교에서의 변화 모습과 중일 관계의 흐름을 고도의 학술적 논의를 통해 입체적·구체적으로 다루고 있습니다.

여섯째, 이 책에서는 미중 관계와 중러 관계를 함께 시야에 넣으면서 중일 관계의 과거, 현재, 미래를 분석하고 아울러 전망하고 있는데, 이는 향후 중국에서의 정치와 외교가 어떠한 형태로 이루어지게 될 것인지를 장기적인 시각에서 가늠하는 데 있어서 매우 유용한 관측지점을 제공해주고 있습니다.

마지막으로 일곱째, 이 책을 통해 한국과 일본에서의 중일 관계에 대한 연구는 물론 중국 정치 및 중국 외교 연구의 흐름을 상호 비교해볼 수 있다는 측면에서, 향후 연구의 개선과 발전을 위한 타산지석의 역할을 충분히 할 수 있습니다. 특히, 중국 정치와 중국 외교를 연구하기 위해 장기간에 걸쳐 독자적인 통합적·융합적 연구방법을 창안하고자 치열하게 노력해온 저자의 모습을 통해 많은 가르침과 시사점을 얻을 수 있을 것입니다.

한편 최근 중일 양국의 정상회담 동향을 살펴보면, 2019년 6월 일본 오사카에서 개최된 G20 정상회의에서 시진핑 중국 국가주석과 아베 신조 일본 총리(당시)가 정상회담을 했으며, 2022년 11월 태국 방콕에서 열린 APEC 정상회의에 참석하는 자리에서 시진핑 국가주석과 기시다 후미오 총리(임기: 2021.10. 4~)가 회담했습니다. 2006년 이래 중일 양국 간의 주요 정상회담을 정리해보면 〈표 A〉와 같습니다.

특히 2022년 11월 태국 방콕에서 이루어진 중일 양국 간의 정상회담에서 시진핑 국가주석은 "중일 관계의 중요성은 변함이 없다. 전략적인 각도로부터 양

**표 A_ 중일 양국 간의 주요 정상회담(2006~2022년)**

| 시기 | 주요 정상회담 |
|---|---|
| 2006년 10월 | 아베 신조 일본 총리가 방중, '전략적 호혜 관계'의 구축에 합의 |
| 2008년 5월 | 후진타오 중국 국가주석이 방일, 후쿠다 야스오 총리와 정상회담 |
| 2010년 11월 | 후진타오 국가주석이 요코하마 APEC 정상회의에서 간 나오토 총리와 회담 |
| 2011년 12월 | 노다 요시히코 총리가 방중 |
| 2014년 11월 | 아베 신조 총리가 베이징 APEC 정상회의에서 시진핑 국가주석과 회담 |
| 2016년 9월 | 중국 쑤저우 G20 정상회의에 맞추어 아베 신조 총리가 방중 |
| 2018년 5월 | 리커창 총리가 일본을 공식방문, 중국의 총리로서 7년 만에 방일 |
| 2018년 10월 | 아베 신조 총리가 일본의 총리로서 약 7년 만에 중국을 공식방문 |
| 2019년 6월 | 일본 오사카 G20 정상회의에 참석하기 위해 시진핑 국가주석이 방일 |
| 2019년 12월 | 중국에서 개최된 한중일 정상회의에 맞추어 중일 양국 정상 간의 회담 |
| 2022년 11월 | 태국 방콕 APEC 정상회의에서 시진핑 국가주석과 기시다 후미오 총리가 정상회담 |

주: 국빈 자격으로 시진핑 국가주석의 방일이 2020년 4월로 조정되었으나 실현되지 않음
자료: 日本外務省, 『外交靑書』, 各年度版; ≪每日新聞≫ 등을 토대로 하여 작성함

국 관계를 개선하고 신시대의 요구에 맞는 중일 관계를 구축하고자 한다"라고 논했고, 기시다 후미오 총리는 "양국은 국제사회의 평화와 번영에 중요한 책임을 갖고 있는 대국이다"라고 지적했습니다. 그러면서 "건설적이며 또한 안정적인 중일 관계의 구축을 쌍방의 노력을 통해 가속화시키는 것이 중요하다"라고 호소했습니다. 그리고 그 후속조치로서 다음과 같은 중일 관계의 안정적인 발전을 위한 5개 항목의 컨센서스(합의사항)가 공표되었습니다("中日雙方就穩定和發展雙邊關係達成五點共識", 中國外交部, 2022.11.18.).

① 중일 관계의 중요성은 변화가 없으며 또한 변함이 않을 것이다. 중일 '4개 정치 문건'●의 원칙을 함께 엄수하고 '서로 파트너가 되고 서로 위협이 되지 않는' 정치 컨센서스를 실천하며, 고위급 왕래와 대화소통을 강화하고 부단히 정치

상호신뢰를 증진하고 신시대의 요구에 부합하는 건설적이고 안정적인 중일 관계를 건설하기 위해 함께 노력한다.

② 조속히 일련의 새로운 중일 경제 고위급 대화를 거행하여 에너지 절약·환경보호, 친환경 발전, 의료·건강, 양로·돌봄 등의 영역에서 협력을 강화하고 기업에게 공평하고 비차별적이며 예측이 가능한 경영 환경을 함께 제공한다.

③ 올해 중일 국교 정상화 50주년을 기념하는 일련의 활동을 긍정적으로 평가한다. 조속히 일련의 새로운 중일 고위급 인문 교류 회의를 거행한다. 정부, 정당, 의회, 지방 및 청소년 등의 교류 및 왕래를 적극적으로 전개한다.

④ 조속히 국방 부분의 해상 및 공중에서의 연락 메커니즘의 직통 전화를 개통하고 방어 및 해양 부문과 관련된 대화 및 소통을 강화하며 2014년의 네 가지 원칙에 대한 컨센서스를 함께 준수한다.

⑤ 국제 및 지역의 평화와 번영에 대한 책임을 함께 짊어지고 국제 및 지역 사무에서의 협조와 협력을 강화하며 지구적 도전에 대한 대응에 노력한다.

아울러 우발적인 충돌을 회피하기 위해 중일 방위당국(防衛當局, 국방당국) 간의 핫라인을 조기에 운용하는 것과 함께, 중일 안보대화를 재개한다는 방침을 확인했습니다. 그리고 중일 양국의 정상은 러시아의 우크라이나 침공과 관

---

- 중일 '4개 정치문건'이란, ① 1972년에 중일 국교 정상화가 이루어질 때 발표한 '중일 연합성명'(中日聯合聲明, 일본명: 日中共同聲明), ② 1978년 양국이 서명한 '중일 화평우호조약'(中日和平友好條約, 일본명: 日中平和友好條約), ③ 1998년 쌍방이 발표한 '중일 연합선언'(中日聯合宣言, 일본명: 日中共同宣言), ④ 2008년 양국이 발표한 '전략적 호혜 관계를 전면적으로 추진하는 것에 관한 연합성명'(中日關於全面推進戰略互惠關係的聯合聲明, 일본명: '戰略的互惠関係'の包括的推進に關する日中共同聲明)을 지칭한다. 2014년 11월 7일, 중일 양국은 '4개 정치문건'과 각 문건의 원칙 및 정신을 준수한다는 것을 확인한 바 있다.

## 표 B_ 일본의 대중(對中) 수출입 및 무역수지(2012~2021년)

단위: 억 달러(USD)

| 시기 | 일본의<br>대중 수출 | 일본의<br>대중 수입 | 일본의<br>대중 수출입 총액 | 일본의<br>대중 무역수지 |
|---|---|---|---|---|
| 2012년 | 1776.4 (△8.6%) | 1888.4 (2.3%) | 3661.0 (△3.3%) | △108.0 |
| 2013년 | 1621.1 (△8.7%) | 1808.4 (△4.0%) | 3429.5 (△6.3%) | △187.2 |
| 2014년 | 1625.1 (0.2%) | 1810.3 (0.1%) | 3435.5 (0.2%) | △185.2 |
| 2015년 | 1426.8 (△12.2%) | 1606.2 (△11.3%) | 3033.1 (△11.7%) | △179.3 |
| 2016년 | 1449.9 (1.6%) | 1566.3 (△2.5%) | 3016.2 (△0.6%) | △116.3 |
| 2017년 | 1648.6 (13.7%) | 1645.4 (5.1%) | 3294.0 (9.2%) | 3.2 |
| 2018년 | 1802.3 (9.3%) | 1735.9 (5.5%) | 3538.3 (7.4%) | 66.3 |
| 2019년 | 1715.1 (△4.8%) | 1693.0 (△2.5%) | 3408.1 (△3.7%) | 22.1 |
| 2020년 | 1760.8 (2.7%) | 1641.0 (△3.1%) | 3401.9 (△0.2%) | 119.8 |
| 2021년 | 2061.5 (17.1%) | 1852.8 (12.9%) | 3914.4 (15.1%) | 208.6 |

주: 괄호 안의 숫자는 전년 대비 증가율이며, △는 마이너스를 의미함
자료: "日中貿易の推移"(https://www.jetro.go.jp) 등을 참조하여 작성함(검색일자: 2023.3.1.)

런하여 핵무기의 사용에 반대한다는 것에 의견일치를 보았고, 핵무기 및 탄도미사일의 개발을 추진하고 있는 북한에 대처하는 데 있어서 서로 긴밀하게 연대해 나아간다는 것도 확인했습니다(時事通信, 2022.11.19.).

또한 일본무역진흥기구(JETRO)가 중국 해관(海關, 세관)의 통계와 일본 재무성의 무역통계를 기초로 하여 2012년부터 2021년까지 중일 양국 간의 무역을 쌍방의 수입을 토대로 하여 발표한 내용에 따르면(〈표 B〉참조), 2021년 일중 양국 간의 무역 총액은 전년 대비 15.1% 증가한 3,914.4억 달러를 기록하며, 2011년(3,784.1억 달러) 이래 10년 만에 최고치를 경신했습니다. 구체적으로 2021년 일본의 대중(對中) 수출은 2,061.5억 달러로 전년 대비 17.1% 증가했고, 대중 수입은 1,852.8억 달러로 전년 대비 12.9% 증가했습니다. 이로써 일본은 대중 무역수지는 208.6억 달러의 흑자를 달성하며 5년 연속 흑자를 보았습니다.

표 C_ 향후 중일 관계의 중요성에 대한 일본 국민여론의 추이(2017~2022년)

| 여론조사 일시 | 중요하다고 생각한다 | 중요하지 않다고 생각한다 |
| --- | --- | --- |
| 2017년 10월 | 76.9% | 18.7% |
| 2018년 10월 | 81.2% | 15.0% |
| 2019년 10월 | 75.1% | 20.5% |
| 2020년 10월 | 78.2% | 20.6% |
| 2021년 9월 | 78.7% | 20.9% |
| 2022년 10월 | 73.5% | 22.1% |

설명: '당신은 향후의 일본과 중국 간의 관계의 발전이 양국, 그리고 아시아 및 태평양 지역에 있어서 중
요하다고 생각하는가'라는 질문에 대한 응답임
자료: 日本內閣府, 「外交に関する世論調査」(各年度)를 참조하여 작성함

미중 경쟁이 갈수록 심화되면서 일반적으로 미일 관계●가 공고해지고 중
일 관계가 대립으로 향해 나아가는 것으로 간주되기 일쑤이지만, 2017년 이래
일본은 중국과의 무역에서 5년 연속 흑자를 기록했고, 2021년에는 역사상 처
음으로 2,000억 달러가 넘는 대중 수출을 했습니다. 즉, 정치적(표면적) '중일표
류' 속에서도 경제적(실질적) '중일 연계'가 더욱 강화되는 방향으로 움직이고
있다는 것을 알 수 있습니다. 이것은 한반도의 관점에서 심화되는 미중 경쟁과
중일 관계의 국제정치를 고려할 때에 있어서 간과해서는 안 되는 중요한 사항
이라고 할 수 있습니다.

특히 향후 중일 관계의 중요성에 대한 일본 국민여론의 추이는 2021년 9월
에 실시된 조사에 의하면 미국의 경우에는 98.2%, 그리고 중국의 경우에는
78.7%를 각각 기록하며 러시아(73.1%), 한국(62.1%)보다 더 높은 비중을 보여

● 미일 관계의 기본적인 흐름에 대해서는 다음을 참조하기 바란다. Makoto Iokibe and Tosh
Minohara, eds., *The History of US-Japan Relations: From Perry to the Present*(Palgrave
Macmillan, 2018); 木村隆和, 『日中国交正常化と日米関係』(三恵社, 2019); 松田武, 『自
発的隷従の日米関係史: 日米安保と戦後』(岩波書店, 2022).

주고 있습니다(〈표 C〉 참조). 또한 2022년 여름에 일본의 언론NPO와 중국국제 출판그룹이 공동으로 실시한 중일 양국의 국민 여론조사에 의하면, 중국에 대해 '좋지 않은 인상'을 갖고 있는 일본인 응답자는 87.3%로 그전 해(90.9%)보다 다소 줄어들었으며, 일본에 대해 '좋지 않은 인상'을 갖고 있는 중국인 응답자도 62.6%로 그전 해(66.1%)보다 다소 줄어들었습니다. 그리고 '군사적 위협을 느끼는 국가'를 묻는 복수응답 형식의 질문에 중국인은 ① 미국(89.0%), ② 일본(57.9%), ③ 인도(24.1%)를 선택했으며, 일본인은 ① 북한(72.8%), ② 중국(72.1%), ③ 러시아(62.2%)를 뽑았습니다(≪日本經濟新聞≫, 2022.11.30.).

아울러 2022년 일본 외무성이 발간한 『외교청서(外交靑書)』에서 설명하고 있는 '중일 관계'의 현황과 기본적인 입장은 다음과 같습니다.

중일 양국은 서로 이웃나라지만 그로 인해 다양한 현안도 존재한다. 센카쿠열 도를 둘러싼 정세, 동중국해·남중국해에서의 일방적인 현상변경의 시도, 일본 주변에서의 군사활동의 확대 및 활발화(活潑化)는 일본을 포함한 지역과 국제사회의 안전보장에 있어서의 강한 우려사항이다. 또한 중국은 세계 제2위의 경제대국이 되었고 다양한 방면에서 그 행동이 국제사회에 미치는 영향은 증가하고 있다. 중국이 국제사회의 규칙(rule)에 따르며 대국으로서의 책임을 수행하고, 국제사회의 기대에 부응해 나아가는 것이 중요하다. 마찬가지로 이웃나라인 중국과의 관계는 일본에게 있어서 가장 중요한 이국 간(二國間) 관계의 하나이며, 양국은 긴밀한 경제관계 및 인적·문화적 교류를 갖고 있다. 중국에 대해 주장해야할 것은 주장하고 책임 있는 행동을 요구하면서, 공통의 여러 과제에 대해서는 협력한다는 '건설적이며 안정적인 중일 관계'를 쌍방의 노력을 통해 구축해 나아가는 것이 중요하다[日本外務省, 『外交靑書』(2022), p.37].

이러한 맥락에서 이 책은 미중 관계와 중러 관계를 시야에 넣으면서 중일 관계의 역사, 행태, 쟁점 및 파급효과를 통시적으로 살펴보고 공시적으로 전망하는 데 있어서 매우 유용합니다. 또한 이 책을 통해 현대 중국의 정치와 외교에 대한 구미와 중국에서의 최신 논의와 연구 흐름을 학술적 차원에서 전반적으로 파악할 수 있을 뿐만 아니라, 정책적 측면에서의 분석과 평가도 심도 있게 이해할 수 있습니다. 특히 최근 들어 갈수록 복잡한 양상을 드러내고 있는 글로벌 경제위기와 미중 관계의 흐름 속에서 중일 관계의 추세를 이해하고 그 현황을 파악하며 그 미래를 제대로 가늠하는 것의 중요성은 아무리 강조해도 지나침이 없을 것입니다.

이번에 이 책을 번역하면서 세 가지 측면을 중시했습니다. 첫째, 일반 독자들이 쉽게 이해할 수 있도록 생소한 인명과 지명에는 한자를 병기하여 정확성을 추구했습니다. 둘째, 구체적인 설명이 필요한 부분에는 '옮긴이 주'를 추가했습니다. 셋째, 본문에서 언급되고 있는 인물 및 항목에 대해 부연 설명이 필요한 경우에는 독자들의 이해를 돕고자 부기했습니다. 아울러 추가적으로 '중일 관계 연표(1972~2022년)'를 실어 중일 관계의 역사적 흐름을 파악하는 데에 도움을 제공하고자 했습니다.

무엇보다 이 책이 세상에 나올 수 있도록 물심양면 지원해주신 한울엠플러스(주)의 김종수 사장님, 그리고 출간을 위한 제반 작업에 힘써주신 모든 분들에게 진심으로 감사의 말씀을 전해드리고자 합니다. 모쪼록 이 책을 통해 독자들이 최근 표류하고 있는 '중일 관계'의 과거와 현재를 입체적으로 이해하고 향후 발전궤적과 방향을 심층적으로 파악함으로써, 인류 전체의 번영에 이바지하고 세계 전체의 이익에 기여하는 미래의 역동적인 '한반도 시대'를 거시적으로 조망하고 적극 대비하는 데 조금이라도 도움이 될 수 있기를 진심으로 바랍니다.

2023년 4월
이용빈

| 1972 | 9. 다나카 가쿠에이 총리 방중, 중일 국교 정상화('중일 공동성명' 발표)<br>10. 중국이 우에노 동물원에 판다 두 마리 증정, '중일 각서무역협정' 서명<br>11. 일본 정부 사무당국 방중단이 방중 |
|---|---|
| 1973 | 1. 주중 일본대사관 개설<br>2. 주일 중국대사관 개설<br>5. '중일 해저 테이블 건설에 관한 약정" 서명<br>6. 고베시와 톈진시 간에 우호도시 제휴(제1호) |
| 1974 | 1. 오히라 마사요시 외무대신 방중('중일 무역협정', '중일 상주기자교환각서' 서명)<br>4. '중일 항공협정' 서명<br>7. '중화인민공화국 전람회'가 오사카, 도쿄에서 개최됨(입장한 인원의 수는 약 400만 명)<br>11. '일중 해운협정' 서명 |
| 1975 | 3. 정기편(定期便)을 대절하여 집단으로 방중하는 '중일 우호의 날개'가 시작됨<br>4. 제1차 중일 무역혼합위원회(베이징)<br>8. 중일 어업협정 서명 |
| 1976 | 6. '중일 어업공동위원회' 제1차 연차회의(베이징) |
| 1977 | 9. '중일 상표상호보호협정' 서명 |
| 1978 | 5. 상하이 바오산제철소 건설의 의정서 및 기술원조계약서 서명(장기 무역의 최초 협정)<br>8. 소노다 스나오 외무대신 방중('중일 평화우호조약' 체결)<br>10. 덩샤오핑 부총리 방일(도쿄, 교토, 나라, 오사카)(중국 국가지도자로서 최초의 방일), '중일 평화우호조약' 비준서 교환 |
| 1979 | 5. '중일 우호의 해'를 맞이하여 600명 방일<br>9. '일본·중국 청년 친선교류' 사업이 시작됨(일본 청년 30명, 중국 청년 30명이 상호 방문)<br>12. 오히라 마사요시 총리 방중(베이징, 시안)[대중(對中) 경제협력 개시, '중일 문화교류협정' 서명] |

| | |
|---|---|
| 1980 | 3. 제1차 '중일 외교당국 간 정기협의'(도쿄)<br>4. 베이징과 친황다오 사이의 철도 확충 사업에 일본이 유상 자금협력을 실시<br>5. 화궈펑 총리 방일(중국 총리의 최초 방일); '중일 과학기술협력협정' 서명<br>7. 화궈펑 총리 방일[오히라 마사요시 총리의 장의(葬儀)에 참석]<br>12. 아이치공업대학과 난징공학원, 우호대학 제휴에 서명(중일 대학 간 교류의 개막), 제<br>1차 '중일 각료회의'(베이징) |
| 1981 | 3. '중일 철새보호협정' 서명 |
| 1982 | 5. 자오쯔양 총리 방일<br>9. 스즈키 젠코 총리 방중(베이징, 항저우, 상하이) |
| 1983 | 9. '중일 조세협정' 서명<br>11. 후야오방 총서기 방일('중일우호21세기위원회' 설립을 결정) |
| 1984 | 3. 나카소네 야스히로 총리 방중<br>9. '중일우호21세기위원회' 제1차 회의(도쿄, 하코네), 일본의 청년 3,000명이 중국 측의<br>초대로 각지를 방문<br>10. 일본으로부터 무상 자금협력·기술협력에 의한 중일우호병원이 베이징에 완성됨 |
| 1985 | 3. 중국 청년대표단 100명 방일<br>7. '중일 원자력협정' 서명<br>10. 중국으로부터 따오기를 최초로 대여 받음 |
| 1986 | 〈중국을 향해 해외청년협력대 파견을 개시〉<br>11. 나카소네 야스히로 총리 방중['중일 청년교류센터'의 정초식(定礎式)에 참석] |
| 1987 | 〈중일 청년의 우정 계획에 기초한 청년 초청 사업을 개시〉 |
| 1988 | 7. 베이징시 지하철 건설 사업에 일본이 유상 자금협력을 실시<br>8. 다케시타 노보루 총리 방중(베이징, 둔황, 시안), '중일 투자보호협정' 서명 |
| 1989 | 2. 첸치천 외교부장 겸 국가주석특사 방일[대상(大喪)의 예(礼)에 참석]<br>4. 리펑 총리 방일 |
| 1990 | 11. 우쉐첸 부총리 방일(천황의 즉위식에 참석) |

| | |
|---|---|
| 1991 | 5. 일본으로부터의 무상 자금협력에 의한 '중일청년교류센터'가 베이징에 완성됨<br>8. 가이후 도시키 총리 방중<br>9. 베이징시 지하철 제2기 건설사업에 일본이 유상 자금협력을 실시 |
| 1992 | 4. 'JET 프로그램'(어학 지도를 행하는 외국청년초청사업)에 4명이 중국으로부터 처음으로 참가, 장쩌민 총서기 방일<br>9. 중일 국교 정상화 30주년의 기념행사로서 국립과학박물관에서 〈러우란왕국과 유구한 미녀〉 전시회 개최<br>10. 일본 천황 내외의 방중(베이징, 시안, 상하이) |
| 1993 | 8. 베이징 서우두공항 정비사업에 일본이 유상 자금협력을 실시 |
| 1994 | 3. 호소카와 모리히로 총리 방중, '중일 환경보호협력협정 체결, 일본으로부터의 무상 자금협력에 의해 둔황석굴문화재연구·전시센터가 개설됨 |
| 1995 | 1. 한신·아와지 대지진이 발생 시에 중국이 긴급 원조물자를 제공<br>5. 난징 성벽의 보존 및 수리 협력사업 개시(3년간), 무라야마 도미이치 총리 방중<br>8. 무라야마 도미이치 총리, 전후 50주년의 총리 담화 발표(일명 '무라야마 담화')<br>11. 장쩌민 국가주석 방일(오사카 APECC 정상회의에 참석) |
| 1996 | 2. 중국 윈난성에서 지진이 발생하자 일본이 30만 달러를 긴급 원조<br>5. 일본으로부터의 무상 자금협력에 의해 '중일 우호환경보전센터'를 베이징에 설치<br>7. 중국 안후이성 등에서의 홍수 재해에 일본이 30만 달러를 긴급 원조 |
| 1997 | 9. 하시모토 류타로 총리 방중(베이징, 선양)<br>11. 리펑 총리 방일, '중일 어업협정' 체결 |
| 1998 | 11. 장쩌민 국가주석 방일(도쿄, 센다이, 삿포로), '평화와 발전을 위한 우호협력 파트너십의 구축에 관한 중일공동선언' 발표, '청소년 교류의 가일층 발전을 위한 틀에 관한 협력 계획' 서명 |
| 1999 | 〈중일 문화 교류의 해〉<br>1. 중국으로부터 따오기 한 쌍을 증정 받음, 따오기의 인공증식을 개시, 일본에 대한 단체관광여행 해금<br>7. 오부치 게이조 총리 방중<br>10. 일본으로부터의 유상 자금협력에 의한 상하이 푸둥국제공항 개항<br>11. '중일 민간녹화협력위원회' 설립 |

| 2000 | 〈풀뿌리 기술협력 개시〉<br>3. '중일 환경 모델도시' 정비사업(구이양, 충칭, 다롄)에 일본이 유상 자금협력을 실시<br>4. '중일 지적교류 지원사업' 개시(2007년에 '중일 연구교류 지원사업으로 개칭됨)<br>5. 5,000명의 '중일 문화관광교류사절단'이 방중, 장쩌민 국가주석이 중일 관계에 대해서<br>'중요 강화' 발표<br>9. 일본 정부가 중국인 단체관광객에 대한 비자 발급을 개시<br>10. 주룽지 총리 방일(도쿄, 야마나시, 고베), 도쿄 국립박물관에서 〈중국 국보전〉 개최 |
|---|---|
| 2001 | 10. 고이즈미 준이치로 총리 방중(중국 상하이 APEC 정상회의 참석) |
| 2002 | 〈무상 자금협력에 의한 중일 유학 등의 인재육성 지원사업〉<br>〈중일 국교 정상화 30주년으로서 '일본의 해·중국의 해'〉 실시<br>3. 베이징시의 환경정비사업에 일본이 무상 자금협력을 실시<br>4. 고이즈미 준이치로 총리 방중(보아오, 보아오아시아포럼 참석)<br>9. 중일 국교 정상화 30주년 기념 식전에 1만 3,000명의 방중단 방중, 중국 국가관광국·<br>일본 국토교통성이 관광 우호교류 활동 '세세대대의 우호, 중국에서 만납시다'를 공동<br>주최(베이징), 중일 국교 정상화 30주년 기념행사로서 도쿄 국립박물관에서 〈실크로<br>드 비단과 황금의 길〉 전시회 개최<br>10. 제1차 중일 경제파트너십 협의(베이징) |
| 2003 | 〈시니어 해외 볼런티어 파견을 개시〉<br>3. 중국 내륙부의 인재육성 사업에 일본이 유상 자금협력을 실시<br>5. 심각해지는 중국의 사스(SARS) 감염에 대해 민간지원을 실행<br>12. 제1차 '신중일우호21세기위원회'(다롄) |
| 2004 | 10. 제1차 '동중국해에 관한 중일 협의'(베이징) |
| 2005 | 4. 중국 각지에서 반일 시위<br>5. 제1차 '중일 종합정책 대화'(베이징)<br>7. 도쿄 국립박물관에서 〈견당사와 당나라의 미술〉 전시회 개최<br>8. 고이즈미 준이치로 총리, 전후 60주년 총리 담화를 발표<br>12. 중국의 인렌 카드(銀聯カード), 일본에서의 서비스를 개시 |

| | |
|---|---|
| 2006 | 3. '일중 관광 교류의 해' 개막, 제1차 일중 재무대화(베이징)<br>4. '중일 세관상호지원협정' 체결<br>5. '중일 21세기 교류사업' 개시(중국 고교생 대표단 제1진 200명 방일)<br>10. 아베 신조 총리 방중('일중 공동 프레스 발표' 발표, '전략적 호혜 관계' 제시)<br>12. '중일 역사공동연구' 제1차 전체회의(베이징) |
| 2007 | 〈중일 문화·스포츠 교류의 해〉<br>1. 도쿄 국립박물관에서 〈유구한 아름다움: 중국국가박물관 명품전〉 개최, 아베 신조 총리가 '21세기 동아시아 청소년 대교류 계획(JENESYS)' 실시를 표명, 제1차 중일 전략대화(베이징, 항저우)<br>3. 일본의 대중 일반 무상 자금협력이 종료됨<br>4. 원자바오 총리 방일('중일 공동 프레스 발표' 발표, '중일 고위급 경제대화' 설치)<br>9. 중일 정상 전화회담(원자바오 총리·후쿠다 야스오 총리)<br>12. 제1차 일중 고위급 경제대화(베이징, 고무라 마사히코 외무대신 외에 관련 각료들이 방중), 중일 형사공조조약 체결, 후쿠다 야스오 총리 방중(베이징, 톈진, 취푸), 중일 무역의 총액이 2367억 달러(홍콩에 대한 무역 액수 제외)로 최초로 미일 무역의 총액(2,142억 달러)을 상회함 |
| 2008 | 〈중일 청소년 우호 교류의 해〉<br>3. 일본의 대중 엔차관 신규 공여를 종료<br>4. 제1차 '중일 메콩 정책대화'(베이징)<br>5. 후진타오 국가주석 방일('전략적 호혜 관계'의 포괄적 추진에 관한 중일 공동성명 발표, '중일문화센터 설치 협정' 체결, 쓰촨성 대지진이 발생했을 때에 일본이 각국보다 앞서 구원대를 파견<br>6. 동중국해에서의 중일 간 협력에 대한 '중일 공동 프레스 발표'<br>7. 후진타오 국가주석 방일(G8 정상회의의 아웃리치 회의에 출석, 홋카이도 도야코)<br>8. 후쿠다 야스오 총리 방중(베이징 올림픽 개회식에 참석, 베이징 올림픽에 일본의 선수 약 340명 참가)<br>9. 사도 따오기 보호센터에서 따오기 10마리 방조(放鳥)<br>10. 아소 다로 총리 방중(ASEM 정상회의 및 '중일 평화우호조약' 체결 30주년 기념 리셉션 참석), '중일 영사협정' 체결<br>12. 원자바오 총리 방일(후쿠오카, 한중일 정상회의 참석) |

| 2009 | 4. 아소 다로 총리 방중<br>7. 일본, 중국인 개인 관광객에 대한 비자 발급 개시<br>10. 하토야마 유키오 총리 방중(한중일 정상회담 참석)<br>12. 시진핑 국가부주석 방일 |
|---|---|
| 2010 | 3. 상하이 엑스포에 일본관, 일본산업관 등 3개의 전시관 출전<br>5. 원자바오 총리 방일<br>6. 중일 정상 전화회담(원자바오 총리·간 나오토 총리)<br>9. 오키나와현 센카쿠열도/댜오위다오 앞바다에서 중국 어선이 일본 해상보안청의 순시<br>선과 충돌 |
| 2011 | 3. 동일본 대지진의 발생 시에 중국이 구원대 파견<br>4. 중일 정상 전화회담(원자바오 총리·간 나오토 총리)<br>5. 원자바오 총리 방일(한중일 정상회의 참석, 후쿠시마 등 동일본 대지진의 피해를 입은<br>지역을 방문하여 위로)<br>9. 중일 정상 전화회담(원자바오 총리·아베 신조 총리)<br>12. 노다 요시히코 총리 방중 |
| 2012 | 〈중일 국교 정상화 40주년으로서 '중일 국민 교류 우호의 해'를 실시〉<br>1. 중일 국교 정상화 40주년 기념행사로서 도쿄 국립박물관에서 '특별전 〈베이징 고궁박<br>물원 200선〉' 개최<br>5. 노다 요시히코 총리 방중(한중일 정상회의 참석, '한중일 투자협정' 체결), 제1차 중일<br>고급 사무레벨 해양회의(항저우)<br>9. 일본 정부가 센카쿠열도를 국유화, 중국 각지에서 대규모 반일 시위 |
| 2013 | 〈중일 평화우호조약 체결 35주년〉<br>1. 아베 신조 총리가 JENESYS 2.0(아시아·대양주 국가들 및 지역과의 청소년 교류사업)<br>실시를 표명 |
| 2014 | 11. 아베 신조 총리 방중(중국 베이징 APEC 정상회의 참석), 시진핑 국가주석과 무언(無<br>言)의 악수 |
| 2015 | 5. 약 3,000명의 '중일 관광문화교류단' 방중<br>10. 중일 교류 집중 월간(NHK 교향악단의 베이징 공연 등)(~11.) |

| 2016 | 〈중일 식림·식수 국제연대사업 개시〉<br>9. 아베 신조 총리 방중(중국 항저우 G20 정상회의 참석) |
|---|---|
| 2017 | 〈중일 국교정상화 45주년〉<br>3. 쇼치쿠 대가부키(松竹大歌舞伎) 베이징 공연(중일 국교 정상화 45주년 기념) |
| 2018 | 〈중일 평화우호조약 체결 40주년, 중국 개혁개방 40주년〉<br>5. 중일 정상 전화회담(시진핑 국가주석·아베 신조 총리), 리커창 총리 방일(도쿄, 홋카이도)(한중일 정상회의에 참석, 중국 국무원 총리로서는 8년 만의 공식 방일); '중일 사회보장협정', '중일 영화공동제작협정' 서명<br>8. 노무라 만사쿠·노무라 만사이 쾅언(狂言) 공연('중일 평화우호조약' 체결 40주년 기념)<br>9. 제1차 중일 민간 비즈니스의 제3국 전개 추진에 관한 위원회(베이징) 개최<br>10. 아베 신조 총리 방중(다국 간 회의에 참석을 제외하고 일본의 총리로서 약 7년 만에 방중, 제1차 중일 제3국 시장협력포럼 참석, 2018년도를 기준으로 대중 ODA의 신규 채택을 종료한다고 발표), '중일 해상 수색·구조(SAR) 협정' 체결, '중일 통화스왑협정' 체결 |
| 2019 | 〈중일 청소년 교류 추진의 해〉<br>4. 제1차 중일 혁신 협력대화(베이징), 니카이 도시히로 총리대신특사 방중<br>5. 제1차 중일 개발협력정책 국장급 회의(베이징)<br>6. 시진핑 국가주석 방일(일본 오사카 G20 정상회의 참석)<br>10. 왕치산 국가부주석 방일(일본 천황의 즉위식 참석)<br>11. 제1차 중일 고위급 인적·문화 교류 대화(도쿄), '중일 동물위생검역협정' 서명<br>12. 아베 신조 총리 방중(한중일 정상회의 참석) |
| 2020 | 〈중일 문화·스포츠 교류 추진의 해〉<br>9. 중일 정상 전화회담(시진핑 국가주석·스가 요시히데 총리) |
| 2021 | 10. 중일 정상 전화회담(시진핑 국가주석·기시다 후미오 총리)<br>11. 중일 외교장관 전화회담 |
| 2022 | 〈중일 국교 정상화 50주년〉<br>5. 중일 외교장관 TV 영상회담<br>11. 태국 방콕 APEC 정상회의에서 중일 정상회담(시진핑 국가주석·기시다 후미오 총리) |

* 자료: 중국 외교부 및 일본 외무성의 자료를 토대로 하여 작성함(작성자: 이용빈)

# 참고문헌

● 자료집·문서

安藤正士·小竹一彰 編. 1994. 『原典中國現代史⑧ 日中關係』, 岩波書店.

石井明·朱建榮·添谷芳秀·林曉光 編. 2003. 『記錄と考證 日中國交正常化·日中平和友
　　好條約締結交涉』, 岩波書店.

霞山會 編. 外務省アジア局中國課 監修. 1998. 『日中關係基本資料集 1949年-1997年』,
　　霞山會.

_____. 2008. 『日中關係基本資料集 1972年-2008年』, 霞山會.

沈志華 編輯. 2000. 『中蘇關係檔案』,

田桓 主編. 1994. 『戰後中日關係史年表 1945-1993』, 中國社會科學出版社.

_____. 1996. 『戰後中日關係文獻集 1945-1970』, 中國社會科學出版社.

_____. 1997. 『戰後中日關係文獻集 1971-1995』, 中國社會科學出版社.

日中國交回復促進議員連盟 編. 1972. 『日中國交回復: 關係資料集(1947-1972)』, 日中國
　　交資料委員會.

毛里和子·增田弘 監譯. 2004. 『周恩來 キッシンジャー機密會談錄』, 岩波書店.

毛里和子·毛里興三郎 譯. 2016. 『ニクソン訪中機密會談錄 增補決定版』, 名古屋大學出
　　版會.

Burr, William. ed. 2002. "The Beijing-Washington Back-Channel and Henry
　　Kissinger's Secret Trip to China: September 1970-July 1971," *National Security
　　Archive Electronic Briefing Book*. No.66(February 27).

_____. 2002. "Negotiating U.S.-Chinese Rapprochement: New American and
　　Chinese Documentation Up to Nixon's 1972 Trip," *National Security Archive
　　Electronic Briefing Book*. No.70(May 22).

_____. 2003. "Nixon's Trip to China Records now Completely Declassified, Including
　　Kissinger Intelligence Briefing and Assurances on Taiwan," The National Security
　　Archive(Posted-December 11).

Westad, Odd Arne. ed. 1998. *Brothers in Arms*. W. Wilson Center Press.

● 일반서·논문

青山瑠妙. 2013. 『中國のアジア外交』, 東京大學出版會.

阿南友亮. 2012. 「戰略的互惠關係の摸索と東シナ海問題 2006-2008年」, 高原明生·服部龍二 編. 『日中關係史 1972-2012 政治I』, 東京大學出版會.

安倍晋三. 2013. 『新しい國へ 美しい國へ(完全版)』, 文春新書.

五百旗頭眞 編. 2006. 『前後日本外交史(新版)』, 有斐閣.

井上壽一. 2003. 『日本外交史講義』, 岩波書店.

井上正也. 2012. 「國交正常化 1972年」, 高原明生·服部龍二 編. 『日中關係史 1972-2012 政治I』, 東京大學出版會.

岩井克己. 2016. 「戰後皇室の步み體現 三笠宮さまをしのぶ」, ≪朝日新聞≫(10月28日).

殷燕軍. 1996. 『中日戰爭賠償問題』, 御茶の水書房.

_____. 2003. 「日中國交正常化過程の再檢證: 日本外務省の公開資料からみる」, ≪中國研究月報≫ 第663號(5月).

內田雅敏. 2014. 『靖國參拜の何が問題か』, 平凡社新書.

衛藤瀋吉. 1972. 「大國におもねらず小國も侮らず」, ≪中央公論≫ 10月號.

閻學通. 1995. 「冷戰後中國的外交安全戰略」, ≪現代國際關係≫ 第8期.

_____. 1996. 『中國國家利益分析』, 天津人民出版社.

_____. 2014. 「崛起 困境與中國外交新特徵」, 共識網(12月10日).

_____. 2016. 「回復王道, 重塑中國內政外交」, 中國選舉與治理網(2月15日).

袁成毅. 2014. 「1972年中國政府正式放棄對日索賠的經過」, ≪黨史研究資料≫ 第3期.

王逸周. 2014. 「中國外交: 新形勢下的幾個現實問題」, ≪南方週末≫(5月22日).

王希亮. 2001. 「論日本戰爭責任長期擱置的歷史原因」, ≪日本學刊≫ 第5期.

王緝思. 1993. 「國際關係理論與中國外交研究」, ≪中國社會科學季刊≫ 第1期(香港).

_____. 2016. 『大國戰略』, 中國出版集團.

王小東. 2000. 「當代中國民族主義論」, ≪戰略與管理≫ 第5期.

_____. 2005. 「走在中國主流思想的前面: 回顧與展望當代中國民族主義」, ≪中國與世界觀察≫ 第1期.

王占陽. 2014. 「認爲日走軍國道路是誤判, 去了日本都淸楚」, ≪環球時報≫(10月27日).

王敏. 2005. 『中國人の愛國心: 日本人とは違う五つの思考回路』, PHP新書.

王敏 編著. 2004. 『'義'の文化と'情'の文化: 中國における日本研究』, 中央公論新社.

大庭三枝. 2004. 『アジア太平洋地域形成への道程』, ミネルヴァ書房.

大庭三枝 編著. 2016. 『東アジアのかたち』, 千倉書房.

大原總一郎. 1963. 「對中國プラント輸出について」, ≪世界≫ 9月號.

大平正芳. 1982. 『大平正芳回想錄(傳記編)』, 大平正芳回想錄刊行會.

岡崎久彦·中嶋嶺雄. 1996. 『日本にアジア戰略はあるのか: 幻想の中國·有事の極東』,
　　PHP研究所.

岡田晃. 1992. 「周總理在萬隆會議」, 『周恩來與日本朋友』, 中央文獻出版社.

岡田實. 2003. 「中國におけるODA研究から見たODA觀と日中關係」, ≪國際協力研究≫
　　19卷2號.

岡部達味. 2001. 「中國外交の50年」, 岡部達味 編. 『中國をめぐる國際環境』, 岩波書店.

岡部達味 編. 2001. 『中國をめぐる國際環境』, 岩波書店.

小倉和夫. 1993. 「アジアの復權'のために」, ≪中央公論≫ 7月號.

小澤一郎. 1993. 『日本改造計劃』, 講談社.

葛兆光 著. 辻康吾 監修. 永田小繪 譯. 2014. 『中國再考 その領域·民族·文化』, 岩波現
　　代文庫.

加藤典洋. 1997. 『敗戰後論』, 講談社.

加藤弘之 外. 2013. 『21世紀の中國經濟論: 國家資本主義の光と影』, 朝日新聞出版.

蒲島郁夫. 1999. 「全國會議員イデオロギー調査: 連立時代の議員と政黨」, ≪中央公論≫
　　5月號.

何方. 1997. 「我們能同日本友好下去?: 寫在中日邦交正常化25周年之際」, ≪環球時報≫
　　(5月1日).

_____. 2012. 「時代問題判斷有誤就會危害全局: 一本國際問題討論文集的前言」, ≪炎
　　黃春秋≫ 第11期.

ヨハン·ガルトゥング 著. 高柳先男 外 譯. 1991. 『構造的暴力と平和』, 中央大學出版部.

川島眞. 2000. 「歷史學からみた戰後補償」, 奧田安弘·川島眞. 『共同研究中國戰後補償』,
　　明石書店.

キッシンジャー 著. 桃井眞 監修. 1980. 『キッシンジャー秘錄 ③ 北京へ飛ぶ』, 小學館.

_____. 1980. 『キッシンジャー秘錄 ④ モスクワへの道』, 小學館.

宮希魁. 2011. 「評地方政府的公司化傾向」, ≪炎黃春秋≫ 第4期.

宮力. 2002. 「從中美緩和到實行'一條線'的戰略」, ≪中共中央黨校學報≫ 第2期.

姜克實. 2017. 「我如何看中日之間的歷史和解」, 愛想家網(1月1日).

曲聖. 1989. 「試論1954年日內瓦會議上的周恩來外交」, 裵堅章 主編. 『研究周恩來: 外交
   思想與實踐』, 世界知識出版社.

_____. 2000. 『中國外交50年』, 江蘇人民出版社.

金熙德. 2000. 『日本政府開發援助』, 社會科學文獻出版社.

_____. 2002. 『中日關係: 復交30周年的思考』, 世界知識出版社.

_____. 2005. 「走出大國力量小國心理的誤區: 兼論中日關係的困境與出路」, ≪中國與
   世界觀察≫ 第1期.

金熙德·林治波. 2003. 『日中'新思考'とは何か: 馬立誠·時殷弘論文への批判』, 日本僑報社.

江程浩. 2004. 「中國的反思(中印戰爭, 中越戰爭, 援助)」, ≪中國報道周刊≫(1月3日).

吳學文. 2002. 『風雨陰晴: 我所經歷的中日關係』, 世界知識出版社.

國分良成 編. 2011. 『中國は, いま』, 岩波新書.

吳建民. 2016. 「狹隘的民族主義害人害己」, 財經網(4月19日).

齊德學·郭志剛. 2007. 「抗美援朝戰爭研究述評」, ≪當代中國史研究≫ 第6期.

時殷弘. 2003. 「中日接近與'外交革命'」, ≪戰略與管理≫ 第2期.

_____. 2007. 「總理訪問把握住了中日關係走勢」, ≪新京報≫(4月14日).

施華. 1979. 「鄧小平談中越戰爭」, ≪七十年代≫ 第4號.

清水美和. 2003. 『中國はなぜ'反日'になったか』, 文春新書.

_____. 2006. 『中國が'反日'を捨てる日』, 講談社+α新書.

_____. 2011. 「對外强硬姿勢の國內政治」, 國分良成 編. 『中國は, いま』, 岩波新書.

馬丁·雅克. 2011. 「中國將如何改變我們的思惟方式: 以國家爲例」, 愛想家網(9月17日).

マーテイン·ジャック 著. 松下幸子 譯. 2014. 『中國が世界をリードするとき』, NTT出版.

デイビッド·シャンボー 著. 加藤祐子 譯. 2015. 『中國グローバル化の深層: '未完の大
   國'が世界を變える』, 朝日新聞出版.

周遠征. 2005. 「逾2000萬全球華人簽名反日'入常'背後的中日關係命題」, ≪中國經營報≫
   (4月3日).

周冬霖. 2005. 『日本對華無償援助實錄』, 社會科學文獻出版社.

朱建榮. 1992. 「中國はなぜ賠償を放棄したか」, ≪外交フォーラム≫ 10月號.

_____. 2003. 「先人の開拓 21世紀への示唆」, 石井明 外 編. 『記録と考證 日中國交正常化・日中平和友好條約締結交渉』, 岩波書店.

_____. 2005. 『胡錦濤 對日戰略の本音: ナショナリズムの苦惱』, 角川書店.

蕭功秦. 2004. 「中國當代民族主義'憤青'調査 愛國還是誤國?」, ≪國際先驅導報≫(11月9日).

鍾之成. 2006. 『爲了世界更美好 江澤民出訪紀實』, 世界知識出版社.

蔣立峰. 1995. 「由'不戰決議'談日本對侵略戰爭的認識問題」, ≪日本學刊≫ 第5期.

任丙强. 2005. 「網上的'憤青'」, ≪民主與科學≫ 59期.

管野完. 2016. 『日本會議の研究』, 扶桑社新書.

砂山幸雄. 2004. 「ポスト天安門時代における中國ナショナリズム言說の諸相」, ≪東洋文化≫ 第84號.

薛謀洪・裵堅章 主編. 1987. 『當代中國外交』, 中國社會科學出版社.

錢其琛. 1996. 「深入學習鄧小平外交思想, 進一步做好新時期的外交工作」, 王泰平 編. 『鄧小平外交思想研究論文集』, 世界知識出版社.

宋强 外 著. 莫邦富・鈴木かおり 譯. 1996. 『ノーと言える中國』, 日本經濟新聞社.

宋曉軍 外 著. 邱海濤・岡本悠馬 譯. 2009. 『不機嫌な中國: 中國が世界を思いどおりに動かす日』, 德間書店.

叢日雲. 2012. 「當代中國激進民族主義興起的原因」, ≪領導者≫ 第10號.

添谷芳秀. 1995. 『日本外交と中國』, 慶應通信.

_____. 1997. 「1970年代の米中關係と日本外交」, 日本政治學會 編. 『年報政治學1997 位記の日本外交: 70年代』, 岩波書店.

_____. 2003. 「米中和解から日中國交正常化へ」, 石井明 外 編. 『記録と考證 日中國交正常化・日中平和友好條約締結交渉』, 岩波書店.

高橋哲哉. 2005. 『戰後責任論』, 講談社學術文庫.

_____. 2005. 『靖國問題』, ちくま新書.

高原明生・菱田雅晴・村田雄二郎・毛里和子 編. 2014. 『共同討議 日中關係 なにが問題か: 1972年體制の再檢討』, 岩波書店.

田川誠一. 1973. 『日中交渉秘録 田川日記: 14年の證言』, 每日新聞社.

田島英一. 2005. 「'愛國主義'時代の日中關係」, ≪國際問題≫ 第549號.

田中明彦. 1991. 『日中關係 1945-1990』, 東京大學出版會.

_____. 2001. 「日中政治關係」, 岡部達味 編. 『中國をめぐる國際環境』, 岩波書店.

俵義文. 2016. 「安倍政權を支える日本會議と'日本會議議連'」, 成澤宗男 編. 『日本會議
    と神社本廳』, 金曜日.

中共中央文獻研究室 編. 1997. 『周恩來年譜 1949-1976』(上中下). 中央文獻出版社.

_____. 1998. 『周恩來傳』(下). 中央文獻出版社.

中國研究所 編. 『中國年鑑(各年版)』, 中國研究所.

張容壯. 2003. 「從'對日新思惟'看中國的國民性和外交哲學」, ≪世界經濟與政治≫ 第12
    號.

長弓. 2009. 『中國不折騰』, 九州出版社.

張光. 1996. 『日本對外援助政策研究』, 南開大學日本研究中心 編. 天津人民出版社.

趙光銳. 1996. 「日本正在'回歸'亞州」, ≪日本學刊≫ 第1期.

張香山. 1997. 「通往中日邦交正常化之路」, ≪日本學刊≫ 第5期.

_____. 鈴木英司 譯. 2002. 『日中關係の管見と見證: 國交正常化30年の步み』, 三和書店.

張清敏. 2001. 「對衆多不同國家的一個相同政策: 淺析對發展中國家的政策」, ≪當代中國
    史研究≫ 第1期.

張文木. 2009. 『中國海權』, 海軍出版社.

_____. 2015. 「西太平洋矛盾分析與中國的選擇」, ≪當代世界與社會主義≫ 第1期.

沈志華. 2000. 「抗美援朝戰爭中的蘇聯空軍」, ≪中共黨史研究≫ 第2期.

_____. 雷夫 인터뷰. 2008. 「中蘇關係史: 誤讀與眞相」, ≪中國外交≫ 第6期.

陳大白. 2000. 「民族主義的中國道路: 評王小東對中國民族主義的言說」, ≪戰略與管理≫
    第3期.

陳肇斌. 2000. 『戰後日本の中國政策: 1950年代東アジア國際政治の文脈』, 東京大學出
    版會.

陳文斌 外 編. 1999. 『中國共產黨執政50年 1949-1999』, 中共黨史出版社.

鄭永年. 2017. 「我對中國的智庫很悲觀」, 中國選擧與治理網(1月30日).

丁咚. 2016. 「中國的民族主義と國家衝突」, 中國選擧與治理網(5月10日)

_____. 2016. 「中國什麼時候在東亞做老大?」, 新浪微博網(8月11日).

鄧聿文. 2013. 「如何打破利益集團對改革的阻碍」, 中國改革網(4月15日).

『鄧小平文選』(第3卷). 1993. 上海人民出版社.

『鄧小平年譜 1975-1997』(上). 2004. 中央文獻出版社.

桐聲. 2004. 「當代日本政治中的民族保守主義」, ≪日本學刊≫ 第3期.

豊下楢彦·古關彰一. 2014. 『集團的自衛權と安全保障』, 岩波新書.

ニクソン 著. 松尾文夫·齋田一路 譯. 1978. 『ニクソン回顧錄 ① 榮光の日々』, 小學館.

西倉一喜. 1994. 「中國'新冷戰'外交は何をめざすか」, ≪世界≫ 5月號.

服部龍二. 2011. 『日中國交正常化: 田中角榮, 大平正芳, 官僚たちの挑戰』, 中公新書.

馬立誠. 2002. 「對日關係新思惟: 中日民間之憂」, ≪戰略與管理≫ 第6期.

_____. 杉山祐之 譯. 2003. 『'反日'からの脱却』, 中央公論社.

_____. 箭子喜美江 譯. 2006. 『謝罪を越えて: 新しい中日關係に向けて』, 文春文庫.

_____. 2013. 「仇恨沒有未來」, ≪經濟觀察報≫(2月5日).

_____. 及川淳子 譯. 2014. 『憎しみに未來はない: 中日關係新思考』, 岩波書店.

マイケル·ピルズベリー 著. 野中香方子 譯. 2015. 『China 2049』, 日經BP社.

馮昭奎. 2000. 「關於中日關係的戰略思考」, ≪世界經濟與政治≫ 第11期.

藤原歸一. 2002. 『デモクラシーの帝國: アメリカ·戰爭·現代世界』, 岩波新書.

古井喜實. 1978. 『日中十八年: 一政治家の軌跡と展望』, 牧野出版.

薛力. 2017. 「中國外交面臨的隱憂與風險」, *Financial Times* 中文版(1月19日).

ベトナム社會主義共和國外務省 編. 日中出版編集部 譯. 1979. 『'中國白書' 中國を告發
    する: この30年間のベトナム·中國關係の眞實』,

辺見庸. 2015. 『1★9★3★7』, 金曜日.

龐中英. 2004. 『中國與亞洲: 觀察·研究·評論』, 上海社會科學出版社.

_____. 2005. 「論中日關係中的美國因素」, ≪國際經濟評論≫ 第5/6期.

_____. 2005. 「就中美戰略對話」, 新浪網(8月1日).

步平. 2015. 『日本の戰爭責任についての認識』, 五州傳播出版社.

アレン·ホワイティング 著. 岡部達味 譯. 2000. 『中國人の日本觀』, 岩波現代文庫.

孫崎享. 2014. 『小說外務省: 尖閣問題の正體』, 現代書館.

丸川知雄. 2013. 『現代中國經濟』, 有斐閣.

丸山眞男. 1989. 「昭和天皇をめぐるきれぎれの回想」, 『丸山眞男集』(15卷). 岩波新書.

ジェームズ・マン 著. 鈴木主税 譯. 1999.『米中奔流』, 共同通信社.

_____. 渡邉昭夫 譯.『危險な幻想』, PHP研究所.

三浦有史. 2012.「中國'國家資本主義'のリスク」, ≪RIM≫ 12卷 45號.

村田雄二郎. 1994.「中華ナショナリズムと'最後の帝國'」,『いま, なぜ民族か』, 東京大學出版會.

毛澤東. 1989.『建國以來毛澤東文稿』(第3卷). 中央文獻出版社.

_____. 1994.『毛澤東外交文選』, 中央文獻出版社·世界知識出版社.

毛里和子. 1998.『周緣からの中國: 民族問題と國家』, 東京大學出版會.

_____.『日中關係 戰後から新時代へ』, 岩波新書.

毛里和子·川島眞. 2009.『グローバル中國への道程: 外交150年』, 岩波書店.

毛里和子. 2012.『現代中國政治: グローバル・パワーの肖像』(第3版). 名古屋大學出版會.

門洪華·鍾飛騰. 2009.「中國海外利益研究的歷程, 現狀與前瞻」, ≪外交評論≫ 第5期.

柳田邦男. 1983.『日本は燃えているか』, 講談社.

山影進. 2016.「日本の地域構想と'中國の台頭'」, 大庭三枝 編.『東アジアのかたち』, 千倉書房.

山崎雅弘. 2016.『日本會議 戰前回歸への情念』, 集英社新書.

山本有造 編. 2004.『帝國の研究: 原理・類型・關係』, 名古屋大學出版會.

熊向暉. 1992.「打開中美關係的前奏」, ≪中共黨史資料≫ 第42號.

楊奎松. 2001.「新中國從援越抗法到爭取印度支那和平的政策演變」, ≪中國社會科學≫ 第1期.

楊成. 2007.「制度累積與中俄關係的中長期前景」, ≪中國外交≫ 第12期.

楊帆. 2009.「利益集團與社會主義民主法治」, ≪雲南財經大學學報≫ 第3期.

楊帆 外. 2010.『利益集團』, 鄭州大學出版社.

吉田茂. 1957.『回想十年』(第3卷). 新潮社.

吉田裕. 1995.『日本人の戰爭觀: 戰後史のなかの變容』, 岩波書店.

樂山 編. 2004.『潛流 對狹隘民族主義的批判與反思』, 華東師範大學出版社.

羅平漢. 2000.『中國對日政策與中日邦交正常化』, 時事出版社.

李恩民. 2005.『'日中平和友好條約'交涉の政治過程』, 御茶の水書房.

李閣南. 1994. 「日本從脫亞到歸亞」, ≪日本學刊≫ 第3期.

李正堂. 1999. 『中國人關注的話題: 戰爭索賠』, 新華出版社.

李澤厚. 1987. 「啓蒙與救亡的雙重變奏」, 『中國現代思想史論』, 東方出版社.

李丹慧. 2000. 「中蘇在援越抗美問題上的衝突與矛盾(1965~1972)」(上·下). ≪當代中國
    史研究≫ 第4期·第5期.

劉亞洲. 2016. 「這次軍委改會議告訴我們什麼?」, 中國選舉與治理網(2月28日).

劉國新. 2004. 「新中國抗美援朝研究若干問題辨析」, ≪江西社會科學≫ 第10期.

劉德有 著. 王雅丹 譯. 2002. 『時は流れて: 日中關係秘史50年』(上下). 藤原書店.

凌青. 2005. 「聯合國改革與日本加入常任理事局」, ≪日本學刊≫ 第3期.

林曉光. 2003. 『日本政府開發援助與中日關係』, 世界知識出版社.

_____. 2004. 「中國共産黨の對日政策の變容」, 王敏 編. 『'意'の文化と'情'の文化: 中國
    における日本研究』, 中央公論新社.

林治波. 2005. 「當代中國需要民族主義: 兼論中日關係」, ≪中國與世界觀察≫ 第1期.

林代昭. 1992. 『戰後中日關係史』, 北京大學出版社.

渡邉昭夫. 1992. 『アジア·太平洋の國際關係と日本』, 東京大學出版會.

渡邉昭夫 編. 1985. 『現代日本の對外政策』, 有斐閣.

_____. 1997. 『現代日本の國際政策: ポスト冷戰の國際秩序を求めて』, 有斐閣.

渡辺孟次. 1979. 「鄧小平インタヴュー」, ≪七十年代≫ 4月號.

Bi, Jiahai. 2002. "The Role of the Military in the PRC Taiwan Policymaking: A Case
    Study of the Taiwan Strait Crisis on 1995-1996," *Journal of Contemporary China*
    No. 11(32).

Chen, King C. 1986. *China's War with Vietnam, 1979: Issues, Decisions, and
    Implications*, Hoover Institution, Stanford University.

Christensen, Thomas J. 2006. "Windows and War: Trend Analysis and Beijing's Use of
    Force," in Alastair Iain Johnston and Robert S. Ross, eds. *New Directions in the
    Study of China's Foreign Policy*, Stanford University Press.

Friedberg, Aalon L. 2015. "The Debate over US China Strategy," *Survival* 57-3(June/July).

Harding, Harry. 2015. "Has U.S.-China Policy Failed?", *The Washington Quarterly*
    38-3(Fall).

Kokubun Ryosei and Wang Jisi. 2004. *The Rise of China and a Changing East Asian Order*, Japan Center for International Exchange.

Lampton, David M. 2007. "The Faces of Chinese Power," *Foreign Affairs* 115(Winter).

Matthews, Eugene A. "Japan's New Nationalism," *Foreign Affairs* 82-6 (November/December).

McGregor, Richard. 2008. "Chinese diplomacy 'hijacked' by companies," *Financial Times*(March 16).

Scobel, A. 2003. *China's Use of Military Force: Beyond the Great Wall and the Long March*, Cambridge University Press.

Swaine, Michael D. 1996. *The Role of the Chinese Military in National Security Policymaking*, RAND.

_____. 2001. "Chinese Decision-Making Regarding Taiwan, 1979-2000," in David M. Lampton, ed. *The Making of Chinese Foreign and Security Policy in the Era of Reform*, Stanford University Press.

Tyler, Patric. 1999. "(Ab)normalization of US-China Relations," *Foreign Affairs* (September/October).

Vogel, Ezra F., Yuan Ming and Tanaka Akihiko, eds. 2003. *The Golden Age of the US-China-Japan Triangle, 1972-1989*, Harvard University Press.

Zhang, Xiaoming. 2005. "China's 1979 War with Vietnam: A Reassessment," *The China Quarterly* No.184(December).

지은이

모리 가즈코(毛里和子)

와세다대학 영예펠로우이자 명예교수(정치학 박사)이다. 후쿠오카아시아문화상(2010),
국제중국학연구상(2010) 등을 수상하였다. 2011년에는 문화공로자로 선정되었다.

저서로 『現代中國政治: グローバル・パワーの肖像(현대중국정치: 글로벌 강대국의 초상)』
(초판, 1993; 한국어판[제3판], 2013), 『日中關係: 戰後から新時代へ(중일관계: 전후에서 신
시대로)』(2006; 한국어판, 2006), 『グローバル中國への道程: 外交150年(중국외교 150년
사: 글로벌 중국으로의 도정)』(공저, 2009; 한국어판, 2012), 『中國とソ連』(1989), 『周緣
からの中國: 民族問題と國家』(1998), 『現代中國政治を讀む』(1999), 『現代中國外交』
(2018), 『現代中國の構造變動1 - 大國中國への視座』(편저, 2000), 『現代中國の構造變動7 -
中華世界: アイデンティティの再編』(편저, 2001) 등 다수를 집필했고, 번역서로 『ニクソ
ン訪中機密會談錄』(공역, 2001), 『周恩來キッシンジャー機密會談錄』(공역, 2004) 등이
있다.

옮긴이

## 이용빈

홍콩국제문제연구소 연구원. 인도 국방연구원(IDSA) 객원연구원을 역임했고, 미국 하버드 대학 HPAIR 연례 학술회의(안보 분과), 이스라엘 크네세트(국회), 미국 국무부, 일본 게이오 대학 초청 방문, 중국외교대학, 타이완 국립정치대학, 홍콩중문대학 학술 방문 등 왕성한 활동을 이어가고 있다.

저서로 *China's Quiet Rise: Peace through Integration*(공저, 2011) 등을 집필했고, 번역서로 『시진핑』(2011, 2012년도 아시아·태평양출판협회APPA 출판상 수상), 『중국의 당과 국가』(2012), 『중국외교 150년사』(2012), 『현대 중국정치』(제3판, 2013), 『마오쩌둥과 덩샤오핑의 백년대계』(편역, 2014), 『중국인민해방군의 실력』(2015), 『현대 중국의 정치와 관료제』(2016), 『시진핑의 중국: 100년의 꿈과 현실』(2019), 『美中 신냉전?: 코로나19 이후의 국제관계』(2021), 『현대 중국의 정치와 외교』(2023) 등이 있다

한울아카데미 2447

**중일표류**
글로벌 파워의 향방

지은이  모리 가즈코
옮긴이  이용빈
펴낸이  김종수
펴낸곳  한울엠플러스(주)

초판1쇄 인쇄  2023년 5월 25일
초판1쇄 발행  2023년 6월 10일

주소  10881 경기도 파주시 광인사길 153 한울시소빌딩 3층
전화  031-955-0655
팩스  031-955-0656
홈페이지  www.hanulmplus.kr
등록번호  제406-2015-000143호

Printed in Korea.
ISBN  978-89-460-7447-7 93340 (양장)
      978-89-460-8259-5 93340 (무선)
※ 책값은 겉표지에 표시되어 있습니다.
※ 무선제본 책을 교재로 사용하시려면 본사로 연락해주기 바랍니다.